中国现代教育社团史

周谷城 题

"中国现代教育社团史"丛书编委会

丛书主编：储朝晖

丛书编委会：于书娟　马立武　王　玮　王文岭　王洪见
　　　　　　　王聪颖　白　欣　刘小红　刘树勇　刘羡冰
　　　　　　　刘嘉恒　孙邦华　苏东来　李永春　李英杰
　　　　　　　李高峰　杨思信　吴冬梅　吴擎华　汪昊宇
　　　　　　　宋业春　张礼永　张睦楚　陈克胜　陈梦越
　　　　　　　周志平　周雪敏　钱　江　徐莹晖　曹天忠
　　　　　　　梁尔铭　葛仁考　韩　星　储朝晖　楼世洲

审读委员会：王　雷　王建梁　巴　杰　曲铁华　朱镜人
　　　　　　　刘秀峰　刘继华　牟映雪　张　弛　张　剑
　　　　　　　邵晓枫　范铁权　周　勇　赵国壮　徐　勇
　　　　　　　徐卫红　黄书光　谢长法

"中国现代教育社团史"丛书书目

《中国现代教育社团发展史论》
《中华教育改进社史》
《中华平民教育促进会史》
《生活教育社史》
《中华职业教育社史》
《江苏教育会史》
《全国教育会联合会史》
《中国教育学会史》
《无锡教育会史》
《中国社会教育社史》
《中国民生教育学会史》
《中国教育电影协会史》
《中国科学社史》
《通俗教育研究会史》
《国家教育协会史》
《中华图书馆协会史》
《少年中国学会史》
《中华儿童教育社史》
《新安旅行团史》
《留美中国学生联合会史》
《中华学艺社史》
《道德学社史》
《中华教育文化基金会史》
《中华基督教教育会史》
《华法教育会史》
《中华自然科学社史》
《寰球中国学生会史》
《华美协进社史》
《中国数学会史》
《澳门中华教育会史》

推进教育治理体系和治理能力现代化……推动社会参与教育治理常态化，建立健全社会参与学校管理和教育评价监管机制。

——《中国教育现代化2035》

当前，我国改革开放正在逐步地深入和扩大，激发社会组织活力，在整个社会治理体系建设中具有重要作用。现代教育治理体系的建设，也迫切需要发挥专业的教育社团的积极作用。在这个大背景下，依据可靠的历史资料，回溯和评价历史上著名教育社团的产生、发展、组织方式和活动方式等，具有现实意义和社会价值。总的来说，这个项目设计视角独特，基础良好，具有较高的学术价值、实践价值和出版价值。

——石中英

教育社团组织与中国教育早期现代化，既是一个有丰富内涵的历史课题，更是一个极具现实意义的重大课题。由中国教育科学研究院储朝晖研究员领衔的学术团队，多年来在近代教育史这块园地上努力耕耘，多有创获，取得了可喜的成果，积累了深厚的知识储备。现在，他们选择一批有代表性、典型性、产生过重大影响的教育社团组织，列为专题，分头进行深入的研究，以期在丰富中国教育早期现代化研究和为当代中国教育改革服务两个方面做出贡献，我觉得他们的设想很好。

——田正平

国家出版基金项目
NATIONAL PUBLICATION FOUNDATION

中国现代教育社团史　丛书主编/储朝晖

中国现代教育社团发展史论

储朝晖　著

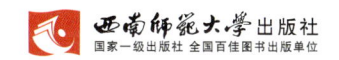

西南师范大学出版社
国家一级出版社　全国百佳图书出版单位

图书在版编目(CIP)数据

中国现代教育社团发展史论 / 储朝晖著. — 重庆：西南师范大学出版社, 2020.10
（中国现代教育社团史）
ISBN 978-7-5697-0240-8

Ⅰ.①中… Ⅱ.①储… Ⅲ.①教育组织机构–教育史–研究–中国–近现代 Ⅳ.①G529.5

中国版本图书馆CIP数据核字(2020)第236170号

中国现代教育社团发展史论
ZHONGGUO XIANDAI JIAOYU SHETUAN FAZHAN SHILUN

储朝晖 著

策划编辑：	尹清强　伯古娟
责任编辑：	尹清强
责任校对：	王玉竹
装帧设计：	观止堂_朱璇
排　　版：	杜霖森
出版发行：	西南师范大学出版社
	重庆·北碚　邮编：400715
印　　刷：	重庆荟文印务有限公司
幅面尺寸：	170mm×240mm
印　　张：	23.75
插　　页：	4
字　　数：	400千字
版　　次：	2020年11月 第1版
印　　次：	2020年11月 第1次
书　　号：	ISBN 978-7-5697-0240-8
定　　价：	98.00元

总序

在中国教育早期现代化的历史进程中,无论是清末,还是北洋政府和国民政府时期,在整个20世纪前期传统教育变革和现代教育推进波澜壮阔的历史舞台上,活跃着这样一批人的身影,他们既不是清王朝的封疆大吏、朝廷重臣,也不是民国政府的议长部长、军政要员,从张謇、袁希涛、沈恩孚、黄炎培,到晏阳初、陶行知、陈鹤琴、廖世承,有晚清的状元、举人,有海外学成归来的博士、硕士,他们不居庙堂之上,却念念不忘国家民族的百年大计;他们不拿政府的分文津贴,却时时心系中国教育的改革与发展。是"研究学理,介绍新知,发展教育,开通民智"这样一个共同理想和愿景,将这些年龄悬殊、经历迥异、分散在天南海北的传统士人、新型知识分子凝聚在一起,此呼彼应、同气相求,结成团体,组织会社。于是,从晚清最后十年的江苏学务总会、安徽全省教育总会、河南全省教育总会,到民国时期的全国教育会联合会;从中华职业教育社、中华新教育共进社、中华教育改进社,到中华平民教育促进会、生活教育社、中国社会教育社、中华儿童教育社、中国教育学会……在短短的半个世纪里,仅省级以上的和全国性的教育会社团体就先后有数十个,至于以县、市地区命名,以高等学校命名或以某种特定目标命名的各式各样的教育会社团体,更是难以计数。所有这些遍布全国各地的教育会社团体,通过持续不断的努力,从不同的层面,以不同的方式,冲刷着传统封建教育的根基,孕育和滋养着现代教育的因素。可以毫不夸张地说,在传统教育变革和现代教育推进的历史进程中,从宏观到微观,到处都留下这些教育会社团体的深深印记,它们对中国教育早期现代化的贡献可谓功莫大焉!

大约从上世纪90年代开始,中国近代教育会社团体的研究,渐渐进入人们的学术视野,20多年过去了,如今关于这一领域的研究,已经风生水起,渐成气候,取得了相当的成果,并且有着很好的发展势头。说到底,这是当代中国教育改革的需要和呼唤。教育是中华民族振兴的根基和依托,改革和发展中国教育,让中国教育努力赶上世界先进水平,既是中央政府和各级政府义不容辞的职责,也必须依靠广大教育工作者的自觉参与和担当。从这个意义上讲,中国近代教育会社团体与中国教育早期现代化研究,既是一个有丰富内涵的历史课题,更是一个极具现实意义的重大问题。中国教育科学研究院储朝晖研究员,多年来在关注现实教育改革的诸多问题的同时,对中国近代教育史有着特殊的感情,并在这块园地上努力耕耘,多有创获,取得了可喜的成果,积累了深厚的知识储备。现在,他率领一批志同道合的中青年学者,完成了"中国现代教育社团史"的课题,从近代以来数十上百个教育社团中精心选择一批有代表性、典型性、产生过重大影响的教育社团,列为专题,分头进行了深入的研究。我相信,读者诸君在阅读这些成果后所收获的不仅仅是对教育社团的深入理解和崇高敬意,也可能从中引发出一些关于当代中国教育改革的更深层次的思考。

　　是为序。

田正平
丁酉暮春于浙江大学西溪校区

目录

第一章　诸论
一、社会变迁与社团生成　/3
二、中国现代教育社团的内涵与界定　/9
三、教育发展对现代教育社团史研究的需求　/13

第二章　中国现代教育社团的萌动及其动力
一、中国现代教育社团萌生　/19
二、现代教育社团萌生的动力分析　/45
三、初生社团之陋与首创之功　/52

第三章　中国现代教育社团发展的整体形态与走势
一、中国现代教育社团成熟期的概况　/85
二、现代教育社团发展的阶段与走向　/90
三、各主要教育社团的存续图谱　/164
四、现代教育社团的类别与功能　/168

第四章　中国现代教育社团的社会环境
一、政治环境　/181
二、法规与法律环境　/185
三、教育社团与其他社会机构　/191
四、社团图谱中的教育社团　/196

第五章　　**中国现代教育社团的组织结构运行系统**
　　一、现代教育社团组织特征概述　/203
　　二、责权　/207
　　三、规则　/210
　　四、组织结构　/215
　　五、运行　/223
　　六、经费　/229

第六章　　**中国现代教育社团发展的内部特质分析**
　　一、教育社团的成员分析　/243
　　二、教育社团的理念与行为特征分析　/250
　　三、教育社团的视野与内部交往　/260

第七章　　**教育社团与教育发展**
　　一、教育新潮的引导与提倡　/270
　　二、教育变革的组织与实施　/275
　　三、现代教育事业的筋骨与脉络　/277
　　四、无效的教育抗争与探索　/283

第八章　　**现代教育社团的评价**
　　一、现代教育社团的现代性与传统性　/289
　　二、现代教育社团的开创与守成　/293
　　三、现代教育社团的历史启示　/295

附　录　/301

主要参考文献　/359

跋　/367

绪论

第一章

第一章 绪论

自从1981年迷上陶行知研究后,中华教育改进社、中华平民教育促进会、中华职业教育社、生活教育社等名称就在我心中铭刻。经过两年多的酝酿,于1984年五六月间在就读的徽州师范专科学校(现黄山学院),我和几位对教育问题感兴趣的学友组成了学生社团教育科学研究协会,并获大家信任被推为该社团的负责人,从此开始有了社团生活的切身体验。

自那以后,我便切身感受到社团是其中每个成员成长的摇篮,也是志同道合者共同成就事业的平台。在几十年的职业生涯中,我先后参加过多个社团,在北京师范大学攻读博士期间创办了研究生陶行知研究会。2004年后,中国社团的数量渐增,类型多样化,草根社团大量出现。在受邀参与这些社团的活动时,我时常做些分析对比,并开始思考与社团有关的问题。

由此,我把目光投向中国历史上的社团。

一、社会变迁与社团生成

社团是人类社会发展到一定时期生成的组织,并随着社会环境变迁而演变,其中最大的影响因素是政府为民间社会预留多大的空间。在法制完备的社会,社团依法成立,依据其章程开展活动,实现其成员所认同的结社目的。

中国古代社会即存在官方机构与民间社会组织并存的局面,古代社会组织主要表现为乡里组织。乡里没有官方机构,主要由乡里民众履行管理事务。《周礼》中记有读法之典,州长、党正、族师皆在吉日"属民而读邦法",也就是找个恰当时间把大家召集起来宣读法令,其内容包括礼、乐、法、风俗、道德,以及需要民众遵守的规约。这成为后来的乡规民约及社团的渊源。

古代的庠、序、校事实上是一种介于现代形式的社团与学校之间的组织,在不同时期担当不同的职能,其社团职能的大小与当时的社会环境直接相关。稷下学宫堪称中国古代最大、最典型、最专业的社团,后世的书院也在不同程度上具有社团的功能和性质,"合天下为席"的东林书院就是典型例证。

周代至春秋战国时期,乡里逐渐形成一种制度,当时的士人大多是理想主义者,诸子百家中的各家是以共同的志趣组合在一起的早期社团,合则留,不合则去。他们不迷信权威,没有思想禁区,与君王以师友自居,把各自理解的"道"置于君王权位之上。

到秦代,官府加强社会控制,正式确立乡、亭、里三级制,乡设三老、有秩、啬夫、游徼。其中的有秩、啬夫、游徼由郡守或县令委派,三老则由乡中推选,留给了民间参与治理的少许空间。同时,秦的统治者把最有可能组建社团的文人、商人、工匠视为"国害",实行愚民政策。这两方面的措施遏制了春秋以后民间和士人结社的发展势头。

汉代,秦制的主体得以延续,在里社成为官方组织机构的同时,普遍出现了主要按行业和门第组织起来的"私社",并一直以各种形式延续下来。

学人所结之社是历史上与教育关系较近的社团,它们有以文会友的传统,以社或会为名聚集。著名的有唐九老会,宋耆英会,明王阳明首创的惜阴会。阳明弟子分散各地,又有泾县水西会、宁国同善会、江阴君山会、贵池光岳会、太平九龙会、广德复初会等。① 明朝党争激烈,士人结社风气更盛。结社的目的原在以文会友,后逐渐演变为竞争科第,待社员高中,便形成一派政治势力,例如复社。几社是复社内最大的一个旁支,作风较为沈潜,非师生子弟不准入社。②

唐代末期私社得到较大发展,敦煌出土的唐代后期至五代宋初时期的社邑文书中有明确记载。其内容包括结社宗旨、组织及活动规则,说明当时中国社会即有民间自发结集的大量私社存在,只是不同时间段官方机构与民间社团两

---

① 谢国桢:《明清之际党社运动考》,商务印书馆,1967,第8页。
② 谢国桢:《明清之际党社运动考》,商务印书馆,1967,第187页。

者之间实力对比存在消长和变化。①

到宋代,乡规民约的制定都属于民间性的自发行为,官府在高层权力分配和制约上动足了脑子,对基层组织则较少干预。北宋时期,由于武官权力削减,文官地位提升,一定程度上促进了民间社会的发展,也引发士绅参与民间治理模式的产生,从乡约的制定到实施都是民间自治性行为,说明此时民间社会的活动空间较宽裕,有典型意义的是蓝田《吕氏乡约》。《吕氏乡约》主要作者之一吕大钧写给刘平叔的信中道:"今庠序则有学规,市井则有行条,村野则有社案,皆其比也,何独至于乡约而疑之乎?"②

北宋神宗熙宁九年(公元1076年),与熙丰兴学的时段相叠,吕大忠、吕大钧、吕大临、吕大防制定和实施了中国历史上有史可考的最早的"村规民约"——《吕氏乡约》,提出"德业相劝、过失相规、礼俗相交、患难相恤",对每项的具体内涵做出界定,并列出违反的各种情形以及惩罚的措施。该乡约还规定:"每月一聚,具食;每季一会,具酒食。所费率钱,合当事者主之。聚会则书其善恶,行其赏罚。若约有不便之事,共议更易。"③对主事约定:"约正一人或二人,众推正直不阿者为之,专主平决赏罚当否。直月一人,同约中不以高下,依长少轮次为之,一月一更,主约中杂事。"④"人之所赖于邻里乡党者,犹身有手足,家有兄弟,善恶利害皆与之同,不可一日而无之。不然,则秦越其视,何异于我哉!大忠素病于此,且不能勉,愿与乡人共行斯道。惧德未信,动或取咎,敢举其目,先求同志,苟以为可,愿书其诺,成吾里仁之美,有望于众君子焉。"⑤可以看出,它的主要职能是乡村社会的自治和教化,它的主导者由原来私社中的民众转变为士绅,同时乡约条文内容很大程度上来源于民间私社的社案,具有社团的性质和特征,并对后世如明清的乡村治理模式影响甚大。

宋代另一种与教育相关的社是胡瑗弟子中"老成者"组成的"经社",研习经文。《宋史·孙觉传》载孙觉"甫冠,从胡瑗受学。瑗之弟子千数,别其老成者为经社"。从陆游的诗句"朋侪结经社",苏轼的《杭州故人信至齐安》所言"相期结书

---

① 刘笃才:《中国古代民间规约引论》,《法学研究》2006年第1期。
② 陈俊民辑校《蓝田吕氏遗著辑校》,中华书局,1993,第570页。
③ 陈俊民辑校《蓝田吕氏遗著辑校》,中华书局,1993,第567页。
④ 陈俊民辑校《蓝田吕氏遗著辑校》,中华书局,1993,第567页。
⑤ 陈俊民辑校《蓝田吕氏遗著辑校》,中华书局,1993,第567页。

社,未怕供诗帐",可以推断当时的"经社""诗社"实质上已属于教育社团。

南宋时期,民间社团又有新的发展,其中典型的是朱熹所做的两件事。

第一件事是将一度失传的《吕氏乡约》修改补充为《增损吕氏乡约》,并由他的弟子(再传弟子)阳枋、胡泳、程永奇、潘柄等付诸实施。

第二件事是完善独立于官方权力之外的社仓制,地方官员只在放贷及还贷时应邀前往监督。有史可查的社仓制度创建于隋代,在民间设立的初衷是饥荒之年官方救济不尽可靠,士绅便担起造福乡里之责,建立民间的自我救济体系。乡人在遇到凶岁饥荒时就不必全依赖于有司。朱熹在已有做法基础上制定了一套完备的社仓结保制度:由地方政府先垫付一定数额的大米作为贷本,"富家情愿出米作本者,亦从其便"。社仓每年在青黄不接的五月份放贷,每石米收取息米二斗(年息20%),借米的人户则在收成后的冬季纳还本息。等收到的息米达到本米的十倍之数时,社仓将贷本还给地方官府或出本的富户,此后只用息米维持借贷敛散,不再收息,只是每石米收取三升耗米,以弥补仓米的损耗。①

朱熹规划的社仓由地方士绅组织并管理;人户是否参加结保自愿,"如人户不愿请贷,亦不得妄有抑勒";规定"产钱六百文以上及自有营运,衣食不阙,不得请贷",也就是有财力的人家不能申请社仓的救济;规定"细民无田者不得预也",将放贷对象限定在具备一定还贷能力之人的范围内。朱熹相信,只要"官司不得抑勒,则(社仓)亦不至骚扰"。南宋淳熙八年(公元1181年),朱熹上奏朝廷建议在全国推行社仓之法。宋孝宗采纳朱熹之议,下诏推广社仓,经四五十年,社仓已"落落布天下"。只是社仓在官府推行过程中随着政府权力的介入越来越深,性质生变,最终成为"领以县官,主以案吏"的官办机构。朱熹的再传弟子王柏总结社仓的放贷还贷宜由地方士绅耆老"公共措置",州县官"不须干预抑勒"。

与社仓相似,宋代的乡规民约、结社等兼具官方和民间的性质,并以一种介于正式制度和非正式制度之间,具有一定权威的民间规范的形式延续下来,与之相应的是一些与这种规范实施过程高度相关的个人之间形成的非正式的关系。这成为中国民间社团的早期雏形,也由此形成了此后中国民间社会与官方

---

① 吴钩:《朱熹的NGO实验》,《东方早报》2012年12月12日,A30版。

长期相倚相生的特性。

到了元代,"社"这一基层社会组织被纳入官府的政治体系之中,成为统治者对基层社会进行控制的基本单位,元世祖以"社"为最低一级的行政组织,设立"社长"以督教化①。这种做法显然起着摧毁国民自主性的作用,也导致社会的自组织性降低。

明代,朝廷看到乡规民约的社会治理作用,一方面,明太祖朱元璋和明成祖朱棣都十分重视规约的作用。洪武三十年(公元1397年)颁发的《圣训六谕》,要求"孝顺父母,尊敬长上,和睦乡里,教训子孙,各安生理,毋作非为",这一制度强化了官方权力对乡村治理的渗透,挤压了民间社会的空间。地方官府也利用乡约施行教化,王守仁在南昌以巡抚身份,仿《吕氏乡约》制定《南赣乡约》②,由此,乡约具有了官方倡导、士绅表率、民众参与的新特点,且从士绅发起的民间组织彻底转化为官方在乡里的重要组织,并迅速推广到全国。

另一方面,掌权者自身又延续了元朝社会底层流行的不讲规则、没有底线、欺软怕硬、不择手段的暴虐性。朱元璋甚至发布命令:"寰中士大夫不为君用,是自外其教者,诛其身而没其家,不为之过。"在这道律令下,苏州才子姚润、王谟被征召不至而遭斩首、抄家,士人做隐士的自主性也被削除。

整个明代,前期社团相对较少,中期以后如雨后春笋般兴起。东南地区相对密集,北方较少,大多在城市活动。其中,崇祯二年(公元1629年)以"兴复古学,务为有用"为宗旨,联大江南北而成的复社,成员遍及江南、江西、福建、湖广、贵州、山东、山西等地。据吴应箕的《复社姓氏录》及其孙吴铭道的《复社姓氏续录》所载,其正式社员达2025人③。明代教育社团以讲学会的形式出现,王阳明首开讲学之风后,各地讲学会大兴,只是讲学的内容主要限于"经学"。④

洪武至永乐年间乡约肇始,正统至正德年间官办乡约与民办乡约并举,嘉靖八年(公元1529年)以后乡约在全国推广。乡约、保甲、社仓、社学常错综交叉,既有分工,又有合作。而且不同的人对它们的观点也不尽相同,黄佐主张综

---

① 祁晓庆:《儒学教化中的民间结社——以社条、乡约为中心的考察》,《社会科学家》2010年第4期。
② 王守仁:《南赣乡约》,载《王阳明全集》卷十七,上海古籍出版社,1992,第599-604页。
③ 王世刚主编《中国社团史》,安徽人民出版社,1994,第139页。
④ 王世刚主编《中国社团史》,安徽人民出版社,1994,第143页。

而行之，章潢认为四者宜分工合作，吕坤则主张合乡约、保甲为乡甲约，刘宗周则经历了从寓乡约于保甲到寓保甲于乡约的心路历程，到明末清初，陆世仪则主张以乡约为纲，统领保甲、社仓、社学。①陆世仪在《治乡三约》中构建了一个乡约、社学、社仓、保甲四者关系的处理体系，试图通过地方用人权、教化权、司法权自主培植地方社会的自主性，主张约正、三长需本地人公举而非官府委派，而且管理者的政绩须由乡里人考核，并由此决定能否进行人员调换。陆世仪的这些主张被人认为有助于"开出近代民主之风"②。

鉴于明末党争激烈，顺治九年（公元1652年），一方面清礼部定有学宫条款，严禁诸生"纠党多人，立盟结社"，另一方面进一步将明代乡约作为基层控制的工具，将乡约的内容统一为朝廷颁布的《圣谕六条》。如此仍未遏制住结社风气，顺治十七年（公元1660年），礼部给事中杨雍建上书言事，评论朋党之害，清廷遂有严禁结社的上谕："士习不端，结订社盟，把持衙门，关说公事，相煽成风，深为可恶，著严行禁止。"③康熙颁布《圣谕十六条》，雍正颁布《圣谕广训》，统一了全国乡约的模板，甚至一些宗族还将朝廷圣谕纳入族规，以清廉刚直著称的礼部尚书张伯行也只能主张寓乡约于保甲，寓乡约、保甲于社仓。清代乡约形式化、官役化、远离民众而泛滥推行，加上"文字狱"大量出现，使得民间社会的空间被大大压缩，社团存在的可能性被进一步压缩。恰在此期间，带有强烈反政府色彩的秘密宗教会社发展迅速，遍及全国各地城乡，显现出挤压公开社团的负面社会效应。一百多年的文字狱，建立了人类历史上最缜密、最完备、最牢固的专制统治。政府超越常态地压缩了民间空间，使一个原本智慧的民族因失去民智而走向愚昧、衰弱。

即便在明清高压政策之下，文人们尤其是江南的文人们的结社之风依然盛行，乾隆年间全祖望于鄞县立真率社④；嘉庆年间，董琴南于京师组消寒诗社，旋

---

① 参见董建辉：《明清乡约：理论演进与实践发展》，厦门大学出版社，2008。
② 汪学群：《明末地方社会自治的一次尝试——读陆世仪〈治乡三约〉札记》，载中国社会科学院历史研究所、日本东方学会、武汉大学三至九世纪研究所编《第三届中日学者中国古代史论坛文集》，中国社会科学出版社，2012，第385页。
③ 谢国桢：《明清之际党社运动考》，商务印书馆，1935，第253页。
④ 谢国桢：《明清之际党社运动考》，商务印书馆，1935，第255页。

改名为"宣南诗社";道咸同年间上海有春柳吟社、荷花诗社。①明清文人结社已有研究的约40个,有人考证近300家②,包括八股文社、家族结社、遗民结社、耆老结社,其中著名的有复社等。岭南、邹鲁等文化基础深厚的区域也有众多社团。这些名为"社"或"会"的小团体,不过做些诗文唱和的活动,与后来的学会还不能等同。

纵观中国历史,"社"是中国社会中久远的存在。它的存在直接成为社会活力的源头之一,是民间智慧的载体。"社"兴盛时,民智得以聚集,这一时期必然充满生机;当"社"的活动被遏制,民间社会的空间被压缩,民智消弭,必然导致社会、民族乃至整个国家的衰弱。

中国"社"的历史演进呈起伏跌宕状,春秋和宋代为两个发展高峰。春秋百家兴起,社会发育进入一次至今中国乃至全人类仍须仰视才可见的高峰。经历秦代的挤压、汉代的管制之后,社会的自组织与自治能力都呈现出越来越发达的趋势。到了宋代,在士绅群体的倡立与组织下,民间结社更出现前所未有的繁荣局面,历经元明清政权的不断压榨,民间社会的空间被挤压殆尽。

从社的主体看,有普通民众,比较多的是文人、商人、工匠,而影响比较深刻的还是士绅阶层及以上的人士结集起来的社。受传统文化的影响,也受到官府权力的压迫,中国士人常奉行"君子群而不党"的准则;另一方面,依然有不少有抱负和使命感的士人因志同而结社。而经受各种压力走上结社途径的士人,也就不只是有勇气,还具有深刻见识和宽广胸怀。

有了这样的历史,就不难理解为何在中国不能再延续闭关锁国政策的时候,在民族危难之际,有识之士没有任由危难继续下去,挺身而出,促使现代社团产生,其中也包括现代教育社团的产生。

二、中国现代教育社团的内涵与界定

依据对中国社会历史发展脉络的梳理,具有现代意义和特征的社会团体产生于清朝统治的最后20多年间。1895年中日甲午海战中国战败,引发社会强

---

① 胡怀琛:《上海的学艺团体》,载沈云龙主编《上海通志馆期刊》,(台北)文海出版社,1977。
② 王文荣:《明清江南文人结社研究》,博士学位论文,苏州大学,2009,第10页。

烈震动,有识之士勇敢地站出来组建社团是这一震动的反应之一,中国近现代史上第一次社团活动的高潮便发生在戊戌时期。此时新式商会逐渐取代旧式行会组织,社会危难不断为有识之士所感知,大家都想为挽救民族危难而与志同道合者合力同心,于是各行各业的新生自治组织不断涌现。它们代表某一群体意识做出群体行为。

世俗地理解,社团(英文名:mass organizations)是具有某些共同特征的人相聚而成的互益组织,与政府组织、非正式组织或自然群体有着明显的区别。社团又称为社会团体,社会团体是社团比较规范的名称。社会团体是自然人、法人或其他组织自愿组成,为实现会员的共同意愿,按照章程开展活动的非营利性社会组织。

界定现代社团还需要明晰其语源。在中国历史上,与社团相对应的组织常以"会""社"为名。到了清末,也有的称为"团",有的称为"学会"。当"会"作为组织名称用词时,是相聚活动所称的"会"在时间和空间范围上的延伸,比如有"文会"、同榜及第的"同年会"、"天地会"、"洪门会"、"哥老会"等。其中有社会上层的会,也有社会底层游民为生存互保而组建起来的会,也有宗教性质的会,如洪秀全组建的拜上帝会。

"社"的义项较多。一是指土地神。《左传·昭公二十九年》道:"共工氏有子曰句龙,为后土……后土为社。"《礼记》载:"句龙为后土,能平九州,故祀以为社。"社实为民间尊祭的土地神。① 二是指民间在社日举行的各种迎神赛会。明末学者艾南英就认为:社之为名,起于乡间党族春祈秋报之说。三是指行业性团体。如唐代的白米行、石经社;宋代的时果社(青果行)、锦体社、台阁社、穷富赌钱社等;清代则更有商行以社相称,如康熙年间扬州称茶肆为"柴云社",称酒家为"青莲社",等等。四是指具有同样信仰、志趣结成的团体。明末学者顾炎武道:"后人聚徒结会亦谓之社。"入社者一般都是信仰相同、志趣相投者,晋代的"莲社"、唐代的"香山社"、《直斋书录解题》所载的宋代文人所结的"西湖诗社",以及著名的明末的"复社"等便是这一类团体。②

从研究现代社团的角度看,会与社都是现代社团的语源,但"会"与"社"都

---

① 陈宝良:《中国的社与会》,浙江人民出版社,1996,第1页。
② 张伟平:《教育会社与中国教育近代化》,浙江大学出版社,2002,第2—3页。

比现代社团的语义要宽泛，或者说它们是未经过专业分化的社团。只有将"会"作为组织名称时，其才与现代社团有语义的关联，"社"的部分义项才与现代社团有语义上的渊源关系。从自古至今就有众多信仰相近、志趣相投的民间人士，为追求某一共同的目标相聚结成会社看，会社与现代社团又不只是语义上的联系，而是现代社团的组织前身。

戊戌变法酝酿时期（1895—1898年），社团广泛地称为"学会"。广义的学会，指士子为某些共同兴趣而组织的团体，参加的人或研究学术，或传播知识，或弘扬理念；狭义的学会，指学人为研究学术所组织的团体，传播知识或弘扬观念则属次要。戊戌时期以"学会"为名的团体多属广义的学会。1900年以后以"学会"为名的团体较多属于狭义性质的学会，越到后来"学会"越成为专业组织的名称。

后来发展为专业组织的学会，通常具有以下性质：第一，是具有某一专业知识的学人结合；第二，是自由的结合；第三，活动以学术或知识，而非以纯粹的政治或社会事业为基点；第四，成员跨越实体机构，而非纯粹的学堂。

现代社团严格地说需要依据其性质来确定，没有一个特定的时间界限，不能说哪个时间节点以前的社团就是非现代社团，在此之后的就是现代社团。依据中国社会发展的史实，也很难找到合适的时间节点作为古代社团和现代社团的分界点。事实上，中国现代社团的出现是1895年以后的事。现代社团出现时或许还穿着旧的衣衫，很多社团是传统与现代的结合体，只是它身上已具有现代性了。一开始相对于旧式社团仅是孤零零的一个或几个，后来才逐渐增加。

还需要注意的是，我们很难以团体名称判断其是否为现代社团，未必名为"学会"或"研究会"的社团就比使用"社""会"等老名称的社团更现代。

所以，要以社团是否具有现代性作为判断的标准，也就是看它的性质、宗旨、组织形态。现代社团的基本特征是有自己成文的章程，有表达明确的宗旨、详细的入会程序，其成员具有一定的现代意识，其宗旨、活动内容、活动方式与建立现代社会存在相关性，设有健全的组织机构，其组织原则符合现代社会规范，其成员的责任与权利对等，其组织规则体现民主，其议事方式是提出议案协商后决定，社员是组织的主体，其组织结构趋向扁平。事实上也不是具备了上述所有特性才能称为现代社团，而是具有了其中一些特性就可称为现代社团。

与之相对应，中国古代历史上的社团与现代社团有不少相通之处，差异之处主要在于它的成员间在地位上并不完全平等，组织结构的纵向层级较明显，其成员的思想观念相对陈旧。

从组织完备性方面看，现代社团包括组织主体、组织目的、组织原则、组织结构、组织性质等要素。若冠以"中国现代社团"，其组织主体应主要是具有中国籍的公民，以区别于当时一些外国教会或外国籍教育人士组成的社会团体。在实际运行过程中，有非中国公民参与但主体成员为中国籍的也可称为中国现代社团。

事实上，即便是当今，人们对现代社团及其特性的认识也是多种多样的，有人认为它具有官民二重性，也有人认为它具有非营利性、非政府性、志愿性或互益性三方面特性，还有人认为社会团体具有组织性、资源性、合法性、平等性、非营利性、互益性/公益性、代表性等特点。现实中的社团很复杂，比如，其中有些具有志愿性，有些则例外：一些社会团体由于行使政府组织授予或委托的公共权力，为了确保权利与义务的对等性，因此法律明确规定这类成员必须加入相应的行业协会。

显然，社团不同于企业、政党组织、事业单位、基金会、居委会、村委会和业委会等，通常不以营利为目的，而以互益或公益为宗旨，实现社会事务目标。对社团进行分类有多种标准，比如：政治性与非政治性，民办和官办，互益和公益，学术、联合、行业和专业性社会团体等。其中，联合性社会团体主要包括校友会、联谊会、联合会、促进会等，专业性社会团体主要包括物理学会、化学学会、心理学会等。除此之外，还可按照社会团体的主体与功能、国际标准产业分类体系、非营利组织国际分类体系等进行分类。

就教育而言，有广义和狭义之分，依据当时教育社团创立者的理解，教育社团奉行的是广义教育。正如蔡元培所说："夫教育者，非徒一二学堂之谓，若演说，若书报，若统计，若改革风俗，若创立议会，皆教育之所范围也。"①所以当时的教育会设有社会教育部，参与改良风俗、办报及其他各种社会活动。界定现代教育社团应当依据当时当事人的事实认同，取其广义，凡具有教育功能的社

---

① 蔡元培：《绍兴教育会之关系》，载高平叔编《蔡元培全集 第一卷》，中华书局，1984，第170页。

团皆属教育社团。

现代教育社团是指那些以教育为自己职能范围,具有现代社团特点的社团。在中国一百余年的教育现代化进程中,正是有各教育社团对当时政治、经济和教育发展形势的深远洞见,并不遗余力地推动,才有包括清末"癸卯学制"的修正、民初"壬子癸丑学制"的终结和"壬戌学制"的颁行等一系列教育变革的完成。

正是因为中国教育社团在中国教育现代化进程中发挥了不可替代的作用,才使得中国现代教育社团史研究具有极其重要的历史与现实价值。

三、教育发展对现代教育社团史研究的需求

之所以要研究中国现代教育社团史,除了存史的价值,更为重要的是现代社会需要社团的发展,教育的发展需要教育社团的发展,也就需要对中国现代教育社团史的了解。

现代社会发展需要社团可以从中国乃至人类社会发展的历史趋势中看到。它在现实中的重要表征是对社团的研究和关注日益增多。经过1950年后的沉寂,1990年代后期起对社团的研究逐渐增多,2005年NGO研究甚至入选年度中国十大学术热点,排名第六[①],研究NGO的论文和图书数量也快速增长。有人以"民间组织""非营利组织""非政府组织""社会团体""社团""NGO""NPO"作为书名的关键词对2010年前中国已经出版的关于NGO方面的著述做过统计,总共约有五百余种(不含港澳台),其中除百种左右为会计教材外,1949—2011年1月出版的有关NGO研究的学术图书445种。其分布情况如表1-1:

---

① 《学术月刊》编辑部、《文汇读书周报》编辑部:《"2005年度中国十大学术热点"评选揭晓》,《学术月刊》2006年第1期。

表1-1　中国NGO研究图书年度出版数量一览①

年份	出书数量	年份	出书数量	年份	出书数量	年份	出书数量
1956	1	1993	5	2000	6	2007	40
1979	4	1994	5	2001	21	2008	52
1988	2	1995	5	2002	22	2009	50
1989	2	1996	6	2003	30	2010	51
1990	2	1997	3	2004	37		
1991	2	1998	7	2005	44		
1992	8	1999	11	2006	29		

　　教育的行业特性决定着它对社团的需求。教育属于需要长期积累的社会专业工作，它的发展和品质提升当然需要政府投入资金，需要政策和法规的规范，但仅有资金和规范依然是办不出高品质的教育的。高品质的教育是个性化极强的教育，需要有专业定位各不相同的教育社团参与发挥其独特功能，其中包括学校管理、第三方专业评价、针对教育教学以及管理各环节的专业咨询等。这些为社团的存在和发展提供了巨大的空间，也意味着高品质的教育对教育社团存在巨大的需求。甚至可以说，限制教育社团的发展就不可能办出高品质的教育，就不可能满足大众上好学的愿望。

　　从结构上说，现代教育远非中国历史上"官师合一"的政府组织就能履行其职能的，也非已经发展起来的制度化学校所能包揽的。信息技术的发展使得现代教育主体间的选择性更强，选择范围更大。选择主体从政府转向社会乃至具体的个人，从而使人与人之间更为平等和自主，也更加需要在平等协商基础上形成规范，依靠强制力维持的秩序越来越难以为继。从职能角度说，有一部分政府和学校都不能履行的教育职能出现，需要社团去履行，而且只有专业的社团才能更为有效地履行这些职能。从秩序角度看，现代教育主体是每一个社会成员，他们关心的教育主题极为多样，他们的发展进程各不相同，他们更多的是依据其自主选择参与其中，很难以传统的行政权力和制度化的学校满足其学习的需求，也很难由政府和制度化的学校来维系其秩序。这个时候，需要教育社团发挥作用。历史上曾长期形成的政府—学校的教育结构将会转变为政府—

---

① 数据整理自刘骁军：《中国NGO研究图书出版概览》，《社团管理研究》2012年第3期。

社团—学校三者间的立体结构。

众所周知,在上述结构中,政府和制度化的学校都已相当成熟,社团则相对稚嫩,社团与政府和学校尚处在磨合期,而现代社团的维系又不能仅仅依赖克里斯马型权威和传统权威,而应由有现代人格的成员依据现代社团的章程和法规建立具有现代性的组织秩序。这需要一个过程,也需要汲取人类社会的智慧,包括曾经发展和存在过的社团的智慧。

现代教育发展除了微观领域急需专业社团参与,宏观政策、法规及规划的制定,以及教育专业评价都需要大量的教育智库参与,中国现代教育社团是中国当代教育智库的先声,建设和发展好教育智库也需要从教育社团发展的历史中汲取智慧。

1990年后,中国教育社团的历史逐渐引起了学者们的关注,中国教育社团史研究取得了一些研究成果,发表数十篇期刊论文,撰写出数篇学位论文,也有若干专著出版。总体上看,对教育社团历史全面、深刻、系统的研究不足,远远不能满足当下教育发展、教育智库发展的需求,本研究就是以专业的方式回应并满足这一需求。

中国教育社团的发展并非在一张白纸上重新开始,当然可以借鉴世界各国教育社团发展的理论、经验和教训,比如已经介绍到中国的公民社会理论、法团主义理论。但最为切近的借鉴仍然是1949年前那50多年里中国现代教育社团历经坎坷、生生不息的历史,它展示出现代教育社团与中国延续数千年的士的精神的深层耦合,也展示出现代社团与中国传统文化的某些冲突,还有渗入社团中的某些与社团宗旨相违背的理念的发酵对社团自身发展造成的困顿,更有社会环境对现代教育社团的不容,政府或地方权势对现代教育社团的挤压,现代教育社团发展的资源困境……

简而言之,中国高品质的教育发展需要发展现代教育社团,而现代教育社团史是发展教育社团的一本必不可少的教科书。

中国现代教育社团的萌动及其动力

第二章

第二章　中国现代教育社团的萌动及其动力

虽具有两千多年的历史,但由于官府的强力压制,社团在较长的时期未能得到充分发展。"在戊戌以前,外国人在中国设学会已有数十年的历史……甲午战后,有识之士求变心切,乃以组织学会为手段,结合知识分子,谋求在各方面改变中国。"①甲午战争的失败显示出中国专制统治所造成的社会极度虚弱,也引发蕴藏着社会活力的各种社团破土而出,教育社团借机出现并在挫折中发展起来。

一、中国现代教育社团萌生

中国现代社团的产生是与民族危难直接相关的,可以说患难是其动力、土壤和环境,图强是其产生的首因。甲午战争失败后,中国人"受到如此奇辱,许多人第一次坚信,若不进一步改良教育,中国就不足以建立牢固的国家基础。这一信念如此强烈,以致不少知识人,其中一些甚至是白发老人,也都尽心研究西学。他们或进入教会学校与大学求学,或聘私人家教,或组建改良教育会"②。康有为为了组织和发展维新派力量,于1895年在北京组织了强学会。此后,各种学会如雨后春笋般陆续出现。中国台湾学者张玉法先生的研究表明,戊戌时期的学会凡68个,是"国人组织学会"的发端。③也有研究者说自1895年11月

---

① 张玉法:《戊戌时期的学会运动》,《历史研究》1998年第5期。
② 郭秉文:《中国教育制度沿革史》,储朝晖译,商务印书馆,2014,第72页。
③ 张玉法:《戊戌时期的学会运动》,《历史研究》1998年第5期。

北京强学会创始,至1898年建成的各种学会72家,遍布全国11个省份。①这两个数字差别不大,基本能反映当时中国社团的发展状态。

以上海为例,早期的教育社团有综合性、学术性、联办性的,有区县地方性的,也有省市及全国性的,设址均在南市。影响比较大的有1896年创立的申江雅集,创办人有张焕纶(梅溪书院创办人)、钟天纬(沪南三等公学创办人)、宋恕、赵颂南、孙仲瑜、胡中巽等新学人士,每七日一会,讨论改良教育,提倡新法教学等。这实际上是中国早期没有冠名教育社团的一种教育研究社团。1897年维新志士谭嗣同夫人李闰、康广仁夫人黄谨娱与沈瑛等人创办的中国女学会也是带有教育性质的妇女维新团体。1898年该会创办中国女学会书塾于城南高昌庙桂墅里及城内淘沙场,名为经正女塾,显示了其教育特性。

戊戌变法失败后,多数社团活动被迫停顿。1901年后,受清政府部分恢复新政的影响,维新失败时颁布的各种禁令渐渐失效,新的社团又纷纷建立,1901至1904年间江苏、浙江、广东、福建、江西、湖北、湖南、安徽、山东、直隶、河南、奉天、四川、云南、广西和上海等地就已经先后建立起各种新式社团276个,其类别和布局情况如表2-1:

表2-1　1901—1904年中国社团的情况②

类别情况		分布情况	
教育会	21	江苏	77
不缠足会	34	浙江	51
演说会	25	上海	42
体育会	17	福建	20
学生会	26	广东	18
爱国团体	17	江西	10
科学研究会	18	湖北	9
文学艺术	6	湖南	8
妇女团体	16	安徽	8
实业团体	7	直隶	8

① 闵杰:《戊戌学会考》,《近代史研究》1995年第3期。
② 桑兵:《清末新知识界的社团与活动》,生活·读书·新知三联书店,1995,第275-276页。

续表

类别情况		分布情况	
卫生及风俗改良会	8	四川	6
师范研究会	5	东北	5
宗教团体	1	河南	4
混合型	75	山东	4
		贵州	3
		广西	1
		云南	1
		山西	1

可以看出,社团主要产生在比较开放和远离政治中心的地区,教育社团在整个社团中的比例比较低,狭义的教育社团仅占7.6%,即便将师范研究会列入其中也不到10%。

1.具有教育性质的学会出现

在中国境内最早带有教育性质的社团是外国人1834年11月在广州成立的益智会(Society for the Diffusion of Useful Knowledge in China)和1836年9月在澳门成立的马礼逊教育会(Morrison Education Society)。前者以出版历史、地理、财经方面的书籍为主,以传播欧美的学艺和科学为宗旨,会长为英国商人马地臣(J.W.Matheson),美国商人及各国驻广州的领事参与其中,曾编辑《察世俗每月统记传》,1840年后因成员参与侵华战争而停办;后者资助学校或创办学校,是在华的英美人士为纪念第一个来华的基督教新教传教士马礼逊而创立的,"以学校或其他地方促进或改善在中国之教育为目的",会长为颠地(Lancelot Dent),规定凡一次捐赠25英镑以上或每年认捐10英镑者方得为会员,曾筹办马礼逊学堂,1849年后因成员分散而结束活动。①

1850年以后较为活跃的学会主要有三个。第一个是创立于1858年的上海文理学会(The Shanghai Literary and Scientific Society),为欧美传教士的学术团体,由英国人伟烈亚力(Alexander Wylie)组织,次年并入英国皇家亚洲文会(Royal Asiatic Society),更名为皇家亚洲文会华北分会(North-China Branch of

---
① 顾明远主编:《教育大辞典》第10卷,上海教育出版社,1991,第102—103页。

Royal Asiatic Society),到1911年以后仍继续发展,主要的业务除出版会报以外,兼办图书馆、博物馆及美术品陈列所。

第二个较为活跃的是上海益智书会(又称学校与教科书委员会,The School and Textbook Series Committee),1877年在华新教传教士在中国开第一届大会,会中狄考文主张"藉教会学校传授西方文化与科学知识,提供物质方面与社会方面的贡献",遂由狄考文、丁韪良、韦廉臣、林乐知、利启勒、傅兰雅等组织委员会,丁韪良为主席,韦廉臣为秘书,傅兰雅为主编,从事教科书的编纂工作,定名为益智书会。后几经改名,1916年易名为中华基督教教育会(The China Christian Educational Association)。该会的主要业务一为出版教会学校使用的书籍,二为审定适合教会学校使用的书籍,三为定期举行学术研讨会。1877—1890年间该会共出版图书50种,审定图书48种,计189册,3万余本。1893—1909年间,每三年在上海举行会员大会一次,听取会务报告,宣读论文,讨论有关事项。先后举办6届大会,共宣读论文158篇。1935年后该会在全国主要省区设分会,活动内容也从编制教科书扩展到进行教育调查,举办教师讲习会,讨论教会学校的教育方针、计划和措施,出版中文刊物等。1950年该社团被撤销。①

第三个比较活跃的是广学会,1887年由韦廉臣组建于上海,初名为同文书会(The Society for the Diffusion of Christian and General Knowledge Among the Chinese),1894年中文名称改为广学会,1905年英文名称改为 The Christian Literature Society for China。首任董事长为赫德(Robert Hart),1891年李提摩太任总干事并连任25年,1937年开始由中国人朱立德代理,抗日战争全面爆发后迁成都,抗战胜利后迁回上海。广学会成立的目的在传播基督教义、介绍西方文化、鼓吹中国自强,称"以西国之学广中国之学,以西国之新学广中国之旧学"②,主要活动是出版书籍、发行期刊。截至1911年共出版约400种图书,非宗教性图书约有184种。在发行期刊中以《万国公报》和《大同报》最有名。广学会成立后将《万国公报》改为该学会的机关报。广学会的会员人数,在1888年至1911年间升降颇大,最少的1891年只18人,最多的1905年达254人。会员绝大多数为外国人,亦间有少数中国人参加。会员每年年底集会讨论会务,改选董事。由

---

① 顾明远主编:《教育大辞典》第10卷,上海教育出版社,1991,第103页。
② 顾明远主编:《教育大辞典》第10卷,上海教育出版社,1991,第103页。

董事会公举正副会长、督办(secretary)、管账、会办等。1911年至1949年出版图书1600余种,1952年后改为由中国人自办,1957年与其他基督教出版机构合并为基督教联合书局。

另一个值得提起的是1885年福州英华书院成立的中华基督教青年会,它也具有一定的教育性质。该会于1896年在通州、杭州的基督教教会学校相继成立,以后陆续推及全国各地。1895年,在天津建立了第一个有65名会员组成的"校际青年会"。1896年,全国学校青年会组织已增至27处,27处青年会代表于上海成立了第一个全国性的青年会组织——"学塾青年会"。后由于城市青年会组织的发展,原来的"学塾青年会"名称已不适应,遂在1902年将"学塾青年会"改名为"中韩港基督教青年会总委办",另一部分称为城市青年会。青年会主要从事智育演讲、职业夜校、中等教育、平民教育、公民教育、基督教学生工作等活动,较早把欧美国家的现代体育项目篮球、田径、游泳等介绍到中国,以及推动刊物、书籍的出版等。1912年青年会第六次全国大会上明确了分部办公制度,其中体育部以"提倡国人注重体育训练,体育专门人才研究,体育最新学术组织,体育比赛集会,借以辅助各地方青年会体育之进行,造成国民健全之身躯、强盛之精神"为宗旨,"应有坚固之身体"为选取干事的第一条件。1915年改名为"中华基督教青年会全国协会",第一任总干事为美国人巴乐满(F. S. Brockman),后由王正廷继任,以"发扬基督精神,团结青年同志,养成完全人格,建设完美社会"为宗旨,以"非以役人,乃役于人"为会训。抗战期间曾参与救济,新中国成立后加入中华全国青年联合会,为团体会员。

1895年后中国境内中国人自办的社团中,政治性较强的学会,如北京强学会、上海强学会、北京保国会、长沙南学会等,受保守势力的杯葛,组建不久即被封禁,大部分以学术活动为主的学会受戊戌政变后清政府下令查禁的影响也不得不停止活动。对戊戌变法时期学会、学堂、报馆分布加以分析不难发现,它们具有一些相同的特征,不少以学堂为依托,以学会为延,或以开学堂为学会的工作内容。戊戌时期的学会,在性质上以仿照欧美学会居多,其中也有一些内容和形式都极为传统的社团,但多数不是由传统的经社、诗社、文社、画会演变而来,因此,显现出现代性的特征。

强学会是一个兼具政治性与学术性的社团,被认为是戊戌时期学会的创始,可考成员40人左右,主要为维新派官员。该会成立后除了本身每三天举行一次例会讨论"中国自强之学",批评朝廷中的保守派外,还与康有为此前创办的万木草堂相互配合,显示出其与教育的渊源。上海强学会章程更是显示出其教育特征,其中明言:今日学校颓废,士无术学,只课利禄之业,间考文史,不周世用。又士皆散处,声气不通,讲习无自,既违敬业乐群之义,又失会友辅仁之旨。西国每讲一种学术,必有专会,会中无书不备,无器不储……今设此会,聚天下图书器物,集天下之心思耳目,略访古者学校之规,及各家专门之法,以广见闻而开风气,上以广先圣孔子之教,下以成国家有用之才。[①]强学会虽得到光绪帝及其老师翁同龢支持,却遭李鸿章等人下令封闭。康有为于1895年11月离京南下在上海组织了强学分会,不久也被封闭。待到1898年3月康有为在北京组织保国会,其政治特性更为突出,教育性更为淡弱。康有为流亡海外后组建的保皇会就更无教育特性了。

早期的现代教育社团便是类似强学会这样带有教育性质的综合社团,教育是其载体或内涵之一,尚未分化出纯教育社团。类似的社团还有南学会,它是讲求新学的政治团体,甲午战争中国战败后,谭嗣同、熊希龄、唐才常等于1897年冬开始筹备,1898年正式成立(以开会讲学为成立标志),得到湖南巡抚陈宝箴和署湖南按察使黄遵宪等开明官吏的支持,会所设于巡抚部院孝廉堂,意图宣传救亡,发展地方自治,"保湖南的独立",并联络广东,以湘、粤为中心,实行变法,使南中国"可以不亡"。该会在长沙设总会,各府厅州县设分会。主要活动是讲演,与时务学堂相表里,又有《湘报》配合宣传,思想甚为活跃,影响也相当广泛,对促进湖南推行新政,转变社会风气起了重要作用。

南学会得到康有为和梁启超的支持。梁启超赞成湘、粤联合,"湖南之士可用,广东之商可用"。故所立之学会,取名南学会,而不取名湘学会。南学会为挽救瓜分危机而设,明显地兼有教育和救亡性质。

说南学会是具有教育性质的现代社团,可从其章程中找到证据。南学会先后发布三个章程——《南学会大概章程十二条》《南学会总会章程二十八条》《南学会入会章程十二条》,确定学会的宗旨是:"专以浚开知识,恢张能力,拓充公

[①]《上海强学会章程》,载汤志钧、陈祖恩、汤仁泽编《中国近代教育史资料汇编·戊戌时期教育》,上海教育出版社,2007,第149–150页。

益为主义","本会以同心合力,振兴中国为务"。宗旨中"开浚知识,恢张能力"都与教育直接相关。该会的会友分为三种,其中第二种便是"讲论会友",即为南学会讲学的人员,定期开讲,随时答疑问难。当时推皮锡瑞主讲学术,黄遵宪主讲政教,谭嗣同主讲天文,邹代钧主讲舆地。

南学会主要活动方式是讲学,自成立后可查的讲学记录显示共集会讲论17次,其中主题演讲13次,44人进行了演讲,所讲内容包括政教、学术、中外大势、保种保教、交涉、自然科学等各个方面,每次讲学者一人或数人,先后做讲演的有皮锡瑞、陈宝箴、黄遵宪、徐仁铸、谭嗣同、熊希龄、戴德诚、李维格、杨自超、邹代钧等,其中学长皮锡瑞讲的次数最多,为12次,黄遵宪讲了7次,谭嗣同讲了6次,其他人只讲了4次及以下,多数人只讲了一次。[①]南学会除讲演外,还设答问环节。讲学后遇有疑义或提出建议的,进行答问;答问中带有普遍意义的,再做讲演。南学会还设立藏书处,搜集"古今中外有用之书",供会中人阅读(书籍来源,多系捐助)。由此可见,南学会是一个振兴新学、造就人才的教育团体。

南学会存在的时间仅有数月。当时,岳麓书院院长王先谦及叶德辉等人大肆攻击南学会,并以"首创邪说,背叛圣教,败灭伦常,惑世乱民"的罪名将邵阳分会会长樊锥驱逐出境。不久,皮锡瑞由于受到顽固派攻击被迫离湘赴赣,1898年5月南学会即停讲,南学会历史至此结束,但它产生的影响却是深远的。

1896年,张元济和许多年轻官员常在北京陶然亭雅聚,谈论朝政,交流观点,还和几位朋友组织了一个小型的学习社团"健社",但想要探求强国之道,提升自己当然远远不够,他们在"健社"的基础上发起了"通艺学堂",在总理衙门备了案,招收的学生主要是年轻官员和官员子弟。[②]

在日本占领的台湾,1897年成立了台湾教育会,以办理学校教育和社会教育为使命,始设于台南,后迁至台北,曾经解散,1901年恢复并先后改名为国语教育研究会、国语研究会,最终改名为教育会,至1937年有会员8900人。

[①] 彭平一:《戊戌南学会集会讲论活动若干史实的补正》,《中南大学学报(社会科学版)》,2011年第4期。

[②] 李妍:《张元济 纵我活不到一百岁,及身已见太平来》,《新京报》2017年10月28日B02版。

表2-2 戊戌变法时期具有教育特征的社团①

学会名称	成立时间	成立地/主要活动地	主要发起人/负责人	概况
农学会	1895	广东	孙中山 区凤墀	在广州创办,系"民间讲求学问之会",旨在效法西方对"农务大加整顿",以解决国计民生问题,提出"首重农商"等计划,翻译各国农桑新书。设立学堂,造就农学人才
强学会	1895	北京	康有为 陈炽	在北京成立,创强学书局,译印书籍,创《中外纪闻》,次年1月被劾奏,遭封禁
上海强学会	1895	上海	康有为 张之洞 张謇	在上海成立,推广北京强学会,拟译印图书、办报纸、设学堂、创讲堂等
中国公会	1895	湖北	汪康年	在武昌筹组,拟设总会于上海,"先求实用为主",重点在政法、艺学和各省利弊,使"处可为有用之学,出亦为有用之才","专讲求中国之所以贫弱、西国之所以富强"。拟开学堂,设教会兴儒教。似未正式成立
兴儒会	1895	浙江	孙诒让	在瑞安成立,旨在合全国四万万人为一体,广甄人才,厚积群力,以尊孔振儒为名,以保华攘夷为实。拟集股办书局,并未真正成立
新学会	1896	上海	叶耀元	在上海成立,讲求各种新学,译著新书新报,志在扶植世运、砥砺人才。1897年创办《新学报》半月刊,内容分算学、政学、医学、博物四部分,并在此基础上另立算学会

① 资料来源:汤志钧、陈祖恩、汤仁泽编《中国近代教育史资料汇编·戊戌时期教育》,上海教育出版社,2007;张玉法:《戊戌时期的学会运动》,《历史研究》1998年第5期;王世纲主编《中国社团史》,安徽人民出版社,1994;等等。同时参考其他多种史料核实修改。

续表

学会名称	成立时间	成立地/主要活动地	主要发起人/负责人	概况
算学会	1896	上海	叶耀元	继新学会在上海成立,讲求新学,专研算学(不同于1897年所建算学会)
上海农学会	1896	上海	罗振玉 徐树兰 蒋黼 朱祖荣	又名务农会。在上海成立,以农学为富国之本,从购书、设学、设农场、设工厂等入手推行新的方法,1897年5月创办《农学报》,宗旨是"采用西法,兴天地自然之利,植国家富强之基","将以广树艺,兴畜牧,究新法,浚利源",使中国士人咸知以化学考地质,改土壤,求光热,以机器资灌溉,精制造之法之理。并准备在江、浙购田试办,辨别土宜,酌购外洋机器农具等。《农学报》创刊时为半月刊,次年改为旬刊,至1906年1月停刊,共出315期,其间译印农学图书百余种
群学会	1897	浙江	杨临	以讲求算学为宗旨。该会章程道:"中西两派殊途同归,各抒所见,正可互相发明,幸弗伐异党同,致开聚讼。"
质学会	1897	湖北		在武昌成立,"意在劝学,务崇质实",故名质学会。分经学、史学、法律、方言、算学、图学、天文学、地学、农学、矿学、工学、商学、兵学、格致学等十四目,"前六科为兼习之学,后八种为专门之学,习专门必兼六科,乃得有体有用"。又拟编印学报,译著书籍,购存图书等。该会崇儒,"须知六经皆圣人经世之书,西国富强之术,不能出其范围"

续表

学会名称	成立时间	成立地/主要活动地	主要发起人/负责人	概况
圣学会	1897	广西	康有为 蔡希邠 岑春煊	在桂林成立，尊崇孔子，传布孔道，"欲推广专以发明圣道，仁吾同类，合官绅士庶而讲求之，以文会友，用广大孔子之教为主"。拟广购书器、刊布报纸、设大义塾，开农工商学，曾办《广仁报》半月刊及广仁学堂
测量学会	1897	江苏	谭嗣同 杨文会 刘聚卿	在南京成立。所订章程，"曰练习仪器，曰专精一门。一测立距，一测平距，一分测，一会测，一绘图，一定尺，一日记，一著说"。拟购置仪器，令每人先习一器，各专一门
兴浙会	1897	浙江	章炳麟 董祖寿 连文澄	在杭州成立，推崇刘基、于谦、王守仁、黄宗羲、张煌言"五公"，主张经世、方舆之学，提倡体操。后有人对兴浙会序和章程有意见，遂改为兴浙学会。每月刊出《兴浙学会文编》一册
苏学会	1897	江苏	章钰 张一麐 孔昭晋 蒋祖庚	在苏州成立，宗旨为：一、以因时制宜为主，取其互相讲习，振起人才，为将来建立学堂张本。二、"以中学为主，西学为辅。中学为体，西学为用"，"以中学包罗西学，不能以西学凌驾中学"。三、"以学问相砥砺"，勿议朝政。1898年2月设中西学堂
蒙学公会	1897	上海	叶瀚 汪康年 曾广铨 汪钟霖	在上海设立，以提倡幼童教育为宗旨。拟立童蒙师范学和幼童养育学两馆，再扩大为中等专门之学。公议"先以书院为起点，而以学会为归宿"。1897年创《蒙学报》周刊，又设蒙学书局，编印儿童读物，活动至1902年

续表

学会名称	成立时间	成立地/主要活动地	主要发起人/负责人	概况
三江学会	1897	湖南	潘学海 罗公祖	创立于湖南会同，为书院性质，主旨在训练实务人才
化学公会	1897	浙江	董祖寿 吴宗濂 孙廷献	创立于杭州，本着"欲图自强，在兴格致；欲兴格致，先兴化学"之宗旨创会
中国女学会	1897	上海	李闰 黄谨娱 沈瑛	在上海成立，提倡女性教育，创办女学堂及《女学报》，"专教吾华女子中西书史与一切有关实用医算乐律等学，采仿泰西东瀛师范，以开风气之先"。曾于上海城南高昌乡桂墅里开办书塾
知耻学会	1897	北京	寿富 康有为 梁启超	在北京成立，倡行新学。以甲午之败为耻，主张"购集图书，私相讲习"；满洲贵族子弟也应"知耻"以兴新学
不缠足会	1897	上海	梁启超 谭嗣同 汪康年	初由《时务报》发起，后移交大同译书局，由康广仁经理，设于上海，各地设分会。"此会之设，原为缠足之风，本非人情所乐，徒以习俗既久，苟不如此，即难以择婚，故特创此会，使会中同志，可以互通婚姻，无所顾忌，庶几流风渐广"
译书公会	1897	上海	恽积勋 陶湘	在上海成立，以采译泰西东切用书籍为宗旨，"志在开民智，广见闻，故以广译东西实用书籍、报章为主，辅以同人论说"。译印政治、学校、体例书籍多种，内有《译书会公报》
医学善会	1897	上海	龙泽厚 吴仲弢 梁启超	在上海成立，以讲求医学，救种族之式微，拯病者之急难为宗旨，以为"保民，必以医学始"，故"开医会以通海内海外之见闻，刊医报以甄中法西法之美善，立医学堂选高才之士以究其精微，设医院循博施之义以济贫乏"

续表

学会名称	成立时间	成立地/主要活动地	主要发起人/负责人	概况
校经学会（湘学会）	1897	湖南	江标	设于长沙校经书院,全称校经书院学会,亦称湘学会,分算学、舆地、方言三门,每门学额40人,设学长逐日讲课,设有书楼,但不习经史
算学会	1897	湖南	谭嗣同 唐才常	由浏阳南台书院改建而成,废经课,改习算学、格致,仿武昌自强学堂,先于城内各地设算学社,使生徒精研算学,再考入算学馆
算学会	1897	上海	黄庆澄 陈家虞	在上海建立,出版《算学报》及算学书籍,《算学报》出12期后于戊戌政变时停刊,1899年复刊再出2期
实学会	1897	上海	王仁俊	在上海创办,刊布《实学报》,博采通论,广译各报
蜀学会	1897	四川	宋育仁	在成都成立,"以通经致用为主,以扶圣教而济时艰","讲求气节,忠君亲上","分门别类,皆以孔子经训为主,约分伦理、政事、格致为三大门"
励学斋	1897	陕西		在陕西西安三原成立,为"讲求实学"而设,认为西学"其源无不出于中国,特中国人弃而忘之,而彼乃精益求精,故遂以相厄","彼既能窃我之长以制我,我何不即复我之所长以制彼"。拟"广购致用之书,集好学之士,合众人之心思材力以互相砥砺"
仁学会	1898	贵州	吴嘉瑞 杨虚绍	创建于贵州贞丰,宣讲维新思想,主张变法。会员30人
粤学会	1898	北京	康有为	康有为约集旅京粤籍同乡20余人在南海会馆创办,以经术言变法
闽学会	1898	北京	林旭 张铁君	闽籍旅京人士在北京福建会馆开会组成,数日一集,讨论学术、时事,后扩大为保国会

续表

学会名称	成立时间	成立地/主要活动地	主要发起人/负责人	概况
关西学会	1898	北京	阎乃竹 宋伯鲁 李岳瑞	在北京成立,由山西、陕西旅京人士组成。设学规四条:一、治经义,以经术言变法,发明圣训,探讨微言,勿尚琐碎支离之汉学,勿骛空谈无根之宋学;二、治国闻,学习西方以至日本的文字语言、格致测算等;三、广应求,别省人士也可入会;四、定会期,会员会费二十金,每周聚会一次。后并入康有为等人发起的保国会
致用学会	1898	湖南	汪瑞清	在龙阳(今汉寿)成立,以兴学育才以求国家强盛为宗旨。延请算学师教授本会同仁子弟,广购中外有益报刊供阅览,每旬初一为聚会日
南学会	1898	湖南	陈宝箴 谭嗣同 江标 皮锡瑞 唐才常	以孝廉堂为会所,以废八股,兴学校,修商政,饬农工为主旨。每周日宣讲一次,创办《湘报》日刊、《湘学新报》旬刊
群萌学会	1898	湖南	唐才常 谭嗣同	在浏阳成立。"以辅仁益智为主义,而兼敦友睦任恤之风。""群学可由此而萌","他日合群既广,即竟称为群学会"。后改为南学分会
郴州学会	1898	湖南	罗辉山 潘仁瑶	在郴州成立,又名郴州舆算学会,该会章程标明:"本会宗旨,务在略去虚文,专求实学。凡入会诸君,无论官阶科第,均以学问为序。平居无事,尤宜讨论中外古今盛衰之源,联合士气,互相师法,庶几合天下为一群,合一群以振中国。"以为"舆算二者,尤为时务阶梯","专习舆地之学,以亟先务"

续表

学会名称	成立时间	成立地/主要活动地	主要发起人/负责人	概况
蜀学会	1898	北京	杨锐 刘光第	川籍旅京人士在北京四川会馆成立,后扩大为保国会,亦称保川会
蜀学会	1898	四川	宋育仁 杨道南 吴之英	在成都成立,以尊经致用,扶持圣教而济时艰为主旨,以集讲为主要方式,省设总会,府厅州设分会,每月集讲2次,以宋育仁的尊经书院为中心,办有《蜀学报》
任学会	1898	湖南	陈为强 杨槩	在衡阳成立,立志在宏毅,"以能力任艰巨为主",以练习学问,物色英才为入手之方,讲求德行、言语、政事、文学,且拟办报章,立学堂,派游历,设书室,刻印时务书籍,每年大会一次,两月小会一次
延年会	1898	湖南	熊希龄 谭嗣同 唐才常	在长沙成立。"有所省之时可计,有所益之事可证","力保自立之全权,勿恤世俗之嫌怨","厘订作息制度,强调生活有律",因倡改良社会风俗,珍惜时间,而称为延年
务农会	1898	浙江	黄绍箕 黄绍第 陈虬 孙诒让	建立于浙江瑞安,受上海务农会影响,以广兴农学为宗旨,购置洋式农具,运用新法,种植中西作物,以桑、柑为主,带有公司性质
明达学会	1898	湖南		在常德成立,"涤向来孤陋之习,储当时济变之才,本中国义理之学,参泰西富强之术",以"保教""保种";并延聘中西学教习,讲求舆算经史等,以为致用之本
中西学社	1898	江苏		建立于常熟昭文,专为讲求务实,预储国家有用之才,绅商士庶均可入社,购经世、格致、制造等书,定期讲习,相互切磋
保国会	1898	北京	康有为	在此前若干社团基础上建立,图保国、保种、保教,讲求内治变法、外交、经济之学

续表

学会名称	成立时间	成立地/主要活动地	主要发起人/负责人	概况
学战会	1898	湖南	黄萼 何廷藻	在长沙成立。取兵战不如商战,商战不如学战之义,以联通群力、振兴新学为主,而以急变中国现情、发扬中国光荣为志,由会友选习,附设于岳麓书院
公法学会	1898	湖南	毕永年 唐才常	在长沙成立。专讲公法之学,凡自中外通商以来所立约章,以及因应诸务,须切实讲求。置中外书报,并讲学,每旬聚会两次,相互讨论
法律学会	1898	湖南	施文焱 李延豫	在长沙成立。章程称"专集同人讲读律令","本会尚平等之意,不立会长","志在讲求法律,贯穿公理,浏览群书,洞悉时务"
格致学社	1898	上海	华蘅芳 徐建寅	以研究自然科学为宗旨
积益学会	1898	湖南	张礽 饶需	在长沙成立,旨在"讲求有用之学",以时设经济科六门为主,集同志相互切磋,故名积益
工商学会	1898	上海	汪大钧	创建于上海,又称沪南商学会,附设于1898年9月创刊的《工商学报》社,研究工商学术,会员捐助《工商学报》,该会商请熟悉商务者数人每晚轮流讲学
励志学会	1898	江西	周鹿坪 邹凌翰	创立于南昌,以昌礼教、讲实学、开风气、祛积弊为宗旨,讲求农桑、矿务、制造、工艺之学
农学会	1898	四川	郭中元 袁光中 胡执中	创立于四川威远,以广树艺、兴畜牧、浚利源、究新法为宗旨,设学讲习,择地试种,购置西器,讲求水利,发展畜牧
劝学会	1898	江苏		设于南京,兴办教育
白话学会	1898	江苏		设于无锡,提倡白话文,认为白话文乃维新之本,办《无锡白话报》《中国官音白话报》,设白话书局

前述社团的教育性体现在它们以讲求中西学问为宗旨,以研习学术或教授技艺为主业,以造就专门的人才为主要目的。多数社团在价值取向上趋向维新,也有少数社团主张用中国传统的经学教育实现其目标。

当时成立并开展与教育相关活动的社团还有:1897年在西安建立的味经学会,康有为在北京组建的经济学会;1898年在福州成立的算学会,在湖南衡山建立的质学会;以及在广州建立的显学会、群学会,在南京建立的蒙学会,在扬州建立的匡时学会。其中湖南的各种学会最多,除了前面提到的,还有公理学会等十余个。

2.纯教育性质的社团建立

依据可查到的文献,纯教育社团的建立当是1902年后的事。当时地方上正兴起建立学堂,朝廷正酝酿建立学制,派遣游学,社会上教育思潮涌动。

1902年4月15日,由蔡元培、黄宗仰(乌目山僧)、叶瀚、蒋智由、林獬等议定并发起中国教育会,27日,中国教育会在上海正式成立,蔡元培当选为事务长,王慕陶、蒋观云、戢翼翚(元丞)、蒯寿枢等被举为干事,设本部于上海泥城桥福源里,并定"置支部于各地",5月4日邀江浙各地同志赴沪开成立大会。这是中国历史上第一个以"教育会"命名的组织。

中国教育会在其章程中道:"本会以教育中国男女青年,开发智识而增进其国家观念,以为他日恢复国权之基础为目的。"[①]次年中国教育会对其章程做了修改:"本会以教育中国国民,高其人格,以为恢复国权之基础为目的。"其中不变的是,中国教育会以改造中国为政治目的提倡教育,为在中国建立民主共和的国家而办教育,直言"我等理想的国家决非俄罗斯决非德意志","我辈欲造成共和的国民,必欲共和的教育,要共和的教育,所以先立共和的教育会"。[②]

有人将中国教育会描述为"表面办理教育,暗中鼓吹革命",认为它并不是严格意义上的教育会,而是一个政治性社团[③]:

[①]《中国教育会章程》,载朱有瓛、戚名琇、钱曼倩、霍益萍编《中国近代教育史资料汇编·教育行政机构及教育团体》,上海教育出版社,2007,第415页。

[②]《爱国学社之建设》,《选报》第35期,1902年11月20日。

[③]蒋维乔:中国教育会之回忆》,载朱有瓛、戚名琇、钱曼倩、霍益萍编《中国近代教育史资料汇编·教育行政机构及教育团体》,上海教育出版社,2007,第419页。

当民元前十年壬寅,正值义和团乱后,清廷亦知兴学之不容缓,明令各省开办学堂。而国中志士,鉴于清廷之辱国丧师,非先从事革命不可。但清廷禁网严密,革命二字,士人不敢出诸口,从事进行,更难著手。是年三月,上海新党蔡子民(元培)、蒋观云(智由)、林少泉(獬)、叶浩吾(瀚)、王小徐(季同)、汪允宗(德渊)、乌目山僧(宗仰)等集议发起中国教育会,表面办理教育,暗中鼓吹革命。

中国教育会内部有激烈、温和两派,"激烈派主张以学校为革命秘密机关,蔡子民主之;温和派则以名实应求相副,不如纯粹办教育,培养国民,叶浩吾等主之"。在其几起几伏的存续期内,成员多则百余,少则十数。

中国教育会设立了教育、出版、实业三个部,预备设立男女学堂,编印教科书、教育报,创办商店、工厂、公司。其中教育部又分男女二部,会中的激进分子成了爱国运动和革命运动的中坚力量。1903年章程修改后增设社会教育部,以"提倡政论,改良风俗,凡书报、演说等事隶之"。创办爱国学社、爱国女学和改造《苏报》是中国教育会最为显著的三项活动。

蔡元培等当初议定成立中国教育会主要想专门编订教科书,后来的发展超出其预想。时任驻日公使蔡钧禁止各省私费留日学生学习陆军,吴稚晖、孙揆等因率众到使馆请愿被押解回国。1902年8月13日,中国教育会在上海张园开会欢迎因"成城入学"事件中被日政府驱逐回国的吴、孙,并由他们在会上报告东京留学风潮经过。22日,继续开会时提出"此后留学生由中国教育会报送,不归公使主办",自设学堂,不必赴日留学。1902年11月14日,上海南洋公学学生因受校方压制发生"墨水瓶事件"而集体退学,16日学生请求中国教育会以及该校特班主任又是中国教育学会事务长的蔡元培协助。21日中国教育会开特别会议,决定建立共和学校,由蔡元培任学校总理,吴稚晖为学监,黄炎培、蒋智由、蒋维乔等为义务教员,后定名为爱国学社。爱国学社又办爱国女学,常熟支部办有塔后小学,吴江支部创办同里自治学社,吴县(今吴中区)创办吴中公学社,杭州创办杭州公学社,还拟设绍兴教育会,规模悉仿爱国学社。会员还为《苏报》撰文,宣传"振兴学务""救国保种"。

1903年中国教育会与爱国学社分立。爱国学社成立后迅速扩大,以致不少学生不知道爱国学社的母体乃是中国教育会。1903年5月,中国教育会在张园开会,有人提到"学社即教育会之一部分",学生大哗,他们在自办的刊物《童子世界》上刊出《爱国学社之主人翁》的文章,针锋相对地说,"爱国学社之主人翁谁乎？爱国学社者,爱国学社之爱国学社也",标志着中国教育会孕育的爱国学社要与母体公开分裂。1903年6月1日,《苏报》刊登了中国教育会的广告,声明该会通信地址是"大马路泥城桥外福源里二十二号中国教育会",特别强调"切勿误寄爱国学社"。1903年6月13日晚,爱国学社召开评议会,讨论会与社谁为主体,爱国学社代表认为学社为独立机构,不受教育会教导。蔡元培、黄宗仰主张"听学社独立",双方不欢而散。1903年6月19日,爱国学社社员发表《敬谢教育会》一文,宣布独立;25日黄宗仰代表教育会在《苏报》发表《贺爱国学社之独立》,教育会与学社正式分立。也就在1903年,由于《苏报》介绍爱国学社社员邹容所著的《革命军》,导致《苏报》被封,爱国学社被禁止活动。

中国教育会在上海设立总部,在江苏常熟、吴江同里、浙江嘉兴等地建立支部。在中国教育会的影响下,江西、浙江、福建、四川、广东、山东和湖南等省也纷纷成立教育会或教育研究会。这些教育会或承认中国教育会的中枢地位,或派人与之联络,然而中国教育会基本局隅于上海一带,与这些地方教育会并没有多少实质性联系。[①]1904年6月,中国教育会第三次修订章程,增设军事教育部,"凡体育、武备学校等隶之"。中国教育会同里支部则组织军事讲习会。

1906年秋,由于温和派与激烈派分歧日增,未能得到合理的调整,温和派试图建立纯粹教育教学机构而此愿未能实现;激烈派则将重心转向光复会和同盟会的革命活动上,教育会已无形解散,在沪会员不过数人,不再能开会,于1907年停止活动。

1903年5月11日,以中国留日学生为主,在日本东京建立了军国民教育会,不久上海也建立了军国民教育会,该会是一个兼具政治与教育二重特征的社团,有可查的会员208人。在组织上它由拒俄义勇队、学生军演变扩张而来。它所崇信的理念由日本的军国论和梁启超的国民观组合而成,其理论源头是斯巴达的全权公民军事制度和普鲁士首相俾斯麦的铁血主义,主张通过对社会和国民生活的军事化实现对内镇压被统治者,对外争夺区域霸权。

当时军国民主义倡导者要求:第一,社会成员按军事编制进行组织,认为以

---

① 桑兵:《清末新知识界的社团与活动》,生活·读书·新知三联书店,1995,第196-230页。

军人精神组织就不患不爱国、无公德;第二,对全体国民实行军事教育和训练,以增强体质,国家以军事组织统一国民意志和行动,消除一盘散沙状况,以实现国强民健,争取民族平等,挽救民族危机。当时知识界提倡军国民主义除了反对外强,还要求变革专制制度,使民众由臣民进化为现代国民。因此军国民教育反对奴化教育,主张"陶铸青年之才力,使之将来足备军国民之资格"。养成军国民似的主人翁,"夫主人翁之资格者,即军国民之资格也"。①简而言之,军国民就是尚武加民主。由于这一倡议切中中国时弊,认同并鼓吹者甚众,将它贯彻于行动就是军国民教育。

得悉东京军国民教育会成立,主要由爱国学社师生参与的抗俄人士组成的上海义勇队支部也于5月中旬改称军国民教育会,成员96人,在清政府的镇压下,爱国学社与中国教育会内部产生矛盾冲突,爱国学社于7月瓦解,上海军国民教育会也宣告结束。

两地军国民教育会建立后,除开展募集经费等活动外均进行了军事训练。在东京,从1903年5月18日起,射击、体操、讲习各科训练陆续开始,射击在日本体育会里进行,每周打靶一次;讲习则由学生中的4位见习士官轮流讲演战术、军制、地形、筑城、兵器等课程,女会员学习救护。

上海军国民教育会每月到张园开演说会一次,从5月中旬开始,一律开始学习兵操,早晚各一次。

集会演说是军国民教育会启蒙宣传的重要形式,学会成员分散到各地倡扬革命。军国民教育会会员在兴办学堂、普及教育方面做出各种努力。有黄兴、苏子谷、翁浩、陈介、秦毓鎏、谢晓石等人任教的长沙明德、经正、修业、实业等校,刘钟和、秦毓鎏、费善机等人创办的丽泽书院,林砺任教的同里自治学社,陈独秀任教的安徽公学……该会成员的教学活动分布于广东、广西、四川、直隶、江苏、福建、浙江、安徽、湖北、湖南、云南、江西等十几个省份。

东京军国民教育会成立时以"养成尚武精神,实行爱国主义"为宗旨,在派出特派员回国试图获得清政府认可不成,反遭疑忌压制的情况下,7月5日在东京举行的欢迎特派员东归的全体会员大会上,秦毓鎏等15人提出将宗旨改为

---

① 《无锡俟实学堂冲突之忠告》,《苏报》1903年6月9日。

"养成尚武精神,实行民主主义",公开打出革命旗号,遭到王璟芳等人当场反对,于是矛盾公开,王璟芳受到清廷重用。面对清政府的高压,另一部分学生踏上革命道路。军国民教育会不能继续维持。

国学保存会是当时另一个教育社团,1903年冬天倡议于上海,1905年初正式成立,浙江人章炳麟、诸宗元、马叙伦是骨干成员,由邓实、黄节负责处理日常事务。《国学保存会简章》规定以研究国学,保存国粹为宗旨,活动方式是将自己的著述捐给会里,"入会毋需捐金,惟需以著述,或自撰,或搜求古人遗籍,或抄寄近人新著,见赠于本会者,即为会员"。有鸡鸣风雨楼作为会员讲学的地方,每月一次,也可讨论。该会设有藏书楼,每月出《国粹学报》一册,刊发外面投赠的文字著述,并寄赠作者《国粹学报》原报一份。1907年又创办《国粹丛编》,后来又将前述内容编成《国粹丛书》共60余种。国学保存会一直活动到1912年春天,此后即少有活动。①

上海是各种教育社团集中产生地。1904年,上海教育界发起成立沪学会,以研究学术为宗旨,以小南门普陀禅院余屋为会址,附设义务小学、体育会及补习夜课,1906年迁至城外赵家湾。1904年高寿田、杨聘渔等发起成立群学会,以研究学术提倡教育为宗旨,会所在中华路492号,先后附设聋哑学校、幼稚园及义务教育实验小学。1905年教育研究会在城内刘公祠成立,附设体操游戏传习所。

其中影响比较大的是1905年成立的江苏学务总会,设会址于上海南市西门外方斜路,该会另在南京设分事务所。江苏学务总会以"专事研究本省学务之得失,以图学界之进步,不涉学界外事"为宗旨,是中国严格意义上的第一个教育会。在江苏学务总会的影响之下,其他各省也纷纷设立学会,较为著名的有安徽学会、芜湖学会、长沙学务总会、皖南学会等。

与此几乎同时,随着军国民教育的提倡,1903年,革命党人、光复会领袖徐锡麟在绍兴府学堂担任体育教师,创办了体育会;浙江嘉兴仿效日本成立竞争体育会,1905年绍兴成立体育会,上海成立商团体育会;1906年杭州建立体育会,苏州建立商务体育会;1907年广东建立松口体育会;1908年重庆建立体育

---

① 孙孟晋:《晚清各种学会概况》,载中国人民政治协商会议全国委员会,文史资料研究委员会编《文史资料选辑》第十五辑,中国文史出版社,1988,第115页。

会,1910年建立精武体育会;1911年湖南成立体育会。截至1911年,全国各地成立与军国民教育相关的教育会40余家。①

3.教育会半官方化

1905年清政府决定设立学部后,"在这一年中,新建的学部起草了数部官制章程及法令,涉及教育制度的组织法和行政法的各项规定",显示出政府"试图将自己的教育经验与现代最新的教育法结合"②。其中包括1906年7月颁布的《奏定各省教育会章程》,这是清政府在教育管理体制建设方面的又一重要的举措。鉴于江苏等省先后成立学务总会、教育总会,《奏定各省教育会章程》在某种意义上是清政府看到地方自发组建教育会后,试图通过规范要求及统一法令对教育团体的活动进行严格限制,以防其借教育之名从事政治活动,从而将各地教育会由民间自发组织改变为半官方团体,使其成为政府教育行政体系中的辅助机构以便控制。

《奏定各省教育会章程》要求各省、各州府设立教育会等教育咨议和促进的组织,以补助教育行政,与学务公所、劝学所相辅而行。各省会设立者为总会,府、州、县设立者为分会,全国设立中央教育会。该章程还要求各地佛教学务公所改组为僧教育会,并在各省府州县进行推广。这一章程在各地落实并不彻底,尚未有准确统计当时究竟有多少地方建立教育会并实际运行的文献,可以确定的是一些行动比较积极的东部沿海地区确实建立起了省、府、州、县教育会。比如,1908年,沪学会与教育研究会合并为上海教育会③,会址在尚文路劝学所,是遵照清廷学部颁布的教育会章程而设立的公立教育团体,选举朱寿朋为会长,并订立章程,作为江苏教育总会的分会,会务分为研究、调查、搜集、宣讲四项。④1907年,宝山县教育会成立,袁希涛任会长,并订立章程,"研究事项

---

① 付可尘:《清末民初军国民教育思潮研究》,硕士学位论文,贵州师范大学,2006,第27-29页。
② 郭秉文:《中国教育制度沿革史》,储朝晖译,商务印书馆,2014,第95页。
③ 也称上海县教育会。
④《上海教育会章程》,载朱有瓛、戚名琇、钱曼倩、霍益萍编《中国近代教育史资料汇编·教育行政机构及教育团体》,上海教育出版社,2007,第347-348页。

以关于学校教育、社会教育、家庭教育为大纲"①。1906至1909年,直隶省共有69个县成立了教育会②,河南省建立县教育会32个③,安徽省建立县教育会25个,尚有35个县未成立教育会④。

四年多后由于清政府被推翻,《奏定各省教育会章程》自然作废,各地的教育会也相应停止了活动。

中央教育会是依据该章程,由学部奉朝廷谕旨设立的,作为学部附属机关。"它是仿照日本教育体制的高等教育会,职责类似于英国的教育咨询委员会（Consultative Committee）以及其原型——法国的教育咨询议事会（Comité Consultatif）,是一个顾问咨询机关。建立这一机构的目的,是汇集全国教育界知识渊博、经验丰富的精英,运用他们的经验和学术,帮助学部建立完备的教育政策,并促进学校的进步与发展。中央教育会的会所设在北京,每年暑假举行为期30天的会议。会议议题限定为中学以下的教育教学问题。教育会的会员都选自学部、民政部、海陆军部、京师督学局、提学使署、省视学、省教育会以及退休的视学官,或学部直辖各学堂的监督,以及师范学堂、中小学堂的监督堂长。会员任期为三年。"⑤

章程颁布后4年多的时间里,中央教育会也未能真正运行起来,学部也未要求各省教育总会开展任何活动,各省教育总会有些等不及了,它们的联合趋势直接刺激了学部。1910年,由江苏教育总会发起联络,邀请广西、安徽、江西、山东、湖北、直隶、福建、湖南、浙江、河南、山西等11省的教育总会或学界代表共20余人(奉天代表因防疫中途受阻),于1911年4月29日至5月12日在上海召开了为期近半月的各省教育总会联合会议,由学部奏派张謇为会长,张元济、傅增湘为副会长,颇有组织和代表全国教育界的意向。会议议决呈请学部施行

---

① 《宝山县教育会章程》,载朱有瓛、戚名琇、钱曼倩、霍益萍编《中国近代教育史资料汇编·教育行政机构及教育团体》,上海教育出版社,2007,第353页。

② 《直隶省教育会统计表》,载朱有瓛、戚名琇、钱曼倩、霍益萍编《中国近代教育史资料汇编·教育行政机构及教育团体》,上海教育出版社,2007,第359-364页。

③ 《清末河南省教育会统计表》,载朱有瓛、戚名琇、钱曼倩、霍益萍编《中国近代教育史资料汇编·教育行政机构及教育团体》,上海教育出版社,2007,第368-369页。

④ 《清末安徽的教育会统计》,载朱有瓛、戚名琇、钱曼倩、霍益萍编《中国近代教育史资料汇编·教育行政机构及教育团体》,上海教育出版社,2007,第370-371页。

⑤ 郭秉文:《中国教育制度沿革史》,储朝晖译,商务印书馆,2014,第98-99页。

停止毕业奖励、统一国语、变更初等和高等教育方法、确定军国民教育等5项议案。这种自下而上的要求迫使学部考虑加快进行相关事宜,以致有议者谓"中央教育会为各省教育总会联合会所促成"①。

在地方教育总会的激将下,1911年6月学部向清廷奏准设立中央教育会。1911年7月至8月,第一次中央教育会会议在北京召开。7月5日,中央教育会召开预备会;7月15日,会议在学部编订名词馆正式开幕,出席者有学部各司厅官员和来自全国各地教育界的代表共150多人。会议原定除星期日外每天上午开会,开幕后便改为以每周三次正会、隔天召开预备会研究议案的方式穿插进行。一周后,又改为正会连开两日,再开预备会。8月3日第10次大会起,鉴于待议提案甚多,再改为除星期日外逐日开会。②

大会共接受议案66件,其中学部提出9件,与会代表提出57件。最后议决之案仅12件,即:停止学生毕业奖励案;军国民教育咨询案;国库补助小学经费案;义务教育章程案;变通考试章程案;教育经费咨询案;初级师范改归省辖案;各省学务公所开讨论会案;统一国语办法案;振兴实业教育案;国库补助养成小学教员经费案;变更初等教育方法案。③其中"请变更初等教育方法案"是1911年5月各省教育总会联合会议决并提交学部召集中央教育会讨论的议案,内容包括:小学列手工为必修科;初等小学不设读经讲经科;初等小学儿童年龄在10岁以内,准男女同校。④

教育会议决的议案大多数获得学部批准施行,只因当年秋天发生武昌起义,清政府终结,本该施行的议案并未能施行。但在一个月的时间里,来自全国各地的教育界人士聚集一堂,研讨中国教育发展的现状与趋势,对提出的多种议案各抒己见,激烈争辩,使各种流派的教育思想与主张得到充分展示和比较,各地的兴学探索与实践亦借此相互交流借鉴,检测出学部在地方教育人士心目中的影响力,以及其宗旨、作为的社会反应,展现出中央与地方以及官员与专业

---

① 《各省教育总会联合会纪要》,载朱有瓛、戚名琇、钱曼倩、霍益萍编《中国近代教育史资料汇编·教育行政机构及教育团体》,上海教育出版社,2007,第190页。
② 关晓红:《晚清学部研究》,广东教育出版社,2000,第448-449页。
③ 《中央教育会闭会》,《申报》1911年8月19日。
④ 《各省教育总会联合会议议决案》,载朱有瓛、戚名琇、钱曼倩、霍益萍编《中国近代教育史资料汇编·教育行政机构及教育团体》,上海教育出版社,2007,第196-197页。

人士之间的分合异同,是教育行政部门学部与教育专业社团教育会如何合作的初步尝试。其盛况在中国教育史上史无前例,这一过程在中国现代教育史和清末宪政史上都是极为重要的组成部分。此次会议所通过的若干重大议案,虽因清亡而暂时被搁置,却在民国时期的教育改革中得到借鉴和实行,发挥了一定的作用。

从性质上看,按照学部的定性,中央教育会与各省教育会明显有别,它基本是官方组织,是学部决策的咨询机构。或者说,越到中央,其官方特性越重,灵活性越低,越到省级乃至州府县,其民间性越强,灵活性越强。

1912年,中华民国成立,教育会作为一种社会机制的作用在一定程度上得到延续,其见证是中央临时教育会议于1912年7月10日到8月10日在北京召开。该会召开的目的类似于1911年召开的中央教育会会议,即:为促进教育事业的发展,加快教育的进步,征集利用全国教育家的知识与经验,帮助政府制订有效的教育政策和学校规程,提高教育成效。为了保证会议取得最好的效果,参会人员都是一时之选,参会人资格限定为国内外师范毕业生,至少有三年以上教学工作经验,或全国知名的教育工作者。会员的分配办法如下:由22个行省及蒙藏地区每地推举2人,华侨1人,由教育部直辖学校教职员中选派15人,再由教育部请内务、财政、农林、工商、海陆军各部派出10人,其余则由教育部特别邀请。会议由教育总长主持。规定临时教育会议应议事项如下:学制、中央管辖与地方管辖学校的划分、蒙回藏教育、小学教员优待及其资格认定法、尊孔、国歌选定、高等教育会议组织法。共有92件议案提交会议议决。但是在召开的19次正式会议上,只有包括教育宗旨在内的比较重要的23项议案完全议决,提请教育部采纳施行。虽然与会的教育家们本身没有法律授权,经会议议决的议案无强制执行的效力,但这些经过仔细辩论的意见和建议还是对国家教育政策的制定产生了强大的影响。将这些议决的议案与闭会后教育部为了重建教育制度所颁布的规程、法令做比较便一目了然。①

在教育会半官方化的同时,民间教育会也有发起和生长。有研究统计,1905年到1914年新建教育社团59个,其中官方或半官方身份的21个,占36%

---

① 郭秉文:《中国教育制度沿革史》,储朝晖译,商务印书馆,2014,第119-120页。

弱；民间身份的教育社团38个，占64%强。①1913年7月，湖南省政府和雅礼协会签订合办湘雅医学院的契约，上报到北洋政府国务院却未获批准，理由是"地方政府与外国私人社团缔约案无先例"，并电令湖南省政府取消合约。1914年春，颜福庆借用其时任外交次长的堂兄颜惠庆的人脉，联络在北洋政府任职的35名湘籍官员和社会知名人士，发起成立了"湖南育群学会"，推举时任总统府顾问的章遹骏中将为会长，颜福庆为副会长，聂其焜为书记。

4.现代教育社团的成熟

经历过戊戌年间中国教育团体的起步、1905年的合法化发展，到1915年，与新文化运动相伴随，包括全国教育会联合会等在内的一批教育社团建立，中国现代教育社团发展已经成熟，教育团体规模大，相互之间的联系较为密切，活动空间相当开阔，社团章程、运行机制、活动内容等方面更显得专业化和常态化，以至有人称1915年至1935年为中国教育社团发展的"黄金时期"②。这些都显示，1915年是中国现代教育社团走向成熟的时间节点。

1910年创办的尚志学会，大力引进法国文化，商务印书馆在1918年出版了《尚志学会丛书》，后来这一丛书一直到1937年都有新书编辑出版。

随着地方教育会的出现和规范化，建立全国性的教育组织成为可能，这是现代教育社团成熟的重要基础和标志。1906年，教育会章程颁布后，除原来已经存在的江苏学务总会等改组成教育总会外，其他省区的教育总会也相继成立。到1911年，江苏、安徽、福建、江西、浙江、河南、奉天、湖南、云南、直隶、贵州、山西、广东、四川和湖北等省建立起省一级的教育总会。③而全国性的中央教育会迟迟未能建立，各省教育总会大为不满。1909年在江苏学务总会的带领下，各省教育总会联合会出现在教育界的视野之中，江苏教育总会"逐渐成为不仅在江苏而且为全国的教育领导中心"④。学部受此刺激，也成立了中央教育会相抗衡。两者的先后组建，开了教育界与教育行政机关角力之先河。

---

① 金顺明：《近代中国教育团体的发展历程》，《华东师范大学学报（教育科学版）》2002年第1期。
② 金顺明：《近代中国教育团体的发展历程》，《华东师范大学学报（教育科学版）》2002年第1期。
③《省(市)教育会表》，载朱有瓛、戚名琇、钱曼倩、霍益萍编《中国近代教育史资料汇编·教育行政机构及教育团体》，上海教育出版社，2007，第344—345页。
④ 黄大能：《忆念吾父黄炎培》，载黄炎培：《八十年来》，中国文史出版社，1982，第168页。

江苏教育总会关注全国教育事业,其章程明言"联络各省教育总会,以期共同进化合于国民教育之宗旨"①。时任江苏教育总会会长的张謇对建立全国性的教育团体有深刻的认识,认为但凡经营每一种事业,"均须有世界之眼光,而后可以择定一国之立足地;有全国之眼光,而后可以谋一部分之发达"②,为江苏教育总会牵头组建各省教育总会联合会打下了良好的基础。1910年3月,江苏教育总会响应第二次国会请愿风潮,号召各省教育总会及学界选派代表进京请愿,以解决教育经费问题。在江苏教育总会的号召下,各省教育总会及学界在这次国会请愿活动中起到了重要的作用。

民国初年,中国社团发展达到鼎盛,据不完全统计,从武昌起义到1913年底公开成立的党会有682个,但这一时期政治领域的社团是热点,政治类的社团312个,教育类的社团增加不多,仅28个,学术类的社团也只有52个③,显示教育变革的思潮尚未兴起。

进入民国时期,地方教育会一类的教育社团都由官方教育行政人员直接参与或控制。其宗旨为研究教育,发展地方教育事业,并协助政府推行教育法令。清末创办最早、影响最大的省级教育社团江苏教育会于1912年进行了改组,由黄炎培等主持会务。

1915年9月15日,《新青年》(初名《青年杂志》)创刊,《新青年》的作者群虽未以社团的名义出现,但从已有文献资料看,他们组织紧密,有相对明确的分工;虽各自见解不同,成分多元,其间发生过各种摩擦,甚至相互观点对立,却能为共同的使命分工合作得很有效率,共同承担了宣传新文化运动的责任,宣扬科学、民主、自由理念,具有一些社团的性质,其核心社员有陈独秀、胡适、钱玄同、刘半农、李大钊、高一涵、周作人、鲁迅等,普通成员有吴虞、杨昌济、刘文典、沈尹默、吴敬恒、傅斯年、罗家伦、易白沙、陶孟和、张慰慈、王星拱等。直至1920年《新青年》成为上海共产主义小组的机关刊物,胡适与陈独秀分道扬镳,这个没有明确组织体系的社团才实质性终止。

---

① 《江苏教育总会章程(第二次改订)》,载朱有瓛、戚名琇、钱曼倩、霍益萍编《中国近代教育史资料汇编·教育行政机构及教育团体》,上海教育出版社,2007,第281页。

② 《张会长(謇)致各省教育总会发起词之大略》,载朱有瓛、戚名琇、钱曼倩、霍益萍编《中国近代教育史资料汇编·教育行政机构及教育团体》,上海教育出版社,2007,第189-190页。

③ 张玉法:《民国初年的政党》,岳麓书社,2004,第33页。

1915年全国教育会联合会的建立是一个标志性事件,意味着全国多数省教育会建立并开始发生作用,运行逐步规范。1915年2月5日,颜福庆等人发起成立中华医学会,7月获得中华民国政府教育部批准立案。1916年2月7日在上海基督教青年会举行第一届大会,此后一直发挥着显著影响。1915年中国科学社、通俗教育研究会、留法勤工俭学会等多个延续时间较长的社团建立。上述史实总体上显示:在当时社会条件下中国的现代教育社团步入成熟阶段。

二、现代教育社团萌生的动力分析

戊戌时期学会勃兴,带来中国现代教育社团的萌生,其动力是国门开放且遭遇战败后欧风美雨下多重力量的耦合,这些力量既有中国士人结社的传统,也有西方传教士在中国创办学会的范例,还受到甲午战争和瓜分之祸的情感刺激,觉察到自强之道需结合群力,复兴之道在讲求学术、普及知识,以启迪民智。康有为1895年9月所写的北京强学会序就既讲了"中国屏卧于群雄之间"的困境,又举出"普鲁士有强国之会,遂报法仇"①为例,足以为证。

从中国现代教育社团萌生时期的实际组成部分也可以看出它的动力,它们主要分为三类:第一类是在社会上有一定影响的士人在所在地域组建的社团;第二类是中国留学生在国外组建的社团;第三类是留学归国的人与国内有共同专业背景和兴致的人组建的社团。若将这些动力做个归类,主要包括:

1. 士人使命

戊戌时期兴起的学会,主要是采取西方学会的形式,但中国士人结社和关怀时政的传统仍为戊戌时期及其以后学会勃兴和发展的重要动力。

中国学人中"士"的观念在春秋战国时期即已形成,"士志于道"成为各派学人认同的价值取向,延续了两千多年,"明道济世"成为学人追求的崇高情怀。实现这样的目标依靠个人孤立的行为很难,而需要群体共同作为。这种使命和情怀使得学人天然地与他人结成价值共同体。宋代推行"兴文抑武"政策,在庆

---

① 康有为:《强学会序》,载汤志钧、陈祖恩、汤仁泽编《中国近代教育史资料汇编·戊戌时期教育》,上海教育出版社,2007,第132页。

历兴学之前,一些有学养的人周围就有意或无意形成民间教育组织,他们后来成为著名的政治家、文学家、教育家,如范仲淹、三苏父子、曾巩、张载等。他们对国家和社会有一种强烈的使命感,在社会上有比较大的发言权;那些及第未仕或落第的士人,就留在地方或乡间,他们中的一些人形成了自己对社会、政治形势和自身价值的判断,《吕氏乡约》的作者吕大钧即希冀通过制订和实施乡约,完善乡村治理,实现自己的政治理想和人生使命。

甲午战败后,政府的弱势再次显现,中央集权因为其自身缺陷和造成的严重后果在一定程度上被削弱,士人的使命感再次勃发,上书皇帝的管道不通,他们便自动结为群体,研讨复兴学理,译书著文,教育民众,讲学办报,传播新理念,引发学会勃兴。士人使命成为现代教育社团勃兴的动力源头,也是教育社团重要的维系力量,从最初的几个教育社团发起人身上都能验证这一点,无论是蔡元培,还是江苏教育会的张謇、袁希涛、黄炎培,以及其他社团的创办人任鸿隽、沈恩孚、李石曾、经亨颐、张佐汉、叶企孙,他们身上都具有士人气质,是传统士人中较早接触欧美社会的有先见、有使命担当的贤哲。在现实社会中,他们大都是某一区域、某一人群、某一专业内的精神领袖、道德楷模、知识翘楚。

例如,1905年发起创办江苏学务总会的恽祖祁为监生出身,任厦门道期间因虎头山划界风波与日本人交恶,被调往延平府撤职议处,回乡后曾开办常州最早的新式公立小学,又与常州知府许星璧一道发起筹办常州府学堂。另一发起人王清穆是光绪十六年(公元1890年)进士,曾任商部左丞,其时正代理商部高等实业学堂监督。恽、王二人均既有传统士人的身份与精神,又是受新学影响从传统中分化出来的学人,他们只是希望通过发展教育来改变家乡面貌,并不愿涉及教育以外的事情。江苏学务总会虽然表示不干涉教育行政,成立之后却秉承官宪之意对新式学堂进行有效的指导与监督:"自开办以来,已著成效,官绅一气同济时艰,体朝廷作育之心,综学界合群之实,经营创始,鼓吹文明,其成就人才为甚多,转移风气为尤速。"①

2.群体观念兴起

戊戌时期的学会组织者,除了有"士"的使命,还常常以"合群力"为号召。

---

① 《唐学使照会江苏学务总会文(为来沪调查学堂事)》,《申报》1906年4月8日。

康有为在1895年所撰的《上海强学会后序》中即道：今者思自保，在学之群之……沪上总南北之汇，为士夫所走集，乃群中外之图书器艺，群南北之通人志士，讲习其间，而因推行于直省焉。①康有为认为："中国风气，向来散漫，士夫戒于明世社会之禁，不敢相聚讲求，故转移极难。思开风气，开知识，非合大群不可，且必合大群而后力厚也。合群非开会不可。"②

康有为甚至认为："尝考泰西所以富强之由，皆由学会讲求之力。"③

严复也是群体观念的倡导者，他于1895年翻译赫胥黎的《天演论》，书中认为人群进化，不被自然淘汰，最重要的原因是人有群体。《人群》篇中道："夫如是之群，合以与其外争，或人或非人，将皆可以无畏，而有以自存。"④《群治》篇中道："善保群者，常利于存；不善保群者，常邻于灭，此真无可如何之势也。"⑤严复在天津《直报》发表《原强》，引荀子之言加以申论："'群学'者何？荀卿子有言：'人之所以异于禽兽者，以其能群也。'凡民之相生相养，易事通功，推以至于兵刑礼乐之事，皆自能群之性以生，故锡彭塞氏取以名其学焉。"⑥

梁启超1896年在《时务报》发表《论学会》道：道莫善于群，莫不善于独。独故塞，塞故愚，愚故弱；群故通，通故智，智故强。成立于1898年的群萌学会，在章程中称：本学会以群萌为名，盖因群学可由此而萌也。他日合群既广，即竟称为群学会。成立于1898年的致用学会章程序中言：人之所以异于禽兽者，以其能群也。群则强，不群则弱……士苟欲群，必资学会。习方言文字，群则声以迭审而明；求勾股几何，群则法以分研而备……独处则虽得不多，乐群则其效斯溥。成立于1898年的学战会章程中道：此会以联通群力、振兴新学为主，而以急变今日现情、发扬中国光荣为念。黄遵宪于1898年在南学会的演讲中说：何以谓之人？人飞不如禽，走不如兽，而世界以人为贵，则以禽兽不能群，而人能

---

① 汤志钧：《戊戌时期的学会和报刊》，台北商务印书馆，1993，第80页。
② 康有为：《康南海自编年谱》，载汤志钧、陈祖恩、汤仁泽编《中国近代教育史资料汇编·戊戌时期教育》，上海教育出版社，2007，第137页。
③ 康有为代张之洞：《上海强学会序》，载中国史学会主编《中国近代史资料丛刊·戊戌变法（四）》，上海人民出版社，1957，第386页。
④ 严复：《天演论·导言十二 人群》，载王栻主编《严复集》第5册，中华书局，1986，第1344页。
⑤ 严复：《天演论·论十六 群治》，载王栻主编《严复集》第5册，中华书局，1986，第1394页。
⑥ 严复：《原强》，载王栻主编《严复集》第1册，中华书局，1986，第6页。

合人之力以为力,以制伏禽兽也。故人必能群而后能为人。

可见,群体观念的兴起是包括现代教育社团在内的现代社团在中国产生最重要的观念的基础和推动力量。

3.立宪需要

尽管戊戌政变后清政府下令查禁结社,但整个社会治理,尤其是政府,需要借力民间社团,利用它们的智慧和专业资源,尤其是当清政府1906年正式宣布"预备仿行宪政",确定立宪的选择后,这种需要就更为紧迫。

其实,1900年由中国留学生在日本东京建立的社团励志会,在其纲领中就明确"研究实学,以为立宪之预备;养成公德,以为国民之表率;重视责任,以为辨办之基础"[①]。

主要由有理性有见识的学人发起的代议制政府运动兴起后,清政府有过犹豫,但1906年9月1日,慈禧还是发布了《预备立宪之诏》。1908年8月27日,又颁布《钦定宪法大纲》(中国第一部宪法),开始宪政准备。教育上制订了分年筹备宪政计划,自1909年起,分8年完成(后因内外大臣看到国是日非,纷纷奏请缩短计划到1913年)。与之相对应,1906年清政府颁布的教育会章程明确提出教育会的职能是"补助教育行政,图教育之普及,应与学务公所及劝学所联络一气",并要求各教育会分别"立教育研究会,以求增进学识。选聘讲师,定期讲演"。

学部召开全国教育会议并成立半官方的社团——中央教育会,主要就是为了研究解决宪政进程中的重大教育事宜。与预备立宪相适应,1908年以后普及教育成为学部兴学大业的重心,同时也是兴学的难点。在清廷筹备立宪的日程表上,原定于至1916年必须使全国识字率达到5%。这一设想虽已家喻户晓,但据1909年学部的第三次教育统计,当年全国在校学生数不过100多万,加上各省简易识字学塾和私塾的学生,以及原科举制下受过旧学教育的人口,粗通文墨者总数仅300万左右。以清末全国4亿人口为基数,5%的识字率应为2000万人,近1700万人需要在短期内突击扫盲,才能达到清政府规定的指标。

后来清廷迫于各方压力,又将实行宪政的期限提前至1912年,迅速普及教

[①] 沈渭滨:《孙中山与辛亥革命(增订本)》,上海人民出版社,2011,第152页。

育更加迫在眉睫。学部组织中央教育会,主要是期望通过会议解决与宪政相关而内部意见又长期不一的难题,借各省地方学务人员之力,促使清廷采取有效的法规、措施,排除困扰普通教育发展的障碍,为普及教育提供必需的条件。内阁学务大臣唐景崇希望通过中央教育会寻求上下支持,加强自身力量,借以摆脱丞参司官意见分歧的钳制,加紧推行普及教育、辅行宪政的计划。①

普及教育应采取何种措施,学部几经讨论未能统一意见。客观上的原因是政府没有足够的教育经费确保地方学务所需,使普及教育计划成为无米之炊;主观上的原因则是占人口绝大多数的农民难以接受普及教育的观念。加之农民生计未能保障,普及教育就很难取得成效。1911年已迫近预定的立宪期限,召集全国教育界官绅一起研究解决困扰宪政的普及教育事宜,讨论学部为此拟定的文件,并造成一定的声势和舆论压力,促使清廷尽早决策,推动各地积极实行,成为学部奏设中央教育会的主要动机。

依照学部官制,教育会的对口管理部门是普通司下设的小学教育科,但学部成立后的6年中,从未召集各地教育会开会,也未主动咨询或征集过各地教育会的意见,更未建立全国性的教育会。在江苏教育总会倡议的各省教育总会联合会召开不久,为了缓解预备立宪期间统筹发展全国教育的内外交困局面,学部不得不召开第一次中央教育会,其章程由学部参议戴展诚起草,所陈述的设会理由强调:东西各国对教育的重视体现于"合力通筹","惟是教育理法,极为博深,教育业务,又益繁重,决非一二执行教育之人所能尽其义蕴"。因此应效法日本文部省开高等教育会之举,"汇集教育名家,开议教育事项","颇收集思广益之效,意美法良",集合朝野有识之士,共商教育发展的大政方针。其目的在解决宪政所需的教育规划与发展的重大难题。学部对学务虽已竭力筹划,但"因于教育经费,一切规划均未能骤期完备"。普及教育与宪政息息相关,且因预备立宪缩短期限而"在今日实有迫不及待之势"。可是中国"幅员辽廓,民生艰窘,其间土俗人情,又各自为风气,措办学务,每多扞格。其普及教育之推广维持、教授管理,在在均须广集教育经验,有得人员,周谘博访,始足以利推行而免阻碍"。

---

① 关晓红:《清末中央教育会述论》,《近代史研究》2000年第4期。

1911年激进的革命越过理性的代议运动,使得教育社团的作用未能得到有效发挥。但清政府对中央教育会的处置,不只是在短期内使中央教育会得以组成,更重要的是受此影响,不少地方甚至民间教育社团得以成立。更为重要的是确立了立宪的大方向,为多样性社团的组建提供了法理空间。

4.新式教育发展的需要

教育社团的建立最终还是新式教育发展的需求起着极为关键的作用。从新建的教育社团主要集中在上海、江浙、闽粤、天津等沿海城市和地域看,这些地区由于开放较早,发展起了新式教育,当地其他类社会组织纷纷建立,也因受到欧美社会集会结社的示范效应影响。其中不少地方教育社团就以某一所新式学堂为基础建立起来,在美国和日本的中国留学生于异国他乡建立社团也是这种影响的实际例证。

清末,社会各方面对教育发展提出了新的需求,"废科举,兴学堂"政策的施行,新式学堂的发展已成为大势所趋,原有教育行政管理体系已不能满足社会各方面对教育发展的需求,尽管先后有废除科举、建立学部等措施,仍难以满足社会基层对教育日益增长的需求,也难以满足教育发展对新的教育思想、内容、方法的需求,以致出现"政府但有监督之权,与补助之责,其设施如何,悉听地方之自为"①的状况。各级教育行政机构势单力薄,专业性不足,无法独立解决好兴办新式教育过程中遇到的各种问题,客观上形成了对有一定专业性的教育社团的需求。

建立并逐渐完善现代教育行政体系是建立新式教育的重要组成部分。从世界各教育先进国家的情况看,教育社团是这个体系中必要的组成部分。1905年学部建立后就于1906年颁布《奏定各省教育会章程》,让教育会成为各级教育行政体系的辅助机构的意图明显。定期召开教育会议以讨论兴学事务,发挥教育社团对决策的建议与咨询功能是学部成立伊始便确定的方针,并采取过相应措施落实推进。

要解决开办新式教育所带来的困难,清政府必须依靠具有现代教育知识的人,因此不得不放松了对结社的限制,原有对结社的禁令不宣而废,各种新式社

---

① 沼胡:《教育私议》,《江苏》第5期,1903年。

团由此获得了存在的条件和发展的空间。

在需要专业教育社团的时候,政府不得不放开专业教育社团发展的空间,同时采取措施进行控制,具体办法是学部建议采取日本高等教育会章程变通办理,"招集各项学务人员,在京师设立会所,由臣部监督,会议中学以下各事宜。其中难解之疑问、滞塞之情形,均可藉以沟通,取便措注,以为臣部教育行政辅助之机关。"在组织上,规定学部为教育会的领导与监督机构,从业务范围到管理规则、会员资格与人数,均有严格限制。中央教育会会长与副会长由学务大臣选派。办事官及书记各员则均"由学部酌派本部人员兼充,办事官听会长指挥,整理庶务,书记秉承办事官办理一切事宜"。中央教育会章程第十一条更明确规定:"中央教育会议决事项,由学务大臣酌核采择,分别施行。其有关于各行政衙门者,由学部咨商办理。"

尽管在政府的控制之下,教育社团发展本身还是对新式教育的发展起到了重要作用,在一定程度上满足了新式教育发展的需要,尤其是在教育理念的传播、教育组织的变革方面发挥了不可替代的作用。陶行知曾如此评价:"教育界共同之问题应同心协力共谋解决与改进。故教育会议乃必不可少之事。吾人要求精神之一致、经验之沟通,非有会议不可。前清之中央教育会,民国元年之临时教育会议,民国四年以来之全国省教育联合会以及中华职业教育社、中华教育改进社、中华平民教育促进会等之年会,以及去年大学院之全国教育会议,均与形成全国教育思潮、方针及进行方案有密切之关系。现在国内省有省教育会,县有县教育会,市乡之组织完备者有市教育会及乡区教育会。学校与学校合组之会议,影响较大者有中等教育协会、附属小学联合会。彼等于各自范围内所经营之事业,各有善良之效验。一门教育之会议,如民国十三年五月之乡村小学组织及课程讨论会,颇能引起乡村教育之兴味。"[①]

[①]《陶行知全集 第二卷》,四川教育出版社,1991,第580页。

三、初生社团之陋与首创之功

1895至1915年间的教育社团,并不是中国传统士人结社的简单复制,也不完全是外国社团的简单嫁接,而是中国士人精神经欧风美雨的洗礼在中国的特殊环境下艰难地诞生的。这些社团发起建立时遇到了重重阻力,不少社团的建立仅仅是动力与阻力冲突相抵后稍有胜出的结果。它们与后来建立的政党又有一定差别,或多或少带有一定的政治性,但整体上政治性不是其主要特征。这一时期的社团在当时的实际条件下有一定程度的新创,对中国现代教育社团的发展无疑有首创之功,同时也存在明显的不足。

1.萌动期教育社团的基本状况

在萌动期,多数教育社团的存续时间较短,甚至成立后就未见有多少活动,没有留下可供查考的史料。社团影响大小与社团主办者的社会影响以及思想含量直接相关,很多以行政长官出面发起和负责的社团就较难维持,而以专业为基础的学者们建立的社团就存世相对久远,像尚志学会持续的时间就较长。据可查考的史料,1900年至1914年间的主要教育社团见表2-3。

表2-3　1900—1914年成立的主要教育社团一览①

社团名称	成立时间	成立地/主要活动地	主要发起人/负责人	概况
译书汇编社	1900	东京（日本）	戢翼翚	1900年于东京在中国留日学生政治社团励志会基础上建立的翻译社团,在励志会解体后独立活动,强调力行。该社1900年12月编辑发行《译书汇编》,主要读者对象为中国人,以编译欧美法政名著为宗旨,风行一时,此刊物被推举为留学界杂志的元祖。此后各省学生也先后倡办月刊,使得中国青年思想有巨大的进步。该社兼办接待留日学生,代国内人士购买日本书籍。1903年该刊更名为《政法学报》,出刊11期后停刊
中国教育会	1902	上海	蔡元培	1902年4月由蔡元培、黄宗仰、叶瀚、蒋智由、林獬等议定并发起成立,以改造中国为政治目的,曾创办爱国学社、爱国女学。以《苏报》发表言论,1907年后停止活动
美洲中国留学学生会(The Chinese Students Alliance of American)	1902	旧金山（美国）		联络各校中国学生,互通音问,研究学问,并协助侨民教授汉文于其土生之子孙

---

① 资料来源:朱有瓛、戚名琇、钱曼倩、霍益萍编《中国近代教育史资料汇编·教育行政机构及教育团体》,上海教育出版社,2007;顾明远主编《教育大辞典》第10卷,上海教育出版社,1991;王世纲主编《中国社团史》,安徽人民出版社,1994;等等。同时参考其他多种史料核实修改。

续表

社团名称	成立时间	成立地/主要活动地	主要发起人/负责人	概况
湖南编译社	1902	东京（日本）	黄兴	1902年建立于东京，湖南籍留日学生组建的翻译团体，主要成员有黄兴、许直、陶惺孝、陈范、杨毓麟等，总编辑部在东京，总社在上海，在湖南设分社。"以翻译东西名籍，编译各学校教科书为宗旨"，1902年12月接办《游学译编》杂志，编译的专著有斯宾塞的《教育学》、《美国教育制度》等
上海协助亚东游艺会	1902	上海		
瑞安演说会	1902	浙江	孙诒让	
拒俄义勇队	1903	东京（日本）	钮永建 叶澜 秦毓鎏	1903年春，留日学生得知俄国拒不从东北三省撤军，4月29日，钮永建、叶澜、秦毓鎏等人发起在东京神田锦辉馆召开学生大会，500余人到会，公推汤尔和为临时议长，议决组织拒俄义勇队，举陆军士官学生蓝天蔚为队长，议定规条12条；4月30日，通过签名的方式有130余人愿意入队，50余人愿意在本部办事，义勇队遂告成立，并电告国内的中国教育会以及袁世凯请求协助，公推钮永建、汤尔和二人为特派员回国劝说袁世凯出兵抗敌。后被清政府驻日公使蔡钧以"名为抗俄，实为革命"的名义请日政府强令解散，5月11日开会议决秘密改名"军国民教育会"继续活动
共爱会	1903	东京（日本）	胡彬夏	1903年4月，留日学生在日本成立，宗旨为：拯救中国二万万之女子，复其固有之特权，使之各具国家之思想，以得自尽女国民之天职

续表

社团名称	成立时间	成立地/主要活动地	主要发起人/负责人	概况
军国民教育会	1903	日本	秦毓鎏	中国留日学生成立拒俄义勇队被强令解散后,5月,叶澜、董鸿祎、程家柽、秦毓鎏等联合队员中立场坚定的人秘密组成军国民教育会,确定以"养成尚武精神,实行爱国主义"为宗旨。会员人数不多,招收新会员极为严密。众推叶澜为职员长,同年5月中旬上海爱国学社也组成军国民教育会。两地军国民教育会均仅存在2个月左右
贵阳科学会	1903	贵阳	乐嘉藻	1903年在贵阳建立,主要成员有彭述文、漆运钧、平刚、胡肇安。"其目的有二:一修学,一革命。""将藉研究科学,广集同志。"由于平刚等人先后赴日本留学,科学会遂停止活动
达德学社(亦称达德学会)	1903	贵州	黄干夫 林秋鄂	1903年由黄干夫、林秋鄂发起成立于贵阳
中国女维新会	1903	旧金山(美国)		1903年留学美国旧金山的中国妇女组织设立,宗旨为:求男女权利与学问之平等
中美中国留学生会(The Chinese Students Alliance of Middle West)	1903	芝加哥(美国)		宗旨为:联络各校中国留学生之友谊
奉化教育研究会	1903	奉化		1903年设于奉化县(现宁波市奉化区)龙津学堂,宗旨为:兴起全县教育
杭州教育会	1903	杭州		1903年由杭州及外籍旅杭者共同组织,宗旨为:联络各学堂研究教育之普及与改良,不得置议教育以外诸事
绍兴教育会	1903	绍兴		宗旨为:普及绍兴教育

续表

社团名称	成立时间	成立地/主要活动地	主要发起人/负责人	概况
苏州体育会	1903	苏州		宗旨为:提倡尚武精神
沪学会	1904	上海	马良 叶永锡 叶承澹	1904年8月30日由马良、叶永锡、叶承澹①等人在上海创办,其宗旨是"研究学术","以开通风气,交换知识,图谋学界之公益"。举马良任会长。1905年3月19日开设义务小学,专收贫寒子弟,免收学费。同年参加抵制美货运动。1906年创设体育会,旋并入商团公会。1911年参加上海光复之役。会址设在上海小南门外董家渡
群学会	1904	上海	高寿田 杨聘渔	1904年由高寿田、杨聘渔等十人发起成立,宗旨为:研究学术,提倡教育。会所在中华路492号,先后附设聋哑学校、幼稚园及义务教育实验小学
教育研究会	1904	上海	袁希涛 沈恩孚	1904年,袁希涛、沈恩孚赴日考察教育归来,倡议设立教育研究会于上海,后并入上海教育会
医学会	1904	上海	李平书 陈莲舫	宗旨为:研究医理,培养医学人才。李平书、陈莲舫为会长
岭南学会	1904	广州		1904年建立,从事介绍游学、资助学费、办报、办学、译书等活动
绮色佳中国学生会(The Ithaca Chinese Students Alliance)	1904	康奈尔大学(美国)		1904年由江、浙、湖、广等省的留学生设立

---

① 有些文献资料记载为叶永鋆、叶承锡。

续表

社团名称	成立时间	成立地/主要活动地	主要发起人/负责人	概况
国学保存会	1905	上海	邓实	1903年冬天倡议于上海，1905年初正式成立，由邓实、黄节、刘师培、章炳麟等人发起。以研究国学、保存国粹为宗旨，以鸡鸣风雨楼为讲学的地方，开设国学学堂、设有藏书楼，藏书达16万余卷。编辑出版《国粹学报》《国粹丛编》等
上海私塾改良会	1905	上海	沈亮榮	1904年7月，江苏省学务处委员沈亮榮在川沙龚镇成立私塾改良会。此前他曾在苏州等地改良取得成绩，并到江苏各地宣传改造，进展迅速。上海商界开明人士聘请沈主持上海私塾改造试验，沈在上海"设会推广"，力劝改良，变旧习为新法，化私塾为学堂，以期改良私塾，普及教育，造就人才，并取得成功，于是1905年沈亮榮等在上海设私塾改良总会，参加者为江、浙、皖三省教育界人士，专研究私塾改良问题，订立《上海私塾改良总会章程》，含宗旨、课程、会课、赠书、大考、考章、职员、经费等17项内容

续表

社团名称	成立时间	成立地/主要活动地	主要发起人/负责人	概况
江苏学务总会[后改为"江苏教育总会",再改为"江苏省教育会"(也称"江苏教育会")]	1905	上海	张謇	1905年张謇、史量才、黄炎培等人发起创办,张謇被推举为首任总理(后改称会长),是创办最早、影响最大的省级民间教育团体,旨在研究本省学务得失,图学界之进步。其组织活动涉及教育、政治、社会等各个方面,对清末民初江苏的教育发展、政治变革以及社会变迁等都产生了十分重要的影响。1906年改名为江苏教育总会,1912年改名为江苏教育会。设学校教育部、社会教育部、调查部、庶务部,另设交际部和评议员若干人。内设幼稚教育、职业教育、理科教育等研究会。主要活动:(1)1911年发起召开各省教育总会联合会,做了大量日常工作。(2)创办学校,1906年开设法政讲习所;1909年设单级教授练习所;1915年设体育讲习所、小学教授法讲习会;1916年设国语补习会及注音字母传习所。(3)开展教育研讨,举行学校卫生及管理报告会、各种讲演会、学校成绩展览会,进行教育调查,刊行《教育研究》。(4)发起组织教育团体。有江苏童子军联合会、各县劝学所教育会联合会、中华职业教育社、中华教育改进社、江浙教育协进会等。在会内设立各种研究会;如幼稚研究会、职业教育研究会、理科教授研究会等。并协助发展本省体育事业。出版有《江苏教育总会年鉴》《江苏省教育会二十年概况》等

续表

社团名称	成立时间	成立地/主要活动地	主要发起人/负责人	概况
寰球中国学生会	1905	上海	李登辉	1905年7月由时任复旦大学校长的李登辉创办,宗旨为为青年学生介绍职业,指导升学。分董事、执行两部,由会员选举董事15名,聘朱少屏为总干事主持一切事务。为服务归国留学生的全国性组织,负责介绍归国留学生应聘事宜,为各地经沪出国学生做各种安排,成为上海甚至全国各地留学学生的联络中心。主要活动还有举办各种外文专修科,赞助各类教育及高深学问研究,举办名人学者演讲,定期出版刊物,调查欧美著名大学规程供留学生查阅,参与发起上海宝山平民教育促进会、上海图书馆协会、中华民国拒毒会、各校学生游艺联合会等
安徽教育总会（安徽教育会）	1905	南京	李经畬 童茂倩	前身为1905年李经畬等士绅在南京创办的安徽学会,1906年11月更名为安徽教育总会,陆军部主事童茂倩任会长。1907年迁往安庆,成立皖北教育分会,1908年春季成立皖南教育分会。1912年重组为安徽教育会,由60县推举代表及志愿入会会员组成,以研究全省教育事项,力图教育发达为宗旨
算学研究会	1905	无锡		主要活动为购置紧要书籍,以供同仁研究,并救故步自封之弊
天津广育学会	1905	天津		宗旨为:变通家塾,推广教育
星期会	1905	奉天	王书铭	奉天学务议绅王书铭等26人共同组织成立,宗旨为:开展教育研究,以策学务之进行。初名教育学会,后因每星期开会一次改名星期会

续表

社团名称	成立时间	成立地/主要活动地	主要发起人/负责人	概况
济南竞存学会	1905	济南	张心铭	宗旨为改良书塾
东美中国留学生会（The Chinese Student's Alliance of the Eastern States）	1905	马萨诸塞州（美国）	梁振东 周子贻	留学生梁振东、周子贻等发起成立，宗旨为：协助中美二邦享受和平幸福，增进中国公共利益，联络各校学生友谊
太平洋海岸中国学生会（Pacific Chinese Students Association）	1905	美国西部		
中国学生会	1905	苏格兰		当地中国留学生建立
八旗教育研究会	1906	北京		1906年初设，称八旗教育研究所，后改称八旗教育研究会，主要成员为京师8所八旗小学、16所蒙学的堂长、教员，每星期日下午为活动时间，主要讲授教育学及心理学课程
普通教育研究会	1906	北京	陈宝泉	1906年8月，陈宝泉在北京联络一些志同道合的教育界人士组成，并经京师督学局批准。主要研究教育学、教学法、管理法，并付诸实际以期改进。研究会每月在虎坊桥师范传习所举办3小时的讲演会，60小时为一期，听讲的主要是小学堂教师、管理人员、私塾塾师
改良教育会	1906	北京	善冬华	1906年9月在健锐营创立，每星期开会一次，研究教育、管理的理论与方法，以期振兴学务
学界研究会	1906	杭州		宗旨为：联络同志，教育生徒

续表

社团名称	成立时间	成立地/主要活动地	主要发起人/负责人	概况
各省旅沪学生总会	1906		胡耀华	由留日归国学生发起组织,宗旨为:破除省界,融结各校团体,以为他日敷设国会之权舆
留东清真教育会	1907	东京（日本）	保廷梁	1907年6月,刘庆恩、杨光灿、龚选廉等来自中国14个省的36名留日回族学生在日本发起成立的文化教育团体,得到钦差驻日大臣杨星垣的支持和资助,同年11月开展第一次全体大会,宣告成立。会长保廷梁。宗旨是联络同教情谊,提倡教育普及、宗教改革。1908年出版了回族史上第一份刊物《醒回篇》。该刊刊载了36名留东清真教育会成员的名单和籍贯,仅出一期。随着会员纷纷毕业回国,该组织遂自行解体
爪哇学务总会	1907	三宝垄（印尼）		1907年由中华总会改制而来。作为管理华侨教育的专门机构,1911年改名为荷印华侨学务总会。主要活动为:创办第一所华侨中学,举办教育研究会,出版《教育月报》等
浙江教育总会（浙江省教育会）	1907	杭州	张元济	1907年12月成立于杭州,以研究全省教育,力图发达为宗旨,首任会长张元济。1912年更名为浙江省教育会,会员600余人,会长章太炎。会址初设在杭州大方伯藏书楼,后迁至吉祥巷,1916年在平海路建成新会所。1913年4月出版《教育周报》,1919年4月更名为《浙江潮》。主要进行调查、讲习等活动,曾倡议开办浙江大学,发起组织全浙教育联合会、省会中等以上学校联合会以及江浙教育协进会等。1926年11月因经费无着停办

续表

社团名称	成立时间	成立地/主要活动地	主要发起人/负责人	概况
江西教育总会（江西省教育会）	1907	南昌	陈三立	成立于1907年，首任会长陈三立。1912年后江西教育总会改名为江西省教育会。江西省教育会成立后，向有关当局提过一些提案和建议，举办过学术演讲会，参加过全国教育会联合会的一些活动。江西省教育会无个人会员，以各县教育会作为团体会员。省教育会会长、副会长由各县所推代表选举产生
湖南省教育总会（湖南省教育会）	1907	长沙	谭延闿	1906年，吴庆坻接替张小圃任湖南省学务处提学使，吴到职后改变张原本的支持新政、热心教育的政策，引起教育界人士不满，他们群起商议决定组织临时教育会，1907年正式改名湖南省教育总会，会址设在东茅巷。推谭延闿为会长。1912年改名湖南省教育会
中国留日女学生会	1907	日本		留日女学生在日本中国留学生会馆开会成立，宗旨为：联络情谊，交换知识，推广公益。推选李元为庶务，燕斌、唐群英为书记
奉天女学教授研究会	1907	奉天	吕眉生	吕眉生任会长
留比学生会	1907	比利时		中国留学生发起建立
大森体育会	1908	东京（日本）	黄兴	1908年夏，黄兴赴日本组建大森体育会，招国内革命党人去日本学习军事体育。组织者还有同盟会会员、日本振武学校留学生李根源、林时爽、刘揆一、焦达峰等
上海教育会	1908	上海		由袁希涛、沈恩孚等倡设的教育研究会与沪学会合并而成

续表

社团名称	成立时间	成立地/主要活动地	主要发起人/负责人	概况
广西省教育会	1908			1908年创建,旨在研究和发展广西教育,因政局动荡几度停止活动。1935年8月在新桂系的改革推动下重组广西省教育会
中国教育研究会	1908	纽约（美国）		1908年由主要在哥伦比亚大学留学的中国留学生创立,初期成员为20多名中国留美学生和二三十名对中国教育问题感兴趣的美国人。宗旨为"研究中国教育上各种重要问题,以促进中国教育的发达"。主要会务是请教育界名人做学术演讲,会员之间讨论,招待新入会的学生。由于有孟禄等教授参与,该会成为当时在美留学生中最活跃、凝聚力最强的留学生社团,在1917—1920年间由于严修、张伯苓、范源濂、邓芝园、陈宝泉、袁希涛等人先后带团到美国考察教育,中国教育研究会辅助联络,中国教育研究会的人数迅速增加,影响增大
无锡女子理科研究会	1908	无锡	侯鸿鉴	1908年由无锡第二届理科研究会女会员发起组织,宗旨为:研究理科,养成理科女教员,补普通女学之不逮
上海学商公会	1908	上海		1908年秋由上海学商两界人士共同组织,以联络感情,交换知识,共同研究各科学理,力图改良社会,促进文化为宗旨
直隶教育总会（直隶省教育会）	1909	天津		1909年3月成立于天津,宗旨为:辅助地方教育行政,图教育之发达。会址设在天津河北公园。1912年改名直隶省教育会,选举胡家琪、孙松龄为正、副会长,出版有《直隶教育界》,1914年以会长张佐汉为首联合11个地方的教育会呈请教育部设立教育官厅,同年9月发起召开全国教育会联合会,并于1915年主办首届年会

续表

社团名称	成立时间	成立地/主要活动地	主要发起人/负责人	概况
世界教育公会	1909	北京	江亢虎 丁韪良	1909年,法部主事江亢虎在东厂胡同主持发起人会议,倡议成立世界教育公会,以研究世界教育法理为主要宗旨,以提倡中国教育事业为附属宗旨,中、日、英、美、法、德、俄、奥地利、比利时、荷兰等11国的使馆人员、宗教人员和学校职员到会,会议以中、英文起草了章程,确定会中"不谈宗教,不涉政事,不立会长,纯为教育界私人团体,各国选举代表人,凡事由多数决议施行"。29日在东单中国青年会开第二次会议,讨论招收会员,创办杂志等多项议案。会内设建设、编印、讨论、交通等部
北美基督教中国学生会	1909	纽约（美国）	王正廷	1909年9月在北美协会的支持下成立,由留美学生王正廷、曹云祥、韩安、余日章等创立。无论是否信仰基督教都可注册入会,最盛时期会员两千余人。1940年代末期,中国共产党的势力全面进入北美基督教中国学生会的核心领导层。朝鲜战争爆发后,该会被认定为"颠覆性组织",为保护会员,该会宣布自行解散
中国地学会	1909	天津	张相文	1909年9月28日,张相文邀集张伯苓、白毓崑等在天津的河北第一蒙养院内召开初次大会,会议公推傅增湘为总理,张相文为会长。1910年创办《地学杂志》作为其机关刊物。1912年迁往北京。先后与日、英、德、法、比利时、荷兰以及苏联等国的地学团体取得联系,互换会刊。1925—1927年因经费无着暂停活动,1928年恢复,1937年再度停止活动,1945年抗战胜利后恢复

续表

社团名称	成立时间	成立地/主要活动地	主要发起人/负责人	概况
云南教育总会（云南省教育会）	1909	昆明	陈荣昌	1909年由陈荣昌等29人发起成立云南教育总会，并组织筹备发行《云南日报》，会址设在长春坊。第一届会长陈荣昌，副会长由云龙，陈赴京任职后，由云龙任会长，李坤华任副会长。1913年依部令改为云南省教育会，改定会章。1917年增设图书室、游艺室
简字研究会	1909	北京	劳乃宣	1909年劳乃宣、王璞等25人发起成立
尚志学会	1910	北京	范源濂	该会由范源濂等发起，以力谋学术及社会事业之改进为宗旨。该会于1910年先后开办法政专门学校、甲种商业学校、医院、小学等，并从事编译工作，出版《尚志学会丛书》多种，该丛书编辑出版到1937年
广东教育总会（广东省教育会）	1911	广州	陈伯陶	1911年2月成立，陈伯陶为会长，朱世畴为副会长。1912年改称广东省教育会，以研究教育事项，力图教育发达为宗旨。1915年加入全国教育会联合会，1921年举办全国教育会联合会第七届年会，会上讨论提出的"学制系统草案"成为1922年颁布的"壬戌学制"的基础。1949年后解散
世界女子协会	1911	上海	姚周佩宜	1911年2月姚周佩宜、刘蒋畹芳等发起于上海，目的是联络女界情谊，培养国民之母，发达女子，振兴女权，互相维持保护
中央教育会	1911		张謇	1911年7月至8月，学部在北京成立中央教育会并开会，推举张謇为会长，张元济、傅增湘为副会长。中央教育会章程由学部奏定，其中第十一条规定："中央教育会议决事项，由学务大臣酌核采择，分别施行。"

续表

社团名称	成立时间	成立地/主要活动地	主要发起人/负责人	概况
中国女子国民会	1911	上海	尹锐志 章在民	1911年尹锐志、章在民等发起设立于上海,以改良家庭柔靡之习俗,启导女子尚武之天职为宗旨
中国教育会	1911	北京	张元济	1911年8月11日张元济发起成立中国教育会,到会227人,以谋全国教育之发达及其改良为宗旨,会务有:针对教育行政及其他教育事项为当局提供建议和意见,调查讲演,设图书馆,表彰教育界有功绩者。张元济任会长,伍光建、张謇为副会长
全国师范联合会	1911	北京	张謇	1911年8月由张謇发起在北京成立,到会40余人,并议定章程,以"谋全国师范学堂办法之统一,共施相当之教育"为宗旨。设事务所于上海,此后未见活动
留美中国学生总会(亦称"留美中国学生会",Chinese Students Alliance in the USA)	1911	马萨诸塞州(美国)		1911年由东美中国留学生会、中美中国留学生会等合并组成,以联络友谊,交换智识,互通音问,输渡美国之文明、学术、技艺于宗邦为宗旨,代表留美学界全体与国人互通闻问。1902年即在旧金山建立美洲中国留学生会,随着中国留学生增多,各地相继建立中国留学生会,1909年联合成全美中国学生联合会。1911年总会成立时会员800余人,设西部、中部、东部三个分会,每年暑假各分会举行一次为期7天的活动,讨论会务,选举职员,举办学术讲座及各项娱乐活动。曾编纂《留美学生通讯录》《留美学生季报》,曾编辑发行英文《留美学生月刊》,1917年会员达1500余人,1931年因内部意见分歧而解体

续表

社团名称	成立时间	成立地/主要活动地	主要发起人/负责人	概况
国学会	1912	杭州	马裕藻	1912年2月，由章太炎弟子马裕藻等发起组织，以章太炎为会长，并随时延请人分科讲授文章、小学、子、史等
孔教会	1912	上海	陈焕章	1912年在上海建立，提倡尊孔读经，以"昌明孔教，救济社会"为宗旨，发起人为康有为的学生陈焕章、麦孟华等，在全国设若干分会，主要成员有劳乃宣、张勋、外国传教士李佳白。1913年2月发行《孔教会杂志》作为机关刊，鼓吹孔教为国教，孔子为教主，四书五经当"朝廷奉之，以为宪法"。1913年9月在山东曲阜召开第一次全国孔教大会，举行大规模祭孔典礼，康有为任总会会长，陈焕章任主任干事，并决定将总会迁到北京，在曲阜设立孔教总会事务所，在张勋复辟前后极为活跃。1937年国民政府将曲阜孔教总会改名为孔学总会
湖北女子教育总会	1912	武汉	周咏香	1912年3月在武汉成立。以"扩张女学，补助共和，期达于完全美满之目的"为宗旨。周咏香、段淑芬为正副会长
留法俭学会	1912	北京	蔡元培 李石曾 吴稚晖	1912年初李石曾等15人在北京成立，后在上海设支会，以"节俭费用，为推广留学之方法；以劳动朴素，养成勤洁之性质"为其宗旨。目的在于帮助中国青年赴法勤工俭学。设预备学校于北京、四川，至1913年6月共组织80名青年赴法。1915年受政府阻挠停止活动

续表

社团名称	成立时间	成立地/主要活动地	主要发起人/负责人	概况
北京教育会	1912	北京	刘潜	由刘潜等发起创办，1912年4月21日成立，以"谋北京地方之教育发达"为宗旨，"为京师地方教育界公共组织之机关，职在研究教育进行"。会员有学务局职员、中小学教师和校长、教育部官员、出版社编辑、大学教员、有志于研究北京地方教育的其他人士。1915年出版《都市教育》月刊。1917年8月发表研究部简章，研究部下分设小学教育、师范与中等教育、实业教育、通俗教育研究部，各分部每月开会一次，研究结果上报教育会刊布。1918年教育部批准北京教育会设立道德教育部
通俗教育研究会	1912		黄炎培	1912年4月28日唐文治和教育部部分部员发起组织，黄炎培等5人为理事
中华通俗教育研究会	1912	上海	章太炎	于1912年5月成立，设会址于上海，北京设通信处，各地分设通俗教育会推行通俗教育，发起人为章太炎、于右任、王正廷、田桐、张謇、张继等，以"研究通俗教育设施方法，为普通人民灌输常识，培养公德，并启发有关社会教育之各事物"为宗旨，提出以"注重卫生、谋生、公众道德、国家观念"为通俗教育方针。在上海召开第四次会议，决定创办通俗教育研究会杂志和创立通俗教育品制造所(活动影片幻灯制作所)，编有《通俗教育研究录》作为会刊
教育统一会	1912	北京		1912年4月在北京成立，以"联合全国教育家，谋教育上之完全改革，以监督教育行政，养成共和国民"为宗旨

续表

社团名称	成立时间	成立地/主要活动地	主要发起人/负责人	概况
四川俭学会	1912	四川	吴玉章	1912年6月吴玉章、黄复生等设于四川
易俗社	1912	西安	李桐轩 孙仁玉	1912年7月1日,陕西同盟会会员李桐轩、孙仁玉等160多名热心戏曲改良的社会各界知名人士在西安创建中国第一个集戏曲教育和演出为一体的艺术团体——易俗社。该社以"辅助社会教育,启迪民智,移风易俗"为宗旨,制定章程,建立领导机构,主要领导人由社员民主选举,并规定任期。设立评议部、编辑部、学校部、训练部,招收少年学员,先学初小、高小课程,后上"文史进修班",达标者发给毕业证。在此基础上学习六年戏曲专业,合格者发给戏曲专科学校毕业证书。易俗社培养了大批戏曲人才,创作和演出了许多优秀剧目,对戏曲发展产生了巨大影响,对戏曲改良起到了示范作用
上海县小学教育研究会	1912	上海	王立才	1912年10月上海教育会会员王立才发起成立,以"发表心得,讨论疑难"为宗旨。此后未见该会活动
北京通俗教育会	1912	北京	陈宝泉	1912年11月陈宝泉、祝椿年等组织成立。成立后公开演讲10次,设露天学校7处
无锡县教育会	1912	无锡		由1903年的教育会发展到1906年的锡金教育会,1912年改称无锡县教育会,采教育家办会的会长管理模式。1927年后发生整体更替
中国科学社	1912	伦敦	丁绪贤	1912年丁绪贤、石瑛、王星拱等人在伦敦发起成立。1914年后与任鸿隽、赵元任等人创立的中国科学社合并

续表

社团名称	成立时间	成立地/主要活动地	主要发起人/负责人	概况
中华民国世界语协会	1912	上海	胡敦复	1912年胡敦复等发起成立于南市西门外。1923年迁山东路
江西通俗教育研究会	1912	南昌	左麦莲	1912年12月，因应中华通俗教育研究会而成立，内分调查、讲演、编辑、图书、戏剧五部。名誉会长为符鼎升，部干事为左麦莲
留英俭学会	1912	上海		旨在指导国人既节省又适当地旅行及留学。主要为自费留学者提供咨询、补习功课、征集伴侣、筹备服装、安排舟车、推荐学校、介绍寓所、收转信件等
湖南女子教育会	1912	湖南		1912年设于湖南，以联络女界同胞，研究教育进行，共图教育统一为宗旨
中华民国学生会	1913	北京	吴稚晖	1913年1月20日在北京发起成立的全国性学生社团，4月上旬正式成立，以"联络感情，交换学识，发达教育，开通社会"为宗旨，吴稚晖任会长，公羊寿文、徐中晟任副会长
读音统一会	1913	北京	吴敬恒	1913年2月正式成立，选吴敬恒、王照天为正副议长，议决国音推行方法，并制定注音字母39个，请教育部采纳施行
孔社	1913	北京	徐琪	1913年4月27日由复古派在北京创立，以"阐扬孔学，融汇百家，讲求实用，巩固国基"为宗旨。推举徐世昌为名誉社长，徐琪为社长，饶智元为副社长。1913年12月刊行《孔社》
湖北科学研究会	1913	武汉	谢石钦	1913年5月成立，谢石钦为会长，段树桢为副会长。该会分设七科：文学科、格致科、美术科、实业科、算术科、军事科、法制科
中国童子军会	1913	上海	康普	1913年在上海创办，由华童公学校长英国人康普任会长，初办时仅华童公学1队，不久广东、汉口也相继成立

续表

社团名称	成立时间	成立地/主要活动地	主要发起人/负责人	概况
槟榔屿华侨教育会	1913	槟榔屿(马来西亚)	戴培元	1913年由驻槟榔屿领事戴培元创设,1913年9月获批
北京欧美同学会	1913	北京	梁敦彦	1913年10月由顾维钧、梁敦彦、詹天佑、蔡元培、颜惠庆、王正廷、周诒春等人共同发起,联合京津两地的留学归国学人在北京创建,遵循"修学、游艺、敦谊、励行"的宗旨。建会后梁敦彦、陆征祥、王正廷、胡适、李宗恩、严济慈、曹日昌、章元善、陈岱孙、钱端升、叶景莘、竺可桢等曾任会长
北京社会实进会	1913	北京	步济时	1913年11月成立,简称"实进会",当时北京基督教青年会学生部负责人步济时为开展学生社会服务工作成立该社团,并任会长。1912年10月6日成立社团,初名"北京学生团社会实进会"。1913年在此基础上组建成新社团,成立时有来自北京13所大学的学生会员210人。1914年5月28日获得民国政府内务部立案,定名"北京社会实进会",以"破除迷信风俗,提倡公民教育,讲求公益及个人与公众卫生,讲求人伦道德,增进爱国思想"为宗旨。1919年11月1日创办会刊《新社会》。1919年成立董事会和职员会,聘请13名有学识和经验、热心社会服务者担任董事。在郑振铎、瞿秋白、耿济之、瞿菊农等人影响下,该会的宗教色彩逐渐淡化,强调在社会改造方面的功能,主张为建立一个真正共和、自由、平等、幸福的社会而服务。1920年8月5日,又创办《人道》月刊,但仅出1期即被迫停办,北京社会实进会也因此无以为继

续表

社团名称	成立时间	成立地/主要活动地	主要发起人/负责人	概况
上海欧美同学会	1913	上海	李登辉	1913年成立,会长李登辉,归国学友们不定期地联谊聚会,大家把同学会亲切地称为"谊集",并创作了会歌,以"携归奉献至亲至爱我邦"为主题
留美中国学生工读会(俭学会)	1914	欧柏林(美国)		1914年8月15日由中国留美学生在美国欧柏林设立俭学会,1916年改名留美中国学生工读会。提出"以半工半读为助成学业之方法,以节省费用为推广留学之方法"
英属华侨学务总会	1914	新加坡	曹谦	由代理新加坡领事曹谦倡办,1914年正式成立,1915年2月获批准立案
坤甸华侨教育会	1914	婆罗洲(加里曼丹岛,坤甸)	林梅六	1914年由侨民林梅六等组织成立,1915年3月立案
南洋日丽中华学务公会	1914	苏门答腊岛	邱文光	1914年由商董邱文光等组织成立
缅甸华侨学务总会	1914	仰光(缅甸)		缅甸华侨1914年组织成立

由于史料搜集的限制,上表所列部分教育社团的情况不够完整,其中一些连基本的要素也不齐全,但为了给后人研究留下线索,所以依然把残缺不全的信息留在表中。

这一时期教育社团发展的趋势可简括为:留日学生社团肇始,各省地方教育会为中坚,各类教育社团纷纷建立,民间教育社团快速发展,新建民间教育社团数量超过官方、半官方教育社团。教育社团主要为各地教育会、留学生在留学国组建的社团、中国境内学生社团、专业性社团。各类社团的职能各异,总体上显现出生机与活力,是整个教育界乃至整个固化社会积极活跃的部分。据不完全统计,清末各省、府、厅、州、县设立的教育会达80余个。省级以下设立的相关学会有江苏的新阳讲学会、江都县学会,浙江奉化教育研究会、湖州学会、兰溪学务分会,江西南城教育研究会,贵州贵阳教育研究会,奉天女学教授研究会,安徽芜湖皖南学会、宁国宁郡学会,广东岭东教育研究会,北京普通教育研究会,直隶河间广育学会,等等,①显示出教育会是当时教育社团的主要组成部分。

从各社团成立的时间上看,1900年后逐渐增多,至1911、1912年达到高峰,1912年安徽、浙江等省教育会依据中央教育会议议决的教育会组织纲要进行了重组,此后又出现下滑趋势。从组建的动因看,有基于某一理念的组合,如尚志会、易俗会;也有基于共同身份的组合,如以留学生身份组建的同学会及其他社团;还有基于某一职能组建的社团,如各个学务总会、教育会等。

2.教育社团功能定位的摇摆

至少在教育社团的萌动期,社会各方面对教育社团的功能和社会定位还处在摇摆不定的状态。

从政府角度看,对社团的态度一直处于不稳定状态,其中有两个典型的例证。一是1898年的极度恐惧,在要还是不要社团、禁止还是放开社团之间摇摆。当时由于戊戌变法遭到弹压,自1895年建立起来的绝大多数社团遭到灭顶之灾,在统治者看来,似乎一切社团的活动都会动摇朝廷的根基,都必须斩尽杀绝。这一状况到1900年后才有所缓解,才有少量的原有社团开始恢复活动,才有少量新的社团逐渐建立。

另一个典型的例证是在对待中央教育会的态度上,在用还是不用、怎样利用教育社团上摇摆不定。此时清政府意识到教育会的存在还是必要的,召开中央教育会反映了朝野一定程度的共识,但官绅各方的利益要求却相去甚远,因而在人事安排、会议宗旨等一系列问题上始终充满了矛盾与冲突。中央教育会筹备召开的消息刚刚传出,京师各界纷纷猜测学部开会的动机,"人言啧啧,赞成兹会者有之,嘲笑兹会者亦有之"。赞成者期望甚殷,认为过去上下隔阂,"各省状况与夫民间之经验,学部不尽知也,故措施之间未能尽当"。召开此会,"吾国教育之进步,殆可一泻千里,沛然而莫之御"。怀疑者犹疑观望,揣测学部是鉴于此前一年受资政院议员质问,颇难应付,特开此会,罗致资政院有力之议

---

① 王世纲主编:《中国社团史》,安徽人民出版社,1994,第286页。

员,以免再受抨击。但开办中央教育会,未必能免资政院非议,而将先受各地学务人员的责难,不如不办。反对者判断学部旨在通过中央教育会否决已经提上议程但十分棘手的国库补助小学经费、试办义务教育、颁布国语课本、军国民教育等重要议案,目的消极而非积极。①

清廷中摄政王对召开中央教育会极为重视,通过总理大臣向唐景崇传递口谕:"教育会之设,关系教育前途甚大,所有逐日议案,着即按照资政院例,每日于闭会后缮录一份封送本监国邸内,以凭查核。"总理大臣处也照样分送会议记录。②

摇摆还体现在中央教育会正副会长人选上,学部曾打算以学部官员为正职,以地方学界人士任副职,以明确学部的领导地位,便于控制会议进程。学部丞参被列为会长候选人的有严复、孟庆荣和戴展诚。后改由江苏教育总会会长张謇出任会长。副会长一职先后以严修、张元济、陈宝琛、唐文治等人候选,由于严修、唐文治坚辞不就,陈宝琛又突然被任命为山西巡抚,任学部咨议官的商务印书馆馆长张元济和直隶提学使傅增湘两人被指定为副会长。张謇因立宪等事与清政府屡屡冲突,望治之心渐淡,而改造之念渐强,被唐景崇"敦属为中央教育会会长,再辞不获,许以半月"③。会议进程才过半,张謇即离京他去,前半段也屡次告假,傅增湘又较少露面,近四分之三的会期由张元济主持。④

更能体现这种摇摆的是学务大臣唐景崇所致开会词与会长张謇的开会词发出两种不同的声音。学务大臣唐景崇所致开会词阐述学部召集会议的动机和宗旨,特别指出:"现在朝廷开设议院期限业经缩短,教育之重要紧急者莫如普及……方今学界意议,大致分理想、实验两派,理想家以急进为主义,实验家以慎重为主义。本会诸君殚精教育,历有年所,又皆熟悉地方利弊,其于进行之秩序、社会之情形,必能平心商榷,务推本所学及一己之经验,殚竭义蕴,折衷至当,备本部之咨询采纳,上以助国家宪政之治,下以开教育普及之盛。"唐景崇还强调:发展师范教育以培养大量师资,只是普及教育的前提准备,要真正实施完全意义上的普及教育,"则振兴地方学务必自调查户口、划分学区始,欲筹地方

---

① 陆费逵:《论中央教育会》,《教育杂志》第3年第8期,1911年10月1日。
② 关晓红:《晚清学部研究》,广东教育出版社,2000,第444页。
③ 张謇研究中心、南通市图书馆编《张謇全集 第6卷 日记》,江苏古籍出版社,1994,第652页。
④ 关晓红:《晚清学部研究》,广东教育出版社,2000,第445页。

学款必自厘定税则始,欲举行强迫教育必自地方自治始。但职权或隶民政部,或属度支部,或在外省之封疆大吏,决非学界一部分所可主政。诸君亦应统为提议,果系意见不大,深与教育有裨,本大臣亦应提至内阁与各大臣"。①这表明学部召开中央教育会的主要目的在于催促清廷及政府各部门设法解决普及教育遇到的种种问题,以扫清宪政进程中的障碍。

会长张謇的开会词表达的却是另一主旨:"今日我国处列强竞争之时代,无论何种政策,皆须有观察世界之眼光、旗鼓相当之手段,然后得与竞争之会,而教育尤为各种政策之根本……今日最亟之教育,即救亡图强之教育也。"中国兴学以来,形式或有已告成立者,但精神之病日深,成为国家前途的大隐患。所谓精神之病,"大抵根于旧日之遗传,或沿科举之积习,或为社会之颓风,或征兆于家庭,或影响于政令",其症状一为心理的私心,一为生理的惰力。在他看来,提倡国家主义教育与军国民教育,去私心、去惰力以挽救民族危亡,才是当务之急,也是兴办教育最迫切和最根本的任务。同时他强调不能空言宗旨,须谋种种提倡之方法。两种不同的指导思想和教育主张从会议的开幕之日起就南辕北辙,学部和清廷主要注重新式教育量的扩张,教育界士绅则更加侧重于质的改变。前者以推行宪政巩固统治为目的,后者则旨在增强国民素质以拯救民族危亡。②

由于参会者对中央教育会认同不一乃至失望,却都认同借助团体形式贯彻自己的教育主张,张謇、张元济等一批官绅在中央教育会进行期间便筹划另组团体。张謇发起全国师范联合会,张元济则发起组织中国教育会。其中成员大都为中央教育会成员,50位发起人中,来自中央教育会的至少有38人③。学部和外省人士在中国教育会的合作,表明中央教育会的朝野派分歧并不像传媒所说那般严重。

社团自身定位也出现摇摆不定的现象。蔡元培1902年创立的中国教育会并没有长远的规划和定位,后来在此基础上创办的爱国学社和爱国女学,在很大程度上是意外生成,创办不久即生矛盾更是意外,最终导致分裂而分道扬镳。

---

① 《学部大臣致开会词》,中国第一历史档案馆藏学部档案全宗、职官类第140号《关于设立中央教育会拟派会长副会长以及开会闭会礼节等文件》。

② 关晓红:《晚清学部研究》,广东教育出版社,2000,第447页。

③ 关晓红:《清末中央教育会述论》,《近代史研究》2000年第4期。

其他社团在发展中也有类似的现象。中国教育会、军国民教育会在其存续期内一直存在着在政治和教育之间定位的摇摆,其内部成员存在激进革命派与稳健专业派之分,相互之间矛盾不断,此起彼伏,左右着社团的功能定位,这种情况在跨度越大的社团内越突出。萌生阶段的社团大多属于综合社团,功能定位的摇摆就成为多半教育社团的特征。那些定位相对狭窄的社团则在专业领域的定位和方向上摇摆不定。

由于缺少相应的经验,社团创办人以理想主义者居多,创办者期望过高,过于理想化而很少考虑实际操作中的问题,社团创立后实际运作的效果与原有的期望常常难以相符,并左右着社团接下来的各种活动。假如当初创办者对该社团的定位、职能、活动内容等方面是明晰的,就不会有这么多的节外生枝。

在社会上,同样存在着对民间成立社团认识的不清晰,或者不信任,社团发展的规模总体上有限,在直隶、江苏、湖南成立的社团较多,其他各省则少有响应;即便在直隶、江苏、湖南,社团的活动范围也仅限少数城市,其中不少参与的成员本身对社团的认识也不很清晰,仅是跟从者,而不是自觉主动的参与者。一旦社团活动中遇到困难或有其他的变故,不少人就会选择退而避之。

同时,社会上对官方倡导建立的社团则或简单当成官方安排,或抱各种歧议而难以形成共识。1911年,中央教育会章程及会议规则都由学部拟订,并不反映教育界的公意。学部力图使会议表面上为荟萃全国教育界官绅,集思广益,实际上基本按照自身的意旨进行。与会代表构成比例的决定权掌握于学部,所定名单中教育专业人员势力明显偏弱。中央教育会章程的第四条"会员资格及人数",确定代表资格为十类:一、学部丞参及各司司长、参事官、各局局长;二、学部曾派充视学人员;三、学部直辖各学堂监督;四、民政部内外厅丞及民治司司长;五、陆海军部军学司司长;六、京师督学局二人;七、各省学务公所议长或议绅,及教育总会会长、副会长,由提学使推举一人或二人;八、各省学务公所科长及省视学,由提学使遴派一人;九、各省两级师范及中学堂之监督教员及两等小学堂长,由提学使遴派二人;十、著有学识或富于教育经验者,由学部酌派三十人。①其中纯属政府官僚者为一、二、四、五、六、八等六类,而学部及各省直辖学

---

① 参见本书附录《学部奏设立中央教育会拟具章程折并章程》。

堂监督,大都也是职官,真正可能属于教育专业人员者,只有第七、十两类人员及第九类部分成员。教育专业人员的力量明显弱小。当时《盛京时报》即发表专文《追论中央教育会派员与会之弊》,抨击学部所派会员"除该部顽固司员外,复滥派至数十人。此数十人者,或为政客,或为旧学家,或为实业家,或为古董之鉴赏收藏家,言乎学识,则诚哉有学识也,然而所议非其所学,无怪人且以大请客讥之"。其中有教育专业见识的人显然不多。学部还事先设定会员在会场的座位次序,以进一步体现官绅差别。后来的会议进程显示,这样的安排也有助于官威的发挥,而不利于民意与专业意见的表达。①

在会议提案及议决程序的安排上,也明显带官方色彩,实质是学部掌控的以社团形式进行的表演:首先,议程虽由会长掌握,但不得涉及教育范围以外之事,如逾越范围,学务大臣得即行禁止。其次,会议事件须照日程表规定次序进行,不得更动,学务大臣交议事件应先付会议。再次,会员提案须附加按语,得全体人数三分之一以上赞成,会同署名,才能提交会长编入日程,交付讨论。这些规定使学部在会议期间处于绝对控制地位,能够贯彻自己的意图,却丧失了社团的特征,也难以发挥社团的功能。

3.萌动期教育社团的新创

(1)实现社会不同层次人群的融合

中国历史上纵向的社会层级和横向的行业门类分割都比较严重,各种教育社团的建立虽然不能完全消除这些隔阂,但它们通过兴建学堂传播新学,举办讲座以宣讲新思想,创办报刊以启迪民智,聚会议论以扩散舆论,培养了人才,在一定程度上沟通了士群民众,联络了各阶层和各行业的人,客观上增强了民众的社会参与度。

教育社团的组建实质上是相应的成员社会关系的重新组合,通过这种组合原先不可能相互交往的人有了新的交往机会,并且以社团的形式更好地表达和维护自己的愿望与利益。这些人组合在一起能够更加充分地相互了解,更多地考虑与相应教育社团相关的价值、态度以及其在社会中的地位等诸多问题,并按照新的社员关系组合,增加自身能量,提高社会地位,扩大社会影响,在教

---

① 关晓红:《晚清学部研究》,广东教育出版社,2000,第448页。

育发展中担当更为重要的角色。"新式社团的产生,直接受两种社会趋势的推动,一是开明士绅与青年学生的结合,二是都市与城镇趋新势力的凝聚。两种趋势往往交错互渗。"①

具体而言,戊戌时期的学会,"大体均为官绅所组建,除北京强学会有京官参加外,其他皆为各省市的官绅所推动"②。这些官绅多数有求学和科举的经历,有中国传统士人的情结,又有地方为官的经历,了解社会现实较多,感受到行政权力的局限,加之或多或少受到欧美科学文化熏陶,从固化的官僚体系中分化出来。

南学会便是官绅合办的学会,陈宝箴、熊希龄等都是这样的例证。南学会章程规定设"议事会友""讲论会友""通信会友"的组织结构也正切合这一功能需求。议事会友是学会的决策人,讲论会友是学会的思想库,通信会友则使学会延伸到更广范围,将外地向南学会函讯新政、新学的士绅纳入其中,以求"官绅士庶","俱作为会友","以通上下之气,去壅阏之习"。

南学会还将自己对于地方重大兴革事项的讨论作为方案提出供政府参考,提倡会友对于地方风俗、兵马、钱粮、厘金、矿务、法律、刑狱等事,如确有见地,均可提出改革方案,经过学会总会讨论,禀请抚院核夺,批准施行,客观上联结全省官绅士商,广开知识,提倡新学,起到地方自治的政治学术咨议作用。

其他教育社团的情况也是如此,中国地学会、中国科学社、尚志学会、易俗社、通俗教育研究会等社团都有较宽的社会接触面,寰球中国学生会、世界教育公会等更是建立起了中国与世界教育的联系。总体上看,这些教育社团建立起了社会底层民众、专业人士、政府官员之间的联系,社团本身与国外也有一定联系。当时的人也认为教育会是民众建立团体的基础:"万室之都、三里之邑莫不有教育会之组织焉,则全省之团体必固。由全省而推之全国,形胜之地、繁盛之区,莫不有教育会之组织焉,则全国团体必强。"③

教育社团本身也在一定程度上重组了社会力量,改变了官民关系、商学关系、政学关系。它促使城乡有相同价值取向的教育人士结合,使基层社会与上层社会因为有相同的教育诉求而举起相同的旗帜,推动相同的社会变革。

---

① 桑兵:《清末新知识界的社团与活动》,生活·读书·新知三联书店,1995,第277页。
② 张玉法:《戊戌时期的学会运动》,《历史研究》1998年第5期。
③ 书廎:《教育会为民团之基础》,《江苏》第3期,1903年6月25日。

在这一期间产生的一些教育社团或社团中的一些成员对自己的民间性有了更清晰的认识。

(2)创制新的社团治理模式

1895至1898年间成立的各种学会已经具备了近代会社的基本特点:一是独立自治,即不受国家的直接控制,拥有相当的独立性和自主性;二是内部运作主要依赖契约规则,而不是依靠血缘、乡缘或业缘等关系;三是实行民主管理制度,具体反映在入会自愿、民主选举、民主议事等制度上;四是有较强的专业性。①

上海强学会是最早订有较完备章程的现代教育社团,章程开篇即明言:"本会专为中国自强而立","鉴万国强盛弱亡之故,以求中国自强之学"。简述现状后列出最要四事:译印图书、刊布报纸、开大书藏、开博物院,对入会方式、入会者身份、入会者的分科讲求、联络等方面做了详述,对捐助的要求和方式表述详尽,对会办、董事、提调等的产生、退出和行事规则也有涉及,还阐明了强学会与书局的关系。②其完备性在当时已无出其右者。

1900年以后建立的教育社团与戊戌时期的学会相比,在质与量上均有所进步。在各种新式社团里,教育会社视野相对开阔,组织性较强,占据着重要地位。它们越来越多地受到欧美社会思潮的影响,越来越多的社团有比较完备的章程,越来越多的社团有比较清晰的组织架构和运行机制,总体上显示出一种新的社团治理模式正在形成。

受1902年创立的中国教育会影响,地方各教育会和教育研究会除设立总部外,往往在相关府州县也建有支部。如留日学生在东京发起成立江苏教育会后,其中某些成员回国在无锡、娄县、宝山、江阴和常熟等地设立支部,会员增至一百多人。③江苏学务总会成立后便建立起一个相对完善的组织机构,并努力在全省设立分会,参与各地各项学务事宜。到1906年,江苏学务总会在全省成立的各地分会已有15个。④

---

① 胡金平:《学术与政治之间的角色困顿——大学教师的社会学研究》,南京师范大学出版社,2005,第134页。

② 《上海强学会章程》,载汤志钧、陈祖恩、汤仁泽编《中国近代教育史资料汇编·戊戌时期教育》,上海教育出版社,2007,第149-155页。

③ 《江苏教育会无锡支部章程》,《警钟日报》1904年8月6日。

④ 刘登秀:《清末教育会研究》,硕士学位论文,四川大学,第14-15页。

这一时期在社团治理上的新意主要表现在以下方面：

首先是它们的成员有了新的成分。这个时期参加或发起教育社团的主要成员，多数具有双重身份，既有旧体制里获得的功名，也受过新式教育，有过国外生活、学习经历。这样的人越来越多，其中一些人系统地接受过日本或欧美教育，结社愿望最为强烈。他们看到中国与别国的差距，虽然他们的立场未必完全相同，总体趋向依然保守，但已经觉察到自强之道需结合群力，与列强竞存之道在于讲求学术、普及知识，以启民智，其中以群体观念的兴起最为重要。①

其次是它们所从事的工作具有了新的内容。为了传播思想，它们从事聚会、办报（刊）、译书、办学四个方面的活动，还有一些组织开展协助留学、调查研究等多方面的业务，不再停留在历史上曾经有过的清议上。就集会而言，包括定期或不定期地召集会员进行学术研讨和交流，涉及内容较广，如格致、商政、农工、技艺、变法等时务问题，苏州的苏学会、长沙的积益学会、北京的关西学会等通过集会使同志相互磋励，增长智慧。以办报刊为主要活动内容的学会有上海的强学会、蒙学公会、译书公会、新学会、农学会、算学会、实学会和北京的强学会，长沙的南学会，成都的蜀学会等，它们通过报刊传播新知识，宣传变法维新，在当时有使人耳目一新之效。通过翻译图书开阔人们的视野，同时依托出版联系起来做成一个系列产业，如几个译书会均以译述出版为依托开展其他事务。兴办学堂更为普遍，以提倡教育、培养人才为宗旨，上海的中国女学会有女学堂，医学善会办有医学堂，苏州的苏学会办有中西学堂。长沙的校经学会、浏阳的算学会、常德的明达学会等本身就是书院性质的，以办学讲学为主。

再就是一些教育社团建立了决策与执行机构分设的管理方式，分别设立了董事会、理事会、事务所，不再由会长或副会长统揽一切。例如寰球中国学生会就分董事、执行两部，聘请总干事主持一切事务，执行的效率远远高于传统的会长统揽模式，也兼顾了当事方的诉求。1912年改组的江苏教育会就设置学校教育部、社会教育部、调查部、庶务部、交际部，并设评议员若干人。这样的细化分工使教育社团的功能更加精细、强大。

社团活动内容的增加、社团分支机构的扩大和社团成员的增多，都要求改

---

① 张玉法：《戊戌时期的学会运动》，《历史研究》1998年第5期。

善社团的管理方式,在这方面不同的社团应对方式各不相同,其中一些比较好地借鉴了欧美社团的管理模式,也有一些管理不善。

4.萌动期教育社团的缺陷

萌动期的教育社团犹如刚下海的小船,随时随处都可能出漏洞,如存在时间不长的强学会所开设的强学书局:"自十月开设之后,口舌甚多,张(孝谦)则垄断,口称筹款一切皆其力,以局为其局。丁(立钧)因事有违言,函言当出局。张则谓:'我本未请其到我局,何出之有?'"①可见成员的个性及原有思想观念都在较大程度上决定着萌动期的教育社团的发展。这些教育社团需要较多的磨合才能真正成为一体。

由于这些社团大都处于探索期,客观上存在各种不足,主要体现在以下几个方面。

一是名实不符。不少以"中国""中华"命名的教育社团,其实影响面有限,影响力较小。

这一时期多数教育社团成员总数不超过百人,在全国教育会联合会成立后,蔡元培便意识到它的不足:活动仅限于每年开一次年会,由各省教育会轮流主办,所议的议题多限于普通教育一面,会议通过的议案,只能送教育部请其采用,自己没有一个永久机关可以执行几件事。②其他多数社团还未能达到全国教育会联合会的影响力,其影响可以想见。

在社团成员中也存在名实不符的情况,社团组织者为了增强本社团的声势和影响,往往拉拢一些权势官绅参与。北京强学会参加的官绅有20余人,像袁世凯、徐世昌、沈曾植、文廷式等;上海强学会亦有张之洞及其属僚梁鼎芬等20余人;湖南的南学会有巡抚陈宝箴、按察使黄遵宪等;广西圣学会列有按察使蔡希邠、士绅岑春煊等。这些官绅有的为沽名钓誉,摆出与民为伍的姿态,为自己树立形象,空挂其名;有的确实想为学会做点实事,如陈宝箴、黄遵宪等。总体上有诸多名实不符之人。

---

① 《汪大燮:致汪康年、诒年书(节录)》,载汤志钧、陈祖恩、汤仁泽编《中国近代教育史资料汇编·戊戌时期教育》,上海教育出版社,2007,第139—140页。
② 蔡元培:《〈中华教育改进社〉第一次年会日刊发刊词(一)》,《新教育》第5卷第3期,1922年10月。

二是社团自身的规则成熟程度总体不高,差别较大。多数参与社团的人能意识到参与的价值,却在如何参与、如何与社团中的其他成员有效配合、如何在社团中有效发挥作用、社团运行的程序等方面认识不够,或者不同的成员观念不同,遇到分歧和矛盾时如何达成共识的路径不明晰,难以行动一致,以致多数社团存续的时间不长。据不完全统计,全国出现的教育会或教育研究会到1904年已达21个。①这些教育会或教育研究会往往以"普及国民教育,振起自立精神","养成国家思想,振起尚武精神"②为宗旨,口号的成分较多,教育专业性并不是很强,多数社团存续的时间不长。

三是社团内部的差异依然较大,宗旨和目标并不明晰,常自相矛盾。比如,被社会上认为是属于前卫的南学会中,学长皮锡瑞虽主张变法,却同时主张维护封建纲常;李维格更公开宣称"开议院,中国断不可学";就连思想较激进的黄遵宪也主张采用"渐进法",不主张立即实行议院制,以致南学会并未能如梁启超所说"实兼地方议会之规模","隐寓众议院之规模"。即便如此,南学会宣传新学,推行新政,仍遭到湖南顽固派的切齿痛恨,在强大的保守力量面前难以持久。

四是社团的主体性和社会定位不明。无论是国内兴建的社团,还是留学欧美日的学生建立的社团,大多来源于风气较为开放的城市或沿海地区。因此,他们往往只能立足于这些地区,在乡村、城镇和偏远地区的影响相当有限。他们仅仅能维护自身及组织所能企及的利益,较少能从整体社会的改进出发变革教育,与此后发起的类似平民教育、乡村教育运动存在显著的差距。

五是教育社团整体仍十分弱小。虽然教育社团中有张謇、张元济、蔡元培等一些见识广、有一定社会影响的人,但与顽固的旧势力相比,数量上显然太少,实力上显得太弱。

六是活动内容相对泛化。不少实力不强的社团,在其规划的事业中描述很宏伟,聚会、办报、译书、建图书馆、办学,似乎各种活动方式和内容都涉及,做得精细持久的相对较少。由于它们的活动并非专一,深度和影响力都受到限制。

初生之物,其形必陋。萌生阶段的教育社团存在缺陷是必然的,但缺陷只是它们在特定历史时期自然展现的一个方面,为后续发展完善留下了空间。

---

① 桑兵:《20世纪初国内新知识界社团概论》,《近代史研究》1994年第5期。
② 桑兵:《清末新知识界的社团与活动》,生活·读书·新知三联书店,1995,第211页。

中国现代教育社团发展的整体形态与走势

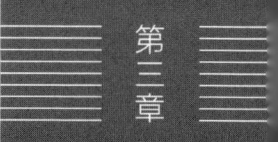

第三章

第三章 中国现代教育社团发展的整体形态与走势

中国现代教育社团1915年后走向成熟主要是因为受新文化运动激发,中国社团无论是其数量、分布的范围,还是活跃程度都有长足发展。仅数量而言,1919年的社团多达三四百个,其所显示出来的整体特征更为成熟、专业、规范,组织更为完善,教育社团的发展也是如此。1920年代至1930年代社团在全国盛行,1937年后由于日本全面入侵而受到挫折,1946年后有一定程度的恢复,1949年后主要教育社团基本停止活动。在那段政治纷争此起彼伏的时期,教育社团成为有理想的教育先驱实践自己的教育主张的组织依托,成为凝聚社会力量发展教育事业的基础。

一、中国现代教育社团成熟期的概况

大约在1915年前后,辛亥革命所带来的震荡趋于平息,宏观上政治的纷争依旧,中央集权尚未形成,中国社会发展进入一个相对平缓的时期,为社会微观组织的发展、细化和完善提供了有利条件。加上越来越多留学生回国,他们试图以新的视野筹划他们的人生,其中积极活跃的一部分人参与到教育社团的组建活动中,使得中国教育社团在思想理念、人力资源、社会资源等方面都极为丰富,其发展进入一个持续30多年的高原期,并显现出成熟阶段的一些基本特点。有研究统计,1915—1935年间新建立的教育社团有130个,其中官方、半官方性质的24个,占总数的18%强;民间的106个,占82%弱。①由于统计标准未必合适,这个统计未必准确,但总体上还是能看出这一时期教育社团数量增长的基本状况。

除了数量增长,教育社团的规模也快速增大,不少社团个人成员数百乃至过千,单位成员上百;社团间或成员间的联络增强;开展的活动的频次增多,质量提高。

1. 多向度发展

进入成熟阶段的社团从此前的笼统走向具体的某个领域,不同社团之间依然存在巨大差异。社团活动内容从1895至1900年间的以时务为主,转向1915年后热衷于欧美的政治、文化、教育、技艺以及艺术和科技等各方面的问题。由于活动范围扩大,参与人员增多,新发展起来的社团五花八门,差异日渐增大。就教育社团而言,出现了以平民教育、试验主义、国家主义、生活教育等各种不同理念立社的社团,也出现了集中关注教育管理、教学等不同职能的社团,还出现了幼儿、中小学、高等教育等不同学段的社团,师范教育、实业教育与职业教育等不同类别的教育社团。既有教师社团,也有学生社团,还建立了义务教育、特殊教育、社会教育、华侨教育、国际教育、教育主权等方面的社团。

在新文化运动中,各种思想禁忌被打破,思想文化上的开放意识形成。在新文化运动前,国人的思想被专制统治钳制,即便那些社团创办者也不免受其影响,导致人们即便创办社团,也局限于狭窄的对现实的彻底失望和简单的反抗。受新文化运动的启蒙,国人尤其是青年学生对国外的各种思想产生了兴趣,思路拓展开来,尽管当时舶来的工读主义、合作主义、新村主义等思潮未必完善,也未必能解决中国教育中的实际问题,但它们能够开阔人们的视野,也给人们提供了思辨的材料、实践检验的对象,从各种思想争鸣中得出的结果可为社团发展奠定更为坚实的基础。

教育社团的多向度发展首先表现为人们的思想得到解放,对于各种思想敢于追求,敢于信仰,敢于表达,敢于付诸施行。因此,当时绝大多数社团都宣称以某某主义或某某思想为信仰,以改造社会为旨趣。在教育社团中,主要有以

---

① 金顺明:《近代中国教育团体的发展历程》,《华东师范大学学报(教育科学版)》2002年第1期。

下几种思想倾向。一是杜威的实用主义思想,实际教育调查社、中华新教育共进社以及后来的中华教育改进社都受到这一思想影响,但它们在社团章程中比较含蓄,并不公开宣称自己奉行什么主义,显示出这些社团相对理性自主。二是以马克思主义为指导思想的社团,如江西改造社、湖南的新民学会、湖北的利群书社、北京的马克思学说研究会和平民教育讲演团等。三是以信仰和实践工读主义为中心的社团,如在各地出现的工读互助团、工学会等。这些社团把新村主义、互助主义、泛劳动主义、无政府主义等思想杂糅起来,形成了所谓的"工读主义"或"工学主义"等。四是以坚决实行无政府主义为宗旨的社团,这类社团的数量居各类社团之首,分布的地域也最广。如在北京有实社、奋斗社、进化社、学汇社、互助社,广东新会有民钟社,南京有群社、民锋社,山西有平社,上海有道社、民众社,汉口有鸡鸣社等。五是以奉行和推广合作主义为目的的社团,如上海平民学社、平民协社等。①六是信奉国家主义的教育社团,主要有国家教育协会,参与人员众多。上述各类教育社团在确立自己所信仰的思想后,就根据自身的理解加以阐释和宣传,有的甚至进行了实验。像工读互助团运动即是对工读主义的实践尝试。虽然这六类社团的思想信仰明显不同,但它们的目的与宗旨是有相同之处的,即实行社会变革,只不过所走的道路和采取的方法不同而已。

这些差异的存在与以下因素相关。

一是社团成员。成员的成分构成直接影响着社团的活动方式和执行力、凝聚力,如果社团成员中有留学归国人员发挥关键作用,如湖南育群学会中有经耶鲁大学医学院训练的颜福庆(副会长),这个社团就能比较规范地依章依规行事。如果社团中尽是些传统的学人,其中不乏冬烘先生,或是虽有留学归国学者,但传统的学人在其中起关键作用,比如一些儒学会、道德会,则社团中依然会出现较浓的人治现象。

二是社团的活动内容范围。相对而言,以医学、物理学、心理学等科学为建社基础的社团比较规范,以人文学科为主要活动内容的教育社团组织则相对松散,规章执行不够严格。

---

① 曲广华:《五四时期社团的整体特征——从与戊戌学会之比较谈起》,《北方论丛》,2001年第3期。

三是社团的社会地位和背景。社团的社会地位直接决定了它的影响力,有官方背景的社团与纯民间的社团也明显不同。1915年后,教育部先后主持设立通俗教育研究会、国语统一筹备会、教育调查会等教育社团,这些社团有行政背景,也有章程,工作的程序通过议案方式进行。但它们需要履行行政部门交办的任务,和民间的社团依然不完全相同。

尽管存在上述差异,各种教育社团又基本上以学校为载体开展活动。

2.活动内容更加专深明晰

此前社团常介于学术与政治、学术与文化、学术与教育之间,这一时期的社团各自所关注或研究的学术与学科界限分明,包括历代制度、中国史学和外国史学、万国法律、万国政教理法、化学、物理、生物、地质、医药、测量、电器制造、水陆军学等,这些都是当时中国所需要的,中华职业教育社、实际教育调查社、中华教育改进社等多个社团都将调查教育实况作为社团开展工作的第一道门槛,它们研究的问题进入到很具体的某一方面,而并非宏观、抽象的玄思。

这一时期的社团仍有一些一度宣称自己信奉什么主义或思想,多数则将关注点下移、聚焦,从对名号的追求转向对实际问题的解决;从与政治过多的粘连转向更加注意以专业为基础分门别类地解决急需解决的教育实际问题;从挣脱旧的思想专制控制,只能采取治标的办法进行某些变革,转向更加重视建设,用自身的专长结成有相同志向的专业社团,实现相对可实现的近期阶段性目标。总体来说,社团建立的思想基础已经更新、具体化或深化。

这一时期的社团有少数没有阐明自己的宗旨,笼统地宣称追求尚存争议的新思想、新观念,对各种新思想兼收并蓄,如浙江温州的永嘉新学会和杭州的浙江新潮社等,多数则对自己的宗旨表述更为明确、具体,如北京高等师范学校的平民教育社试图用"平民教育"来奠定"共和国家的基础"。[①]

由于社团所从事的事务更加专深,不具有相应专业背景的人就不会参与其中,于是社团成员趋向于由同一学校、同一地区、同一专业背景且志趣相投的人组成。比如北京工读互助团即由首倡人王光祈联合北京大学的一些教授和学生共同发起,李大钊、蔡元培、陈独秀、胡适、周作人、罗家伦等都是发起人。参

---

① 张允侯、殷叙彝、洪清祥、王云开:《五四时期的社团(三)》,生活·读书·新知三联书店,1979,第19页。

加互助团的成员主要有北京大学、北京高等师范学校、北京女高师、高等法文专修馆的学生,还有从杭州赶来参加的4名学生施存统、俞秀松、周伯棣、傅彬然等,他们原是浙江省立第一中学和第一师范的学生组成的浙江新潮社的社员。

少年中国学会的成员相对复杂多样,120余名会员分布于北大、清华、南京高师、武昌高师、成都高师、长沙师范、上海复旦大学、日本帝国大学、日本早稻田大学、法国巴黎大学、法国里昂大学、德国柏林大学、美国哥伦比亚大学等。会员绝大部分是学界的教员和学生,较少部分是工程师、新闻记者,或是从事编辑著述的文化界人士。但该学会对会员的成分和行为要求严格,严禁有党派关系和有官职的人入会,学会规约明文规定:"与各政党有接近嫌疑,因而妨害本学会名誉者",由评议部提出警告,"劝其从速悔改",而对"既入本学会又加入其他党系"者,则"由本学会宣告除名"。① 曾有一会员当了县长,于是学会请他退出组织,以保持学会"纯洁"。

3.在教育发展中的作用增强

成熟阶段的教育社团对具体教育事业发挥的作用更大、更为实际。例如:1914年7月21日,湖南育群学会就与美国耶鲁大学雅礼协会正式签订了合作创办湘雅医学专门学校的"十年协定",并得到很好的履行,办学效果显著。1924年7月"十年协定"届满,经双方反复磋商,决定继续合作办学。1925年5月8日,双方代表签订了续约十年的协定:将湘雅医学专门学校更名为湘雅医科大学;由中国方面全权管理,学校董事会完全由湖南育群学会负责产生;湘雅医院仍然由湖南育群学会和美国雅礼协会双方共同管理,并由双方派代表联合组成医院董事会。

举出这个例证除了说明此时已有教育社团在教育发展中的作用更为实际,还能说明与萌生初期显著不同,当时已经有一些教育社团严格依据现代规约履行职能。尽管能够做到这种程度的社团在1915年后依然属于少数,但它们的存在就足以说明中国教育社团本身正在进入成熟阶段。

成熟阶段的社团对全国性教育决策的作用尤为显著,其中全国教育会联合

---

① 张允侯、殷叔彝、洪清祥、王云开:《五四时期的社团(一)》,生活·读书·新知三联书店,1979,第226页。

会、中华职业教育社、中华教育改进社、中华平民教育促进会等社团对1922年的新学制建设、课程建设、教育统计与测量、科学教育、职业教育、平民教育等各方面发展起到了决定性作用。

这一时期教育社团发挥作用普遍采用的方式是传播新的信息和思想,呈现出思想上百家争鸣的状态。这一时期的社团多数恰恰是思想繁荣的直接产物,不少社团的参与者或许意识到了这一点,又将思想和信息的传播作为社团发挥作用的主要手段,争相传播新思想和专业知识、技能。而传播思想通常需要撰写文章,主办报刊,蒋梦麟、胡适、陶行知等不少社团成员成为主编和主笔。因此,作为社团的伴生物,《新青年》《新教育》《教育世界》《中华教育界》等各种刊物雨后春笋般涌现出来,除了那些有较大影响的报刊,还有诸如平民教育社的《平民教育》周刊等诸多影响没有那么大的期刊。

这一时期的教育社团成员不只是对教育现实严重不满,还进一步找到了一些具体的改进方式、方案和路径,明确了具体的目标,因而收效也就显见。其中一些已经不再是简单的理论讨论,而是漫长、艰难的试验过程,如:陶行知以中华教育改进社名义创办的晓庄试验乡村师范学校,梁漱溟仿照《吕氏乡约》在河南进行的村治试验和山东邹平等17个县进行的乡村建设试验,晏阳初以中华平民教育促进会名义在河北定县以及重庆北碚等地进行的试验,等等。中国社会教育社的乡村教育试验等经历了一个相当长的试验探索过程,在改进教育的同时,也传播了思想,培养了一大批人才,社会效益十分显著。

总体而言,自1915年后,中国的教育社团逐渐成熟,成为中国教育架构中发挥重要作用的组成部分。截至1948年,众多的教育社团虽波涛起伏,困境重重,搬迁流离,生生灭灭,却又前赴后继,保持了组织或理念的延续,一直发挥着不可忽视的作用。

二、现代教育社团发展的阶段与走向

1915年后,中国的教育社团的发展并不平稳,而是随着社团成员的思想与认识发展,人际关系的变化,社会政治与经济环境的变化等不断发生变化。综合考虑各方面特征以及它们所产生的影响的大小,可以将1915—1949年中国教育社团的发展分为四个阶段:一是1915—1926年的黄金发展期,二是1927—1937年的调整发展期,三是1938—1945年的困难维持期,四是1946—1949年的短暂恢复期。各个阶段有各个阶段的基本特点。

1.1915—1926年的黄金发展期

之所以称这段时期为黄金发展期,主要是因为1915—1926年间中国教育社团无论从质性方面看,还是从数量上看,都是发展最快的时期,同时也是教育社团对教育事业发展发挥作用最显著的时期。这一时期建立的全国教育会联合会、中华教育改进社、中华平民教育促进会、中国科学社、华法教育会、中华教育文化基金会、国家教育协会等,都在历史上对中国教育产生了全面、深刻的影响。有研究者认为1922年前后全国性教育社团"团结协作,结成了全国性网络,同时产生了一批在全国范围内具有相当影响力的领军人物,在他们的带领下,不同社团发挥不同的功能,形成了目标基本一致的近代教育家社团群落"①,并形成群落化的组织和功能。

这一时期除了各个教育社团迅速发展外,还出现了各个教育社团联合的趋势。早在1902年中国教育会筹建时,蔡元培就想创建全国性的教育社团,他使用的名称"中国教育会"已昭然显示这一意涵,该会章程也规定"本会置本部于上海,设支部于各区要之地"。最终该会的直辖分支机构的活动范围仅限于江浙。

全国教育会联合会成立之后,对中国教育状况不满的教育家们仍有一个目标没有实现,就是建立一个他们认为真正是全国性的、独立于教育行政体系的教育社团。伍廷芳、梁启超、张謇、蔡元培、严修、范源濂、汤化龙、王正廷、黄炎培等44人发起组建的中华职业教育社,从参与成员上已经实现了政商学的跨界联合,但由于其关注的内容不能覆盖整个教育事业而留下了新的努力空间。这成为中华教育改进社建立的动因,也成为推动中国现代教育社团发展的强大动力。蔡元培当时的表述就反映了这一取向:

教育事业范围很广,不能专靠政府所设的几个机关来主持,要全国教育家来共同计画共同进行。方今全国的省教育会每年开一次联合会,很有许多贡献。

---

① 孙广勇:《民国初期全国性教育团体群落论》,《韶关学院学报(社会科学版)》2007年第8期。

但是所议的,多限于普通教育一方面。议决的案,只能送教育部请他采用,自己没有一个永久机关可以执行几件事。教育部组织了一个教育调查会,各方面的,都延请几位;而且有一个常川办事的机关,但人数有限。经费全由政府支给。近年政府不能按期发款,诸事都停滞了。我们要有一种改进教育的机关,是固定的,不是临时结合的;是普遍的,不限于一地方一局部的;是纯然社会的,不受政府牵掣的。①

很多与蔡元培有共同看法的人成为中华教育改进社以及其他全国性教育社团的参与者。

这段时间教育社团的发展能够进入黄金期,主要原因有:

一是传统士人中的杰出人士与海外留学归来的学人协力同心,在改造中国社会和中国教育的道路上走到一起,多数办得比较好的社团都主要是这两类人共同创建的,他们在社团内部相互扶持,发挥互补和增强黏合力的作用,在社团外部则发挥着充分利用中国传统社会资源与国际资源的作用。

二是这段时期政府相对弱势,为教育社团发展和发挥作用提供了相对而言较为宽松的空间。政府的弱势为民众提供了更多的思想自由、行为自由和选择自由的空间,这些成为社团兴建和发挥更大作用的前提条件。

三是当时各界对中国社会的危机和教育问题有比较强烈的感受,也在一定程度上形成了较为广泛的共识,在明道济世的社会责任感驱使下,存有共识的人们因趣味相投而结社,有人甚至为此而献身。

这一阶段尚有部分前期建立的社团继续活动并发挥作用,新建立的社团情况见表3-1。

---

① 蔡元培:《〈中华教育改进社〉第一次年会日刊发刊词(一)》,《新教育》第5卷第3期,1922年10月。

表3-1　1915—1926年成立的中国主要教育社团一览①

社团名称	成立时间	成立地/主要活动地	主要发起人/负责人	概况
北京读音统一期成会	1915	北京	王璞	1915年1月，原读音统一会在京会员王璞等25人组织设立。宗旨为：借语言改造文字，借文字统一语言，以期教育尽快普及
中华医学会	1915	上海	颜福庆 伍连德	1915年2月由各地著名医生31人组织设立于上海，推选颜福庆为第一任会长，宗旨为：甲、联合医家有科学训练者；乙、砥砺医学学术，提高医德，保障同业权利，巩固会员交情，普及卫生知识，勉励同业以人道主义为根本；丙、联络中外医术团体，以达上述目的。当时有会员232人，创刊中英文并列杂志《中华医学杂志》。1916年2月在上海召开第一届会员代表大会，通过章程，选举伍连德为会长，到1930年共召开7届会员代表大会。1932年4月与中国博医会合并，仍称中华医学会，会员1500余人。全面抗战期间迁重庆，1947年迁回上海，截至1949年共召开15次会员代表大会，会员3000余人
全国教育会联合会	1915	天津	张佐汉	沈恩孚、黄炎培、经亨颐、张佐汉等人发起，由各省及特别行政区教育会推派代表组成。1915年5月在天津举行第一届年会，推张佐汉为大会临时主席。以"体察国内教育状况，并应世界趋势，讨论全国教育事宜，共同进行"为宗旨，此后在各地举办11届年会，通过数百件教育议案

①资料来源：朱有瓛、戚名琇、钱曼倩、霍益萍编《中国近代教育史资料汇编·教育行政机构及教育团体》，上海教育出版社，2007；顾明远主编《教育大辞典》第10卷，上海教育出版社，1991；王世纲主编《中国社团史》，安徽人民出版社，1994；等等。同时参考其他多种史料核实修改。

续表

社团名称	成立时间	成立地/主要活动地	主要发起人/负责人	概况
中国国防会	1915	波士顿（美国）		1915年5月9日成立于波士顿，为该地中国留学生痛于国耻组建的社团，汤用彤曾任董事，被委托负责该会机关报在美国的征稿和发行
全国师范教育研究会	1915	北京	陈宝泉	1915年5月陈宝泉等创办于北京。宗旨为：谋全国师范教育之改良进步
留法勤工俭学会	1915	法国	李石曾	1915年6月，李石曾等为满足第一次世界大战后法国对华工的大量需求，号召青年去法国半工半读所设赴法华工组织，在里昂、北京等地设分会，找寻自愿赴法留学的青年。以"勤于工作，俭以求学，以进劳动者之智识"为宗旨。蔡元培、吴稚晖、汪精卫等参与组织，并成立华法教育会主其事，会员分为实行会员与赞助会员两种，不设会长。初期以开展华工教育为主，曾编印《勤工俭学传》，与华法教育会共同创办《华工杂志》和华工学校，在保定举办留法勤工俭学预备学校。1917年后以组织和促进国内青年赴法勤工俭学为主
中华农学会	1915	上海	张謇	1915年8月由留学日本研究农林者数十人发起成立，以联络同志共图中国农学之发展与农业之改进为宗旨。总事务所设于上海，在北京、广州设分事务所，在日本、美国设分会，会员达1000余人。张謇任会长

续表

社团名称	成立时间	成立地/主要活动地	主要发起人/负责人	概况
通俗教育研究会	1915	北京	袁希涛	1915年9月6日由北洋政府教育部设立,教育部次长袁希涛兼任会长,1915年教育部公布通俗教育研究会章程,以"研究通俗教育事项,改良社会,普及教育"为宗旨,设小说股、戏剧股、讲演股。以"寓忠孝节义之意"为标准,分管小说、戏曲、词本、评书、影片、幻灯片、留声片、讲演材料、画报、白话报、俚俗图画等的编辑、撰写和审核工作
清华科学社	1915	北京	叶企孙	叶企孙参与擘画,1915年9月18日通过草章,呈请校长批准。定名科学社(The Science Club of 1918),宗旨在集合少数同志藉课余之暇研究实用科学,社长刘树墉,书记沈诰,请梅贻琦为评判员。每两周举行一次社员报告会。要求社员遵守以下训言:1.不谈宗教;2.不谈政治;3.宗旨忌远;4.议论忌高;5.切实术学;6.切实做事。主要活动为译书、研究、讨论三种。1916年1月15日选举叶企孙为会长。1916年5月19日余泽兰当选为会长。1917年12月29日,叶企孙再次当选为会长

续表

社团名称	成立时间	成立地/主要活动地	主要发起人/负责人	概况
中国科学社（The Science Society of China）	1915	康奈尔大学（美国）	任鸿隽	由康奈尔大学的中国留学生任鸿隽等人感于中国缺乏科学于1914年夏开始筹建,筹款编辑发行《科学》杂志,并于1915年1月创刊。1915年10月25日中国科学社正式成立,通过了中国科学社社章,推举任鸿隽(社长)、赵元任(书记)、胡明复(会计)、秉志、周仁等五人为第一届董事会董事。1918年迁回国内,宗旨改为"联络同志,研究学术,以共图中国科学之发达",分别在上海的大同学院和南京高等师范学校设立临时社所,在改组和坎坷中发展。到1949年,社员已经达到3776人,遍布中国现代各学科各领域。1959年受大跃进冲击被迫停止活动。1960年5月4日,中国科学社与上海科协办妥一切移交事宜后宣布解散
京兆教育会	1915	北京		1915年成立于北京
博物调查会	1916	北京	陈宝泉	1916年1月创设

续表

社团名称	成立时间	成立地/主要活动地	主要发起人/负责人	概况
华法教育会	1916	巴黎	蔡元培	1916年3月29日,中法两国文化教育界人士共同发起,6月22日在巴黎正式成立,由蔡元培、李石曾、吴玉章、吴稚晖及法国学者欧乐等创建。首任会长蔡元培和欧乐,副会长汪精卫和穆岱。宗旨是:"发展中法两国之交通,尤重以法国科学与精神之教育,图中国道德、智识、经济之发展。"其主要工作是翻译中法文书籍,联络中法学者和学术团体,介绍中国学生到法国留学,并介绍法国人游学中国,组织留法华工教育,在法国设立华文学校或华文讲习班。经费主要来源于会员的会费、捐款、公益捐助和产业生息。设评议会和干事会。干事会设会长、副会长、书记、副书记、会计各2人,均由中法双方各出1人,会员分为名誉、实行、公益三种。每年召开一次会员大会(在法会员参加)。在北京、上海、广东、陕西设分会,在北京设孔德学校、高等法文专修馆等。1921年,该会因财政亏空,遂宣布与中国留法学生脱离经济关系,致使会方与留学生矛盾激化,终致解散
中华公共卫生教育联合会	1916		刁信德	1916年3月由中国青年会卫生科、中国博医会卫生部和中华医学会公众卫生部联合设立,宗旨为:用各种方法,教导人民个人卫生、公共卫生,防止传染病
蒙古教育研究会	1916		林传甲	1916年4月,林传甲发起组织。以"调查内外蒙古状况,俾合于国民教育,共同进行,以养成大仁、大智、大勇国民"为宗旨

续表

社团名称	成立时间	成立地/主要活动地	主要发起人/负责人	概况
教育法令研究会	1916	上海	袁希涛	1916年7月江苏教育会黄炎培、袁希涛、沈恩孚等发起设立,公推袁希涛为主任,为江苏教育会下属14个研究会之一。宗旨是"应时势之需要,研究现行各种法令,以为修正或施行之准备"
医学名词审查会	1916			由江苏教育会的理科教授研究会、中华民国医药学会、中华医学会、博医会四团体组成。1916年8月开第一次会议,审查医学名词,1918年8月审查完毕,由教育部公布医学名词,该组织更名为科学名词审查会
中华民国国语研究会	1916	北京	蔡元培	1916年8月陈懋治、蔡元培、吴敬恒、张一麐、黎锦熙等发起,1917年2月29日在北京宣武门外学界俱乐部召开第一次大会,议定《中华民国国语研究会暂定简章》,会员86人,选举蔡元培为会长,张一麐为副会长。确定宗旨为"研究本国语言,选定标准,以备教育界之采用"。主张"言文一致,国语统一",会务有调查各省方言、选定标准语、编辑语法辞典、用标准语编辑国民学校教科书及参考书、编辑国语杂志。1921年黎锦晖创立上海支部,1922年发行《国语月刊》

续表

社团名称	成立时间	成立地/主要活动地	主要发起人/负责人	概况
中华学艺社（丙辰学社）	1916	东京、上海	陈启修 王兆荣	1916年12月留学日本高等学校学生陈启修、王兆荣、吴永权、周昌寿、傅式说、郑贞文等47人发起成立丙辰学社，以"研究真理，昌明学艺，交换智识，促进文化"为宗旨。1917年创办《学艺》杂志。1920年总事务所迁沪，在各省及日、英、美、德、法各国设立事务所。1923年6月11日修改社章，改名中华学艺社，以上海为总社所在地。该社社务主要为发行杂志、举行演讲、出版图书及设立图书研究所。曾创办学艺大学，设置学艺图书馆。1923年起编辑《学艺丛书》。1958年该社停止活动
道德学社	1916	北京	王士珍 段正元	1916年12月31日成立，社址在西单头条胡同6号。举江潮宗为名誉社长，王士珍为学社社长，段正元为社师，弟子多为军政要人及留日回国者。宗旨为阐扬孔子大道，实行人道贞义，提倡世界大同，希望天下太平。有儒学民间化、宗教化特征。成立后不久，南京、汉口、杭州、上海、奉天、荥阳、随县、徐州、保定、天津等地即纷纷成立道德学社分社。1917年1月创办《道德学志》，主要刊段正元的讲演记录。1922年受激进思潮的冲击停止活动。1933年社员自愿捐款办《中和日报》，1937年平津陷日寇手中，报纸停办。1938年，学社在安福胡同76号报社旧址处，成立经学讲习所。在大栅栏7号成立妇女挑花工作所，并在所中讲习儒家经典。1940年1月，段正元逝世于北京。1950年北京道德学社及其他分社被解散

续表

社团名称	成立时间	成立地/主要活动地	主要发起人/负责人	概况
民国教育会	1917	北京		1917年3月,北京各专门学校校长及教育部部员组织成立,以"研究教育,促进全国文化之发展"为宗旨。
中华职业教育社	1917	上海	黄炎培	中华职业教育社于1917年5月6日由黄炎培联合蔡元培、梁启超、张謇等48位教育界、实业界知名人士在上海创立。以倡导、研究和推行职业教育,以"谋个性之发展,为个人谋生之准备,为个人服务社会之准备,为国家及世界增进生产力之准备"为目的,追求"使无业者有业,使有业者乐业"的理想。1918年创办中华职业学校,办有《教育与职业》、徐公桥试验区、职业指导所。全面抗战期间参与救亡和政治活动。1950年后总社迁北京,1966年后一度停止活动,1979年后逐步恢复社务
中华全国学生救亡会	1917	上海	孙簌岩	1917年6月在上海发起筹设,7月1日正式成立。以"联合学生,唤起国民,扶持正谊,拯救中华民国危亡"为宗旨。设本部于上海,名誉理事长王正廷,于右任等18人为名誉理事,理事长孙簌岩,理事刘杜衡、程天放、李自立、熊公烈等
北京大学同学俭学会	1917	北京	朱一鹗	1917年6月由北京大学朱一鹗、周烈亚、范文澜等发起组织,拟定会章,以"发展自治之能力,尤以尚俭乐学"为宗旨

续表

社团名称	成立时间	成立地/主要活动地	主要发起人/负责人	概况
京师中学教授研究会	1917	北京		1917年11月成立,下设多个分科研究会。1918年,各分科研究会开展活动,数学部提出宜添置应用器具加强直观教学等4项建议,理化部、国文部、史地部、外国语部均开展活动,多项建议在北京中学教育中实施
幼稚教育研究会	1917	上海	胡彬夏	1917年博文中学教员钟佩英、黄裕兰在上海发起组织。胡彬夏任主任
华侨学生会	1918	上海	谢碧田	1918年1月1日在上海成立,推举伍廷芳、杨晟、黄仲涵等为名誉会长,谢碧田、李登辉为正副会长。宗旨为:联络华侨学生,相亲相爱,不沾染上流社会恶习,以期学成后为国效力
北京大学进德会	1918	北京	蔡元培	1918年1月蔡元培在北京大学发起组织。会员有三种:甲种会员,以不嫖、不赌、不娶妾为戒;乙种会员,除前三戒外还加上不做官吏,不做议员二戒;丙种会员,于前五戒外,加不吸烟、不饮酒、不食肉三戒。并定罚章,举纠察员若干人执行之
中国教育扩张研究会	1918	北京	郭秉文	1918年2月由北京大学、北京高等师范学校、南京高等师范学校、江苏教育会等联合发起组织,议定由郭秉文、陶履恭、李石曾出访美、英、法,调查战后各国教育状况,以备借鉴

续表

社团名称	成立时间	成立地/主要活动地	主要发起人/负责人	概况
新民学会	1918	长沙	毛泽东	1918年4月在长沙组织成立,根据《礼记》所云"康诰曰:作新民"命名,毛泽东、蔡和森、萧子昇为发起人,最初以"革新学术,砥砺品行,改良人心风俗"为宗旨,1920年改为"改造中国与世界"。学会定期举行会议,会员由20余人发展到70余人,主要分布在湖南和法国,主张效仿俄国和法国,采用"激烈方法的共产主义"去达成目的。学会成立时规定,会员一不虚伪,二不懒惰,三不浪费,四不赌博,五不狎妓。1921年停止活动
学生救国会	1918	北京	许德珩	1918年5月中国留日学生为反对"中日共同防敌军事协定",在东京游行,要求归还青岛。后因日本警察逮捕100多人,1000余留日学生愤而抗议归国。5月,北京、上海、天津、南京、济南等地学生和罢学归国留学生先后分别组织学生救国团或爱国会,并在此基础上组织全国性的学生救国会。1919年1月该会在北京大学创刊《国民》杂志,宗旨为"增进国民人格,灌输国民常识,研究学术,提倡国货",进行反帝爱国宣传,在五四运动中起了重要作用。当时北京大学内国民杂志社与新潮杂志社和国故月刊社呈三足鼎立之势

续表

社团名称	成立时间	成立地/主要活动地	主要发起人/负责人	概况
留法勤工俭学会四川分会	1918	成都	吴玉章	1918年6月吴玉章等发起，与李石曾在成都爵版街建立留法勤工俭学会四川分会，号召勤工俭学。1919至1920年全国约1600余人留法，四川约500人，约占三分之一，形成留法的川、湘两大群体
中华新教育共进社	1918	上海	蒋梦麟	1918年在江苏教育会基础上筹备建立，北京大学、南京高等师范学校、暨南学校、中华职业教育社等单位参与联合发起。1918年11月报北洋政府教育部备案获准并同意予以补助，以"增益学识,灌输西洋文明"为宗旨,目的在于"直接输入东西洋学术,使我国固有之文化受新潮之刺激,而加速其进化率"，通过编译东西方学术新著以推动中国教育的发展。1918年12月在江苏教育会召开成立大会，成员以归国留美学生为主，如胡适、郭秉文、陶行知、余日章。内设议事、编辑两部,1919年2月编辑发行《新教育》。1921年12月合并改组为中华教育改进社

续表

社团名称	成立时间	成立地/主要活动地	主要发起人/负责人	概况
北京大学新潮社	1918	北京	傅斯年	1918年11月19日在北大红楼图书馆成立,和国故社相互对立,成员主要是北大文学和哲学两系的学生,1918年12月13日,《北京大学日刊》刊登了《新潮杂志社启事》说:"同人等集合同趣组成一月刊杂志,定名曰《新潮》。专以介绍西洋近代思潮,批评中国现代学术上、社会上各问题为职司。不取庸言,不为无主义之文辞。"启事还公布了首批21名社员的名单。全体社员均为杂志的撰述员,杂志社下设编辑部和干事部两个部门,新潮社以1919年1月创刊的《新潮》为阵地,提倡民主与科学,旨在为中国新文明的建设打下一基础,主要成员傅斯年、罗家伦、顾颉刚、徐彦之、杨振声、俞平伯等,出版《新潮丛书》6本和《文艺丛书》11本。1920年8月15日经社员大会议决改组为新潮学会。该社活动得到蔡元培、陈独秀、胡适、李大钊、钱玄同等人的支持
旅京华侨学会	1918	北京	萨君陆	由缅甸华侨学务总会代表萨君陆等组织,以交换智识,联络感情,促进教育,提倡实业,灌输祖国文化,宣传道德为宗旨
国立高等师范学校联合会	1918	北京		由北京、武昌、南京、沈阳、广东、成都6所高等师范学校组成,以互相交流办学经验为宗旨

续表

社团名称	成立时间	成立地/主要活动地	主要发起人/负责人	概况
北京大学国故社	1919	北京	刘师培	1919年1月北大教授刘师培、黄侃支持旧派学生组织成立。宗旨为"昌明中国固有之学术",与陈独秀、胡适等人倡导的新潮社相对。3月创刊《国故》月刊
工学会	1919	北京	匡互生	1919年2月9日北京高等师范学校学生匡互生、周予同、刘薰宇等人发起成立同言社,后接受工学思想于5月3日正式成立工学会,为一些家庭贫困的学生受工学思潮影响组成的学习互助组织,践行工学主义,主张消灭体脑差别,认为要打破劳心与劳力的界限,工学并进,以"国有困难外交,则竭力以谋补救"为宗旨,利用课余时间分组从事石印、雕刻、照相以及贩卖书报、文具等活动,曾编辑出版《工学》月刊。初期社员55人,1922年5月发展到80余人。与工读互助团相比,工学会不主张脱离学校和家庭,所以存续时间相对较长,约有4年
北京大学平民教育讲演团	1919	北京	邓中夏	1919年3月23日由北京大学邓中夏等人发起成立,为学生救国会的一个部分,宗旨是"增进平民智识,唤起平民之自觉心",选邓中夏为总干事。起初为校内工友补习文化,后来扩展到校外,有校外学生参与,参与团员有黄日葵、高君宇、朱自清、许德珩、毛泽东、杨钟健等,主要活动为讲演。1925年12月14日《北京大学日刊》刊出该团演讲通告后便未见此后活动消息

续表

社团名称	成立时间	成立地/主要活动地	主要发起人/负责人	概况
北京工读互助团	1919	北京		1919年12月北京工读互助团正式成立。该团由李大钊、蔡元培、陈独秀、胡适、王光祈等17人联合发起并募集经费。目的是组织工读互助团帮助北京的青年实行半工半读,达到教育和职业合一的理想。北京工读互助团成立后,上海、天津、南京、武昌、广州和扬州等地也开始成立各种名称的工读互助团。该团规定:第一,团员须每天工作4小时。第二,团员生活必需之衣、食、住,由团体供给;团员所需的教育费、医药费、书籍费,由团体供给,书籍为团体公用。第三,工作所得归团体公有。1920年底,各组及全国各地的工读互助团先后解散
健学会	1919	长沙	何叔衡	长沙教育界和新闻界人士1919年6月15日成立,何叔衡、朱剑凡、徐特立、陈凤芳、汤松、蔡湘、彭国钧等人发起,以"输入世界新思潮,共同研究,择要传播"为宗旨

续表

社团名称	成立时间	成立地/主要活动地	主要发起人/负责人	概况
中华民国学生联合会	1919	上海	段锡朋	1919年5月底,北京和天津的学生联合会邀请上海、南京、太原、济南、保定、汉口和杭州的学生联合会各派两名代表到上海组织全中国学生联合会。1919年6月1日,来自北京、上海、南京、天津和日本的学生代表在上海举行非正式会议决定正式筹备中华民国学生联合会。1919年6月16日举行成立大会,选出北京大学段锡朋为会长,复旦大学何葆仁为副会长,会址设于上海。7月22日举行代表会议,改名中华民国学生联合总会,并制定章程,强调发扬五四"外争国权,内惩国贼"的精神,同时认为"学生的天职在求学",发出终止罢课宣言,引导全国各校切实参与校务,号召一致拒绝参与教育总长章士钊所定中等以上毕业生的复试,以及赵恒惕所定的科举式复试。提出"要求青年之教育权"的口号。1927年国民政府成立后该会发表宣言,倡议扩大三民主义宣传,协助政府建设,急求教育复兴,提倡师生合作,减轻学生负担
中华欧美同学会	1919	上海	蔡元培	1919年6月23日,欧美留学归国人员在上海成立欧美学生会,李登辉、黄大伟当选为正、副会长。8月29至30日,欧美学生会全国总会在四川路青年会举行成立大会,选举蔡元培为会长,王宠惠、余日章为副会长

续表

社团名称	成立时间	成立地/主要活动地	主要发起人/负责人	概况
少年中国学会	1919	北京	王光祈	1918年6月30日发起,1919年7月1日正式成立,主要成员有王光祈、李大钊等人,是五四时期影响最大的青年社团,在北京设立总会,在南京、成都、上海及巴黎、东京、纽约等地设分会,宗旨为本科学的精神,为社会的活动,以创造少年中国。信条为奋斗、实践、坚忍、俭朴。出版有《少年中国学会丛书》《少年中国》月刊、《少年世界》月刊、《星期日》周刊等。1925年7月学会在南京召开最后一次年会,由于会员分化斗争激烈遂告解体
国民教育促进会	1919	上海	李登辉	1919年7月11日由江苏教育会、中华职业教育社、上海教育会等13个团体联合设立于上海,宗旨为"从调查及演讲入手,促进国民教育"。李登辉、沈恩孚当选为正、副主任,主张培养国民精神,实施通俗教育
北京大学社会主义研究会	1919	北京	张西曼	1920年12月由李大钊等人发起,在北京大学成立,以"集合信仰和有能力研究社会主义的同志,互助的来研究并传播社会主义思想"为宗旨。主要活动是编译社会主义丛书,发表社会主义论文,组织演讲会等,对传播社会主义思想做出了贡献
中华博物学会	1919	北京	袁希涛	1919年8月,上海"中华博物研究会"与北京"北京博物调查会"合并,重订会章,改名为"中华博物学会",推选袁希涛为会长,吴家煦、陈宝泉为副会长

续表

社团名称	成立时间	成立地/主要活动地	主要发起人/负责人	概况
浙江青年团	1919	杭州	经亨颐	1919年8月成立,以辅导青年之德、智、体三育的发展,使其成为健全之国民为宗旨,是对社会上的青年进行教育的团体
少年学会	1919	北京	赵世炎	1919年9月1日,由北京高等师范学校附属中学学生赵世炎等一些进步学生在新思潮的影响下创立,吸收会员需严格经二人介绍,认真了解合格后方能入会,会员曾发展到20余人。宗旨是"发展个性知能,研究真实学术,以进取精神养成健全少年"。曾请李大钊、陈独秀等人讲演,并经常召开学术讨论会、读书会,交流心得,积极参加社会活动,与河南开封的青年学会有密切联系。1919年10月创办《少年》半刊。1923年4月停止活动
觉悟社	1919	天津	周恩来	1919年6月发起,9月16日在天津成立,成员有周恩来、马骏、郭隆真、刘清扬、邓颖超等。他们对外废除自己姓名,用抓阄的办法决定自己的序号作名号,目标是"本着反省、实行、持久、奋斗、活泼、愉快、牺牲、创造、批评、互助的精神,求适应于'人'的生活——做学生方面的'思想改造'事业"。曾邀李大钊、徐谦、包世杰、周作人、钱玄同等人到觉悟社讲演,主办《觉悟》杂志。1920年11月,因社员求学、就业分散各地,停止活动
北京教授研究会	1919	北京		1919年9月19日北京高等师范学校、北京女高师附小联合组织。宗旨为吸纳世界最新学理,加以试验,为全国小学改进之先导

续表

社团名称	成立时间	成立地/主要活动地	主要发起人/负责人	概况
平民教育社	1919	北京	常道直 王卓然	1919年10月创立,由北京高等师范学校部分教职员和学生联合组成,受杜威平民教育思想影响,以"研究宣传及实施平民教育"为宗旨,以教育的平等和普及改造社会,救国图强,社务主要为办刊、举办学术讲座、开展研究。1919年10月创刊《平民教育》。该社成立后,1920年暑假合并教育与社会杂志社,1922年5月实际教育研究社并入,社员最多时140人左右,1922年成立讲演部。以编辑杂志和邀请社会名流演讲为主要活动,1924年下半年终止活动
浙江新潮社	1919	杭州	夏衍	由杭州浙江省立第一师范、第一中学、工业学校、宗文中学等校一些学生组织以杂志社为载体的社团,其前身为1919年10月成立的《双十》半月刊社,11月改称浙江新潮社,出版《浙江新潮》。《浙江新潮》言辞犀利,其旨趣为:要本奋斗的精神,用调查、批评、指导的方法,促进劳动界的自觉和联合,去破坏束缚的、竞争的、掠夺的势力,建设自由、互助、劳动的社会,以谋人类生活的幸福和进步
曙光社	1919	北京	王统照	1919年11月由北京大学、高等法文专修馆、俄文专修馆等校的学生联合组织于北京,主要活动是出版《曙光》月刊,提倡科学救国、教育救国,强调美育是改造社会的根本手段。1920年底前偏重学术,此后转向政治。1921年8月后未见新信息

续表

社团名称	成立时间	成立地/主要活动地	主要发起人/负责人	概况
中华美育会	1919	上海	吴梦非	1919冬创立,中国第一个美育社团,由吴梦非、丰子恺、刘质平、刘海粟、欧阳予倩、胡怀琛等人发起成立。成员大多数为各地中小学音乐、美术教师。宗旨是联合当时全国艺术工作者和大中小学教师,共同推进艺术教育。1920年4月开始出版中国第一本美育学术刊物《美育》杂志,共出7期,周湘、刘质平、姜丹书、欧阳予倩分任图画、音乐、手工、文艺编辑主任,吴梦非任总编,另有丰子恺、刘海粟、傅彦长等为编辑。1922年停止活动
中华武术会	1919	上海	王一亭	1919年王一亭、吴志青等发起成立于上海,以研究和传习武术
永嘉新学会	1919	温州	姜琦	1919年7月成立,姜琦任干事长,主要成员是浙江第十中学部分学生周邦新、郑振铎等,会员多时达70余人。其宗旨是"培养德性,交换知识,促进思想之改革"。反对封建迷信和盲从,提倡思想解放和研究精神。设图书、编辑、演讲三部,并定期举行年会。1920年6月创办《新学报》,郑振铎为第二期编辑之一。1920年暑期单独办过一个商业速成夜校,后情况不详

续表

社团名称	成立时间	成立地/主要活动地	主要发起人/负责人	概况
青年学会	1919	开封	曹靖华	河南中学生社团。主要成员为开封河南省立第二中学毕业班的学生十余人。宗旨是发展个性的本能,研究真实的学问,养成青年的真精神。他们的信条是"奋斗、诚实、宏毅、勤俭"。主要活动是抵制日货。1920年1月1日创办《青年》半月刊,发行全国各地,发行量达四五千份,为当时中学生刊物中少见。1920年暑假因骨干毕业离校无形解散
觉社	1920	北京		北京高等师范学校部分学生组织的社团,宗旨是本互助精神,研究学术,做实现真理社会的运动。1920年4月15日创办《觉社新刊》。主张实行"工学主义",以推广国民教育等。1920年6月被北洋政府查禁
新人社	1920	上海	王无为	1920年4月在上海成立,没有具体的组织原则和纲领,主要成员为学生,有社员50余人,分布于上海、南京、江西、湖南,大部分为编辑、教员和学生,主要"感平民无发言之痛苦"而组织,大多数信奉新村主义。该社设有月刊部和丛书部,1920年4月创刊《新人》月刊和《科学新人》,出版《新人丛书》

续表

社团名称	成立时间	成立地/主要活动地	主要发起人/负责人	概况
共学社	1920	北京	梁启超	1920年4月成立于北京。1920年梁启超到达上海与商务印书馆负责人张元济会面,张提出"拟集同志数人,译辑新书,铸造全国青年之思想",获梁启超支持。梁启超自欧洲归来,意识到文化运动的重要性,意欲弃政从文,决定发起成立共学社,提出目标为"培养新人才,宣传新文化,开拓新政治",主要业务是编译新书、出版杂志、推进图书馆事业,以及派遣留学生。但由于资金所限,只编译新书一项开展得有声有色,出版《共学社丛书》,1929年梁启超去世后仍延续下来。《共学社丛书》1948年还在推出新书,计出版近百本
湖南教育促进会	1920	长沙		1920年6月成立于湖南省教育会内,宗旨为促进湖南教育
江浙两省中等以上学校联合会	1920	上海	黄炎培	于1920年8月20日在江苏教育会召开第一次会议,宣告成立,参加的学校有江苏32校、浙江25校。黄炎培致开幕词,沈恩孚报告发起宗旨。首次会议确定以学生自治及实科教授的设备为该会研究的主要问题

续表

社团名称	成立时间	成立地/主要活动地	主要发起人/负责人	概况
讲学社	1920	北京	梁启超	1920年9月5日建立。共学社为了增强与国际的文化交流,决定成立一个与之相适应的讲学社。梁启超1920年初联合蔡元培、林长民、张元济等社会精英创办,主要职能是邀请外国著名学者来华讲学,民国政府答应三年给6万元经费。先后独立或参与邀请时称四大名哲的杜威、罗素、杜里舒和泰戈尔来华,对中外思想文化交流和新文化运动产生了巨大影响。该会董事会包括政治社会名流梁启超、汪大燮、蔡元培、王宠惠、熊希龄、范源濂、王敬芳、张伯苓、严修、张謇、张元济、黄炎培、郭秉文、胡汝麟、林长民等共20余人。其基本计划是每年用董事会基金中2000元招请西方学者一人来华讲演。由于经费、个人精力限制,以及受到当时社会的攻击,讲学社在1924年5月泰戈尔离华后便无声无息解散
批评社	1920	北京		北京大学一些学生组织的小社团,1920年10月20日创刊《批评》小型半月刊,随上海《民国日报》附送,郭绍虞、周作人曾在此刊发文,出至第7期后声明改为月刊却未见新刊。批评社主要成员信奉新村主义,主要活动是宣传新村主义

续表

社团名称	成立时间	成立地/主要活动地	主要发起人/负责人	概况
澳门中华教育会	1920	澳门	刘雅觉	1920年成立,为解决教育界公共事务办理困难,由澳门部分校长发起组织,第一任会长为刘雅觉神父,副会长为曾次崔。宗旨为研究教育问题,促进教育发展,章程内容受中国内地影响较明显。全面抗战期间,推动师生进行抗日救国活动。1949年发动全澳学校员生庆祝中华人民共和国诞生
北京大学世界语研究会	1920	北京	蔡元培	创立于1920年。蔡元培热心提倡学习世界语,并在北京大学文科设讲习班,聘孙国璋(芾仲)主讲世界语,最多时有500人参加。曾向各国采购世界语读物、字典和报章。1922年春,由北大发起成立北京世界语学会,并于1923年筹办世界语专门学校,校长为蔡元培,校董有鲁迅、张季鸾、爱罗先珂等。1922年12月15日,北大举行的世界语联合大会参会者多达2000多人
北京教职员公会	1920	北京	马叙伦	1920年由马叙伦等教授发起成立,小学以上的教员都可以申请入会,公会以联络各教职员、发展教育为宗旨,商办的主要事项有:研究教育问题,促进教育事业;保障教职工权利;举办教职工互助事宜。工会委员会由小学、中学和专门以上学校三部分各11人组成
儿童用书研究会	1920	南京	邰爽秋 王克仁	1920年成立于南京高等师范学校,研究并编辑儿童用书,改造全国小学教育,总干事邰爽秋、王克仁

续表

社团名称	成立时间	成立地/主要活动地	主要发起人/负责人	概况
改造社	1921	南昌	袁玉冰	1919年秋,在南昌二中就读的黄道与袁玉冰、方志敏发起组织学生社团"鄱阳湖社",1921年元旦正式开会改名成立改造社,宗旨是改造社会,把黑暗的旧江西改造成光明的新江西,1921年5月1日创刊《新江西》,还曾出《青年声》周刊。主要成员是江西南昌旅京旅沪同学,有袁玉冰、方志敏、黄道等人,社员曾发展到20多人,1922年下半年由于社团主要负责人到北京求学而将总社迁设北京大学内,在上海、南昌设分社
北京国立专门以上八校教职员联席会	1921	北京		北京大学、北京女子高等师范学校等八所高等院校因教育基金无着、薪金积欠而设立,举行争取教育经费独立运动。1921年3月领导教职员罢教向北京政府进行索薪斗争,召开正式联席会76次,得到广泛支持,影响全国各地。李大钊、马叙伦等曾任主席
北京大学马克思学说研究会	1921	北京	李大钊	1920年3月31日,李大钊倡导发起成立了北京大学马克思学说研究会,主要成员有范鸿劼、邓中夏、罗章龙、张国焘等10余人,以研究关于马克思派的著述为目的,经过一年多的酝酿和筹备,在1921年11月17日的《北京大学日刊》上登载启事,正式公布规约,征求会员,设有3个特别研究组和11个固定研究组,进行演讲和辩论,还成立一个专门图书馆。1922年2月19日,该会组织了第一次公开讲演会,李大钊做马克思经济学说专题报告

续表

社团名称	成立时间	成立地/主要活动地	主要发起人/负责人	概况
全国职业学校联合会	1921	上海		1921年由中华职业教育社发起成立于上海，专门研究职业学校的问题，规定会员资格为男、女子职业学校，甲、乙种农工商业学校，以及其他含有职业教育性质的学校或普通学校含有职业科者。经费由中华职业教育社承担，入会学校不需缴费。1922—1926年先后在济南、上海、武昌、南京、杭州举行了5次年会，讨论了职业教育经费、课程标准、原料及产品免税、学校设立等问题。1927年后解散
上海学校教职员联合会	1921	上海		1921年6月成立于上海，宗旨为巩固教育基础，力图发展
江苏义务教育期成会	1921	江苏	袁希涛	1921年7月江苏省各县教育行政人员发起设立，宗旨为推进江苏省义务教育。袁希涛任会长，黄炎培、张孝若为副会长
全国童子军研究会	1921	南京	唐闰生	1921年8月由参加南京高等师范学校暑期童子军组的全国14省代表联合组织于南京。宗旨为：联络各省，共同研究童子军事业。会长唐闰生，副会长顾拯来
中华心理学会	1921	北京	张耀翔	1921年在南京高等师范学校举行的暑期讲习会上创立了中华心理学会，推张耀翔为心理学会会长兼编辑股主任。陈鹤琴为总务股主任，陆志韦为研究股主任，廖世承为指导员，邰爽秋等为干事。决定总务及研究两股设在南京高等师范学校，总会及编辑办事处设在北京高等师范学校。1922年创办中国第一种心理学期刊《心理》，以研究各种心理问题为宗旨

续表

社团名称	成立时间	成立地/主要活动地	主要发起人/负责人	概况
浙省义务教育促进会	1921	杭州		1921年9月27日在杭州成立
实际教育调查社	1921	北京	邓萃英	1920年，袁希涛、陈宝泉赴美考察，数次拜访孟禄，"因慨中国教育虚伪不切实用"，拟"请孟禄重来中国，以欧美科学的背景，与其自身实际教育之经验，诊断中国教育之弱点，并施以改良进步的方法"。为接待孟禄调查，大家"都以为不可没有一办事机关，以为此次进行调查的枢纽，并以此为将来永久研究教育的机关"，于是在1921年9月，范源濂、严修、袁希涛、张伯苓等人在孟禄来华前成立实际教育调查社，宗旨为"从事实上调查，做实地的研究，以为实行改良的基础"。社址设于北京高等师范学校，邓萃英主持
平民学社	1921	上海	余愉	由复旦大学部分学生组成，旨在研究和宣传改造社会方法。1919年11月开始酝酿，发起人为黄华表、谭常恺。1920年初成立平民周刊社，5月1日发行《平民》周刊；1921年12月6日扩为平民学社。以"研究合作主义，提倡平民教育、发展平民经济"为宗旨。下分图书部、合作购买部和出版部，出版《平民》周刊，自创刊至1924年7月19日共出212期。1924年7月《平民》周刊停办，8月平民学社解散

续表

社团名称	成立时间	成立地/主要活动地	主要发起人/负责人	概况
中华教育改进社	1921	北京	范源濂	1921年12月23日，中华新教育共进社、新教育杂志社、实际教育调查社三者合并成立中华教育改进社，以"调查教育实况，研究教育学术，力谋教育进行"为宗旨，推举孟禄、梁启超、严修、张仲仁、李石曾5人为名誉董事，蔡元培、范源濂、郭秉文、黄炎培、汪精卫、熊希龄、张伯苓、李建勋、袁希涛9人为董事。1922年2月在上海召开的第一次董事会上，公推范源濂为第一任董事长，聘陶行知为总干事，推进教育调查、教育测量、科学教育，是当时中国最大的教育社团，下设32个专门委员会，先后在济南、北京、南京、太原召开年会，参加世界教育会议，创立中华平民教育促进会，办有《新教育》《新教育评论》，创办晓庄试验乡村师范学校
上海商业补习教育会	1921	上海	郭秉文	1921年10月成立，宗旨为扶助上海商界青年，增进商业智识，养成商业适当人才。郭秉文任主任
中国社会学会	1922	北京	余天休	1922年2月建立，是中国社会学界的第一个学术团体。学会的主要活动是出版《社会学杂志》双月刊。余天休自任总编辑，前后共出版5卷，载文160余篇。学会与刊物至30年代初自行消亡
非基督教学生同盟	1922	上海		1922年3月9日由上海学生组织成立，旨在抵制召开第11届世界基督教学生同盟大会

续表

社团名称	成立时间	成立地/主要活动地	主要发起人/负责人	概况
北京非宗教大同盟	1922	北京	李大钊	1922年3月20日由李大钊、刘仁静、李石曾、杨钟健、何孟雄等70余人发起组织，宣传抵制第11届世界基督教学生同盟大会在清华学校召开。要求必须"依科学之精神，吐进化之光华"办教育。1922年5月10日在北京大学三院召开"非宗教运动大同盟"成立大会，到会500多人。范鸿劼担任大会主席，他和李大钊、邓中夏、黄日葵等被推选为大同盟的干事。大同盟成立后，在上海、汉口、天津、长沙、成都等地设立分会，不久出版《非宗教论》一书
全国教育独立运动会	1922	北京		1922年2月，因北洋政府财政窘困，教育经费无着而组成的教师组织。提出三点要求：教育经费独立，指定教育基金，教育制度独立。因政局不定，不久后活动无形取消
中华民国童子军联合会	1922			1922年5月设立，目的是图全国童子军之统一，谋全国童子军事业之进步与发展，规定全国童子军程度之标准，扶助各地童子军
北京大学学生军	1922	北京		由于北京大学学生们的体育活动少，同时为"警备本校"，蔡元培校长1922年夏决定组织学生军，章程规定"本军以锻炼身体，增进军事常识为宗旨"。"忍劳耐苦，不畏严寒酷暑"成为学生军必备的精神，1924年成立三队，170人，白雄远任学生军讲师，聘蒋百里、黄郛讲军事学和军制学

续表

社团名称	成立时间	成立地/主要活动地	主要发起人/负责人	概况
江西全省教育救济会	1922	南昌	蔡儒赓	1922年7月江西省会中等以上学校,以官厅积欠薪金,拖延不发而议决成立。蔡儒赓任会长
江苏职业学校联合会	1922	江苏		1922年8月江苏教育会联合全省专门学校、职业学校及设职业科之中学设立,组织、办法等均照全国职业学校联合会章程
共进社	1922	北京		1922年10月10日成立于北京。起源于1919年3月旅京的陕西青年学生组织学生团向北京政府请愿要求停止陕西的南北战争(驱逐陈树藩),不久学生团更名为旅京陕西学生联合会。这些学生中的一部分人进入北京大学求学,1921年10月10日创办《共进》半月刊,以"提倡桑梓文化,改造陕西社会"为宗旨。1922年10月共进半月刊社改名为共进社,确定宗旨为"提倡文化,改造社会"。1924年4月共进社再次修改章程,转而把政治问题看作"目前最急切的问题",把经济问题看作"一切问题中之根本问题"。1925年进而提出"武装民众""以民众的武力打倒一切统治阶级"等口号。1926年9月《共进》被政府封禁,共进社也因此宣告解散
长沙农村补习教育社	1922			1922年成立,宗旨为增进农村人民常识,改进农村生活

续表

社团名称	成立时间	成立地/主要活动地	主要发起人/负责人	概况
中国中等教育协进社	1922	南京	廖世承	1922年由东南大学附中、北京高等师范学校附中、苏州省立一师等校联合成立，执行部设于南京东南大学附中，以联络全国中等学校及从事中等教育工作人士，谋求中等教育事业改进与发展为宗旨。1921年在中华书局发行教育理论刊物《中等教育》，还编辑《青年之友》，与中华教育改进社合编《新教育》
普益协社	1922	成都		由四川成都热心社会教育人士所组成，提倡合作主义，办有《合作潮》等刊物
江西省中等以上教员联合会	1923	南昌		1923年3月在南昌成立
江苏、浙江、安徽三省师范附属小学联合会	1923	杭州		1923年4月在杭州成立，以年会的形式开展研究、交流并议决有关小学事宜。1925年在无锡召开的第三届年会上决议倡导小学教育应以"基本的养成健全的中华民国国民"为宗旨，进行了焚毁初级小学文言文教科书仪式，发表推行国语教学的宣言。1926年4月在杭州举行的第四届年会上，对编辑发扬国民性教材、优待小学教师、推广女子小学教育以及建议教育部根据毕业标准打破学年学级制等议案进行了研究。1927年自然解散
江苏平民教育促进会	1923	南京	袁希涛	1923年6月朱其慧、陶行知等发起组织南京平民教育促进会，会长袁希涛，副会长蒋维乔。12月该会扩大为江苏平民教育促进会。

续表

社团名称	成立时间	成立地/主要活动地	主要发起人/负责人	概况
中华平民教育促进会	1923	北京	朱其慧 陶行知 晏阳初	1923年年8月26日,利用中华教育改进社在北京召开第二届年会的机会,陶行知、朱其慧、晏阳初等人邀请各省代表成立中华平民教育促进会,9月发表《中华平民教育促进会宣言》,以"除文盲,作新民"为宗旨。总会设在北京,并陆续在全国20余省区设立分会,开办平民学校。朱其慧任董事长,陶行知任董事部书记,晏阳初为总干事
大江学会	1923		罗隆基	1923年在美国建立,以清华1921级—1923级赴美留学生为主体,成员约50人,主要核心成员有罗隆基、闻一多、梁实秋、潘光旦等。提倡文化国家主义、民族主义。1926年后因主要成员回国而解散
中华全国体育协进会	1924	上海	张伯苓	1924年8月24日正式成立,办事机构设在上海,主要工作是参与筹办国际国内重要体育比赛,代表中国参加国际奥委会等组织、举办的国际体育活动,编审各项运动规则,发行《体育季刊》杂志等

续表

社团名称	成立时间	成立地/主要活动地	主要发起人/负责人	概况
中华教育文化基金会（China Foundation for the Promotion of Education and Culture）	1924	北京	范源濂	1924年9月18日，中华教育文化基金会在北京外交大楼召开成立大会，是以促进中国教育和文化事业为宗旨的财团法人。推范源濂为会长，孟禄为副会长。该会的主要任务是负责保管、分配、使用美国退还的庚子赔款，以补助的形式在中国举办文化教育事业，如设立图书馆，成立科学研究机构，设立科学奖金，聘请科学教席等活动。由美籍和华籍人员组成董事会，中国派范源濂、颜惠庆、张伯苓、郭秉文、蒋梦麟、丁文江、黄炎培、顾维钧、周诒春、施肇基10人参加董事会，美籍人士孟禄、杜威等5人为董事，联合组成董事会。1925年6月第一次年会选颜惠庆为董事长，孟禄、张伯苓为副董事长。1924年至1949年间，中基会共计补助了中国大专院校233次、研究机构139次、教育文化事业团体147次，其中包括帮助国立北京大学解决财务问题、建立国立北平图书馆等。1950年后迁台继续相关事业
中国教育建设社	1924	上海		1924年在上海建立。1933年3月在上海举行第九次社员大会，议决进行生产教育初步计划。其后与黄渡乡村师范学校合办养鸡场，举办养鸡工学班，培养养鸡人才，推广良种，还经常讨论教育问题
上海图书馆协会	1924	上海	杜定友	1924年6月成立，为研究图书馆学的团体，发起人为杜定友、黄警顽、孙新磐等，杜定友为会长

续表

社团名称	成立时间	成立地/主要活动地	主要发起人/负责人	概况
反帝国主义运动大同盟	1924	北京	胡鄂公	1924年7月13日,由北京学生联合会、《政治生活》周刊社、社会主义青年团、马克思学说研究会、人权运动会、女子共学社、中俄协进会等50余团体联合组成反帝国主义运动大同盟,规定以打倒帝国主义的侵略政策、废除一切不平等条约为宗旨。大会推举胡鄂公等15人为执行委员。出版《反帝国主义运动大联盟会刊》。上海、武汉、天津及湖南、山东等地也先后组织反帝大联盟
收回教育权运动会	1924	广东		1924年夏,广东学生组织收回教育权运动会,主张:所有外国人在华所办之学校须经中国政府注册与核准;所有课程及编制须受中国教育机关之支配;凡外国人所办之学校不能教授宗教,不许强迫学生做礼拜、读圣经;不许压迫学生,剥夺学生之集会、结社、言论、出版等自由。此会得到全国教育学术社团的支持,由此,掀起收回教育权运动高潮
立达学会	1925	上海	匡互生	由匡互生、陈望道、叶圣陶、夏丏尊、朱光潜等发起,1925年3月2日创办,匡互生被推选为第一任主席,出版刊物《一般》《立达》,发表学术论著和文学作品,1925年9月在上海江湾创办立达学园。宗旨为"修养人格,研究学术,发展教育,改造社会"

续表

社团名称	成立时间	成立地/主要活动地	主要发起人/负责人	概况
全国私立大学联合会	1925	北京		1925年4月7日在北京民国大学举行成立大会,10余所学校共有代表30余人参会,大会通过了联合会章程13条,宗旨是"联络感情,增进公益,发展大学教育",规定除教会大学外的国内私立大学均可参与,由各大学推举一人组成委员会,委员会下设事务、学务、会计等12组,主席轮流,每任一年
中华图书馆协会	1925	北京	袁同礼	1925年4月25日在上海召开成立大会,6月2日在北京举行成立仪式,总事务所设在北京。宗旨是:"研究图书馆学术,发展图书馆事业,并谋图书馆之协助"。前期设董事部和执行部,第一任董事部部长为梁启超,书记为袁同礼;执行部部长为戴志骞。1936年董事部更名为监事会,执行部改名为理事会,袁同礼任理事长。先后召开了6次年会。编辑出版有《图书馆学季刊》《中华图书馆协会会报》

续表

社团名称	成立时间	成立地/主要活动地	主要发起人/负责人	概况
上海教职员救国同志会	1925	上海	乐嗣炳	五卅运动期间,1925年6月4日,上海教职员韩觉民、侯绍裘、沈联璧、董亦湘、沈雁冰、杨贤江等30余人发起成立上海教职员救国同志会,动员教职员投入救国运动,发动、联络、支持、教育学生及各界民众投身反帝救国运动,成员主要来自上海大学、景贤女中、爱国女校、立达中学等,内设总务、宣传、外交三股,推乐嗣炳、钱江春、顾执中3人为常务委员,成立临时执行部为会中最高领导机构,针对五卅惨案收集交涉材料,提出交涉意见,参与各种救国运动,辅助学生组织,注重国际宣传,联络全国教职员一致行动,与官方交涉五卅善后事宜
国家教育协会	1925	上海	左舜生	1925年7月初,余家菊、陈启天、左舜生等39人发起成立国家教育协会,主张"本国家主义的精神以谋教育的改进",下设收回教育权研究会、教育用书研究委员会、国家主义宣传委员会三个委员会,1926年初增设国家教育政策委员会。成立后,在各种刊物上发文宣传国家主义教育,在《中华教育界》连出两期"国家主义教育专号",撰写《国家主义教育学》《国家主义的教育》等图书,有团体机关刊《国家与教育》。在1924—1927年的收回教育权运动中,该团体在组织、宣传等方面发挥了特殊作用。1927年后终止活动

续表

社团名称	成立时间	成立地/主要活动地	主要发起人/负责人	概况
全国学生军	1925	上海		1925年11月全国学生联合会总会发布《全国学生军组织大纲》10条,要求各地学生联合会组织学生军,讲求军事教育,以为领导农民工人,武装起来,以革命的手段,为打倒帝国主义做准备
上海市各学校职业指导联合会	1926	上海		1926年12月由上海市大学、专门学校、中学、职业学校等联合组成,以研究职业指导原理及实施方法,辅助学生升学择业为宗旨,兼以介绍青年职业
华美协进社（China Institute in America）	1926	纽约（美国）	杜威 胡适	1926年中美教育家联合在纽约建立华美协进社,会址坐落在纽约曼哈顿,著名教育学家约翰·杜威、保罗·孟禄和中国知名学者胡适、郭秉文等共同创建,是在美国历史最悠久的专注于中国文化的非营利的民间文化机构。旨在通过各项教育与宣传活动介绍中国文化与文明,增进中美两国人民的相互了解。
全国国语教育促进会	1926	上海	蔡元培	1926年成立于上海的研究、调查和推动国语教育的学术团体。1930年迁址南京,10月在教育部备案。首任会长蔡元培,副会长吴敬恒、张一麐,下设总务、研究、调查、编辑、宣传五部,主要业务是举办全国国语宣传周,设立国语模范学校和国语流动学校,组织国语推行和审查等委员会,出版《国语报》《国语月刊》,讨论研究国语推行方案

由表3-1可以看出,这一阶段的中国教育社团领域宽广,几乎包括从管理到学科教学以及思想流派等教育各个领域。社团中还有一些立足中国,跨越国界的,如华法教育会、华美协进社。既有教职员的社团,也有学生的社团;既有学校或机构组成的社团,也有以个人社员为基础的社团;既有有一定行政或官方背景的社团,也有纯粹民间的社团;既有如收回教育权运动会等为某一特定活动而组建的社团,也有为了一项长期稳定的事业建立起来的社团;既有很专业的社团,也有接纳成员相对比较宽泛的社团;既有活动内容比较先进和前卫的社团,也有以中国传统文化为活动内容的社团。这些多样性的社团的存在与运行方式决定着社团发挥作用的多样性和广泛性,使得社团成为众多人成就自己事业、实现人生目标的一种方式。

当然,这些社团中同样存在众多未能正常开展活动,也未能有效发挥作用的社团,只有成立,不见后续活动,开过成立会后便不了了之。这显示即便在社团发展的黄金时期,依然鱼龙混杂,存在追潮、过热等现象,并不是所有社团都能为教育的发展、完善发挥作用。

2. 1927—1937年的调整发展期

1926—1927年间,中国社会发生了巨大变化,政治上纷争迭起,以各省教育会为主体的教育社团内部也纷争不断,导致全国教育会联合会终止活动,不少省的教育会经历争斗后内部改组或停止活动,或将省教育会改组为省教育协会,中华教育改进社等一些全国性的教育社团由于人事纷争、经济环境诸多原因导致经费无着,最终停止活动。少年中国学会则在内部的主义问题争论中消亡,国家教育协会则被官方直接宣布为非法而不得不停止活动。教育社团的发展面临着1912年后最大的危机,它们的活动和存续都遇到巨大的挑战。无疑,这是中国教育社团发展的一个节点。

在1927—1937年间,仍有中华平民教育促进会、中国科学社等教育社团延续下来,但此前堪称全国影响最大的中华教育改进社和全国教育会联合会这两个教育社团终止了活动,在一定程度上减小了社团在整个社会教育发展中的作用,甚至可以说社团在中国教育中发挥作用的高峰已经过去。同时需要看到在这一段时期里,又不断有新的教育社团建立,诸如中华自然科学社、中国教育学会、中国教育电影协会等,而且数量相当可观。总体来说,这一时期的教育社团所具备的基本特点有:一是更加细化和专业,社团活动的主要内容在某一个专业领域或者是某一个区域范围;二是立意更加贴近现实,旨在解决一些具体的技术性的教育问题,而非用形而上的教育理念解决整体性的教育问题;三是它们的活动趋向常规;四是类似国难教育社的一些专题性的社团产生,它们主要是为某一个活动或运动建立,当这一活动或运动结束,社团也就完成使命,不再延续。

这一阶段新建立的社团见表3-2。

表3-2 1927—1937年成立的中国主要教育社团一览[①]

社团名称	成立时间	成立地/主要活动地	主要发起人/负责人	概况
幼稚教育研究会	1927	南京	陈鹤琴	1927年,陈鹤琴与陶行知、张宗麟一同发起,并邀东南大学教育科、晓庄试验乡村师范学校等单位有共同兴趣的教育人士参加,出版《幼稚教育》月刊。该会于1929年扩展为中华儿童教育社
江苏教育经费委员会	1927	南京		1927年11月,经国民政府大学院批准成立。其目的是"谋教育经费之适应需要,协助教育行政长官,对于教育经费之收入、支出款额及用途,为相当之考查或筹议整理方法"。该会由教育行政部门,江苏教育会及大、中、小学代表,江苏教育学术团体和热心教育人士组成

[①] 资料来源:顾明远主编《教育大辞典》第10卷,上海教育出版社,1991;王世纲主编《中国社团史》,安徽人民出版社,1994;等等。同时参考其他多种史料核实修改。

续表

社团名称	成立时间	成立地/主要活动地	主要发起人/负责人	概况
中华自然科学社	1927	南京	杜长明 吴有训	1927年9月在南京中央大学成立。该社的前身是华西自然科学社，主要成员为川籍学者，1928年7月在南京举行第一届年会时，由于当时社友籍贯不限于华西，所以改名为中华自然科学社。目的是研究及发展自然科学。最高领导机关为社务会，杜长明、吴有训等曾任社长。下设总务、组织、学术、社会服务四个部，并先后在海内处设立了28个分社。编辑出版了《科学世界》《科学文汇》《中国科学》等刊物及《国防科学丛书》。1951年4月宣告结束
上海中等学校协进会	1928	上海		由上海中学、澄衷中学、光华附中等校发起成立。
哈佛燕京学社（Harvard Yenching Institute）	1928	哈佛大学、燕京大学	叶理绥	1928年由美国哈佛大学与中国燕京大学联合组织的专门研究中国文化（后扩大为亚洲）的学术机构。第一任社长叶理绥（Serge Elisseeff），主要培养亚洲学研究人员，出版《哈佛亚洲学报》，在燕京大学设北平办公处。主要对燕京大学文史哲三系的本科教学进行补助，培养硕士研究生，派遣学生赴哈佛大学留学，出版《燕京学报》和专号，购藏图书与文物，在燕京设引得编纂处，编印《汉学引得丛刊》，1951年春燕京大学被接管后该社办公处撤销

续表

社团名称	成立时间	成立地/主要活动地	主要发起人/负责人	概况
中华慈幼协济会	1928	上海	孔祥熙	1928年4月成立,孔祥熙为会长,1930年该会出版部创办《慈幼月刊》。1931年8月教育部批准该会所提的请定每年4月4日为儿童节的呈文,明定4月4日为儿童节。目的是鼓舞儿童兴趣,启发儿童爱群、爱国、爱家庭之心理,并唤起社会注意慈幼事业,1932年4月4日全国20多个城市举行首届儿童节纪念活动
中华儿童教育社	1929	南京	陈鹤琴	1929年7月成立于杭州,以研究幼稚教育、小学教育、家庭教育,注重教育实际问题,供给具体教材为宗旨,编辑发行《儿童教育》,社员分布于无锡、苏州、上海、杭州、广州、北京等地,通过召集年会、编辑发行专业刊物、组织学术讲演、赴外教育考察等途径和方式,展开儿童教育的理论研究与实践探索。1937年全国有60余个分社,加入国际新教育同盟和世界教育专家组织,抗战期间迁重庆。1947年底社员超万人,共召开11届年会
中国数理学会	1929	北平	冯祖荀	1929年8月在北平中山公园正式成立,以联络全国数理学家,从事新学说之传播与探讨为宗旨。主要成员为北京大学等校的数理教员
北平国立八院学生联合会	1929	北平		1929年8月成立,成员来自北平8所院校的学生。要求国民政府教育部修改《大学组织法》,认为该条例中关于"具备三学院以上者始得立大学"的规定不公允;并要求教育部收回准许北大、师大独立,其他各校合并称北平大学之成命,要求国立北平各校待遇平等

续表

社团名称	成立时间	成立地/主要活动地	主要发起人/负责人	概况
中国社会学社	1930	上海	孙本文	1930年2月8日在上海成立。前身为1928年孙本文、吴景超、吴泽霖等人建立的东南社会学会,办《社会学刊》为会刊。1929年底,在许仕廉、孙本文等人倡议下扩大范围,由国内各大学社会学教授及对社会学有研究兴趣的中外人士共同组成。第一届理事会9人,正理事由孙本文担任。学社以研究社会学理、社会问题及社会行政为宗旨,把探讨社会学理论、研究社会实际问题、举行实地调查和编纂社会学书籍等作为主要任务。从学社成立至1948年止,共举行过9届年会,分别以人口问题、家庭社会学、社会规划、战后社会建设、中国社会学今后发展应取之途径等作为年会的专题。中国社会学社在协调全国社会学界的教学与研究活动,培养专门人才,倡导对中国社会各文化区域开展系统的实地调查、译介国外社会学著作和理论、匡订社会学术语等方面做了大量工作
中华盲哑教育社	1930	江苏安亭	朱冲涛	1930年4月6日成立,社址在江苏安亭(今属上海),以研究盲哑教育并促进其发展为宗旨。由南通盲哑学校校长朱冲涛发起,主要成员有朱冲涛、吴文奎、何子健、陈子安、汪镜渊、王秉衡、张维新。成立时暂定事业:调查国内外盲哑教育概况,设立试验盲哑学校,编印盲哑教育刊物,培植盲聋哑师资,设立盲哑教师介绍所,盲哑职业指导。社员分为普通与特别两种

续表

社团名称	成立时间	成立地/主要活动地	主要发起人/负责人	概况
中国社会科学家联盟	1930	上海	朱镜我	1930年5月20日，传播马克思主义的文化理论团体中国社会科学家联盟在上海成立，简称"社联"，由朱镜我、李一氓等人发起成立。邓初民、吴黎平等30余人出席1930年5月20日上海举行的成立大会，推举宁敦伍为主席。大会讨论通过了《中国社会科学家联盟纲领》，宣布其任务为：以马克思主义理论促进中国革命；普及马克思主义理论；批驳一切非马克思主义思想；领导新兴社会科学运动沿着正确的方向发展；参加无产阶级运动的实际斗争。"社联"最高权力机关为全体会员大会，由会员大会推举执行委员会。内设党团组织，首由朱镜我任书记，上级领导机关为中国左翼文化总同盟。曾先后办有《新思潮》《社会科学战线》等多种杂志。1935年一二·九运动后，大部分成员参加各界救国会活动，社联停止活动

续表

社团名称	成立时间	成立地/主要活动地	主要发起人/负责人	概况
中华庙产兴学促进会	1930	南京	邰爽秋	1928年5月,在南京召开的全国教育会议上,中央大学邰爽秋教授领衔发表"庙产兴学运动宣言",主张打倒一切罪恶之本的特殊阶级僧阀,解放在僧阀之下受苦的僧众,没收僧阀所有的庙产,以此充作教育事业经费。这项议案赢得与会者的赞同,得到内政部长薛笃弼的首肯,却遭佛教界反对。1930年12月,邰爽秋等发起成立中华庙产兴学促进会,提出"打倒僧阀,解散僧众,划拨庙产,振兴教育",宣称"庙产为振兴教育之重要财源"。在此前后,湖北、广东、江苏、山东等省均有庙产兴学之决议案。此举遭到以圆瑛为理事长的中国佛教会的猛烈抨击,1931年8月1日南京政府颁布法令重申早先公布的保护寺院财产的规定,全国性的庙产兴学风潮趋于平息
江西省教育基金独立运动委员会	1930	南昌		1930年12月成立
闽西苏区共产主义教育研究会	1931	闽西		1931年2月,闽西苏维埃政府文化部规定,以学校为单位组织共产主义教育研究会,任务是对教育和教学的问题进行研究,不断改进教育和教学方法,以培养更多的人才

续表

社团名称	成立时间	成立地/主要活动地	主要发起人/负责人	概况
中国测验学会	1931	南京	艾伟	1931年6月21日在南京举行第一届年会并宣告成立,以研究各种测验学术,推行测验方法,培植测验专门人才为宗旨。艾伟、陈鹤琴、陆志韦、廖世承等11人为首任理事,艾伟为研究部主任。设编译委员会、经济委员会、测验译名委员会、编造中小学标准测验设计委员会等。1937年会址被炸后西迁,抗战胜利后会址迁回南京中央大学心理系,由萧孝嵘主持会务,主要活动有:出版《测验》杂志,编辑丛书,举行年会和学术报告会,编订各种测验等
中国针灸学研究社	1931	苏州	承淡安	中国教育史上最早的针灸函授组织。承淡安1929年设诊所于苏州望亭,1931年6月出版《中国针灸治疗学》,继与望亭的8位医生创办中国针灸学研究社,承淡安为社长,办有《针灸杂志》。1932年10月社址迁无锡,1933年8月开始收通函研究社员。1934年11月5日向中央国医馆呈请备案获准,设总务股、研究股、治疗股、编辑股、发行股。1935年9月开设讲习所,1936年7月附设针灸疗养院,接受学员见习实习

续表

社团名称	成立时间	成立地/主要活动地	主要发起人/负责人	概况
上海学生抗日救国联合会	1931	上海		1931年九·一八事变后,上海东亚同文书院、同济大学、交大、复旦等校学生9月22日在四川路青年会成立上海大学学生抗日救国联合会;24日,沪江大学附中等37所中学学生代表成立上海中等学校学生抗日救国联合会;25日选派64名学生代表赴南京请愿。10月11日,大学学生抗日救国联合会发起成立全国学生抗日总会,成为全国学生救国运动指挥中心
中国社会教育社	1931	无锡	俞庆棠	1931年12月13日成立于江苏无锡,以"研究社会教育学术,促进社会教育事业"为宗旨。俞庆棠为常务理事兼总干事,后增补梁漱溟为常务理事,鼎盛时期有个人社员1600余人,团体社员36个,先后在杭州、济南、开封、广州、无锡等地举行年会,主要活动在乡村教育和社会教育领域,1937年春与其他教育学术团体在南京成立联合办事处,并以此为基础成立了中国教育学术团体联合会
平津国立院校教职员联合会	1932	北平		1932年1月8日,由于教育费积欠5个月,在拨付无消息的情况下,平津地区教育界各大学教职员组成联合会,派代表赴南京坐索积欠,并发起建立校基金运动。12月该会通电反对国民政府《改革高等教育案》
中华工商教育协会	1932			1932年1月成立,以普及工商教育,提高工商人士知识,促进工商业发展为目的

续表

社团名称	成立时间	成立地/主要活动地	主要发起人/负责人	概况
上海教育工作者联盟（新兴教育社）	1932	上海	刘季平	1932年4月17日,中国新兴教育社成立,对内称左翼教育工作者联盟(教联),刘季平任总务(书记),初期有社员100余人,都是与中共有联系的教育职员,主要任务是集结革命势力,在教育界开展革命活动,研究革命教育,批判反革命教育。曾出版《教育新闻》,以开办工人夜校、识字班、读书会等形式开展活动
上海国际教育社	1932	上海	康普	1932年6月27日,刘湛恩、陈鹤琴、韦悫、欧元怀发起成立上海国际教育社,"藉以联络感情,研究教育",社址在上海租界青年会内,以"发展教育,研究学术、联络国际感情"为目的,社员130余人分属八个国籍,社长先后为上海工部局教育处代理处长康普和交通大学黎照寰
中国教育电影协会	1932	南京	郭有守	1932年7月8日在南京成立,由郭有守、褚民谊等40余人发起,陈立夫、吴稚晖、陈布雷等50余人列名发起,郭有守为成立后的负责人。以研究利用电影,辅助教育,宣扬文化,并协助电影事业之发展为宗旨,成员有党政、教育、电影、戏剧等各界知名人士。1933年成立上海分会,1936年曾推行电影教学,特选物理、化学、生物三类影片在中学放映,推行区为沪杭、宁杭、宁芜、淮南等铁路沿线的中学和师范学校。至1937年共召开了5届年会,全面抗战爆发后西迁重庆,胜利后迁回南京

续表

社团名称	成立时间	成立地/主要活动地	主要发起人/负责人	概况
中国各大学联合会	1932	上海		1932年7月15至17日,由上海各大学联合会发起的全国高等教育问题讨论会在上海举行,各地大学校长及代表近90人与会。会上议决成立中国各大学联合会,由上海各大学联合会发起,以协谋发展高等教育为宗旨
中国化学会	1932	南京	陈裕光	1932年8月4日成立,由王琎、陈裕光、曾昭抡等45人发起,以"联络国内外化学界同人,共图化学在中国之发展及应用"为宗旨。抗日战争全面开始后西迁重庆。抗战胜利后迁回南京。办有《化学》《化学通讯》等刊物。自学会成立至1949年共改选了16届理事会。陈裕光、曾昭抡、吴承洛、张洪沅、范旭东等人担任过会长/理事长
中国物理学会	1932	北平	李书华	1931年,国际联盟派出4位专家来华考察教育,其中有世界著名物理学家郎之万,他建议中国物理学工作者联合起来成立中国物理学会,还建议中国物理学会加入国际纯粹与应用物理学联合会,当时的清华大学校长梅贻琦被推选为筹备会主任。1932年8月22日至24日在北平清华大学召开了中国物理学会的成立大会暨第一次年会。1949年前任会长/理事长的有李书华、叶企孙、吴有训等,主要从事研究和教学工作,先后促成世界著名物理学家朗缪尔(1934年)、狄拉克(1935年)和玻尔(1937年)来华访问,讨论有关物理学研究和教学中的种种问题。出版物有《中国物理学报》
浙江省中等教育研究会	1932	杭州		以研究中等教育各项问题,谋求浙江省中等教育效率之增进为宗旨。分组研究,互助交流

续表

社团名称	成立时间	成立地/主要活动地	主要发起人/负责人	概况
上海法租界私立学校联合会	1932	上海		以联络感情,促进教育,发展私立中小学教育事业为宗旨。曾就法租界"补费运动"发表宣言,要求法租界当局拨充华人教育经费,尽先补助已设立之私立中心学校,以谋扩充
中国教育学会	1933	上海南京	常道直	1933年1月成立于上海,总会会址设于南京,在各省市设立分会。以"研究和改进教育"为宗旨,主要任务是研究教育问题,搜集教育资料,调查教育实况,提倡教育实验,贡献教育主张,发刊教育书报,促进教育改革。首届理事有常道直、庄泽宣、邰爽秋、孟宪承、陈鹤琴、郑晓沧、杨亮功、陶行知等15人。设有高等教育、中等教育、初等教育、师范教育、职业教育、民众教育、教育行政7个研究会。1937年迁重庆,抗战胜利后迁回南京。1944年起刊印年报,1948年各种专门研究会增至22个,并在全国设立26个分会,个人会员达2500人,团体会员108个。共举办过9届年会。1949年后解散
中国电影文化协会	1933	上海	夏衍	1933年2月9日成立,"左联"领导的电影文化界统一战线组织,由电影界各方面人士投票推选在上海成立了中国电影文化协会执行委员,有夏衍、田汉、洪深、沈西苓、聂耳、郑正秋、张石川、史东山、胡蝶等
上海各大学教职员联合会	1933	上海	康选宜	1933年3月成立,康选宜等31人为执行委员,沈钧儒等7人为监察委员。议决号召全国重振抵制日货运动,号召教育界总动员反对日本侵略,并督促政府筹备积极反攻策略,收复失地

续表

社团名称	成立时间	成立地/主要活动地	主要发起人/负责人	概况
江西省推行音乐教育委员会	1933	南昌	程懋筠	1933年3月设于江西省教育厅内,与国民政府教育部下设音乐教育委员会对应,主要从事音乐教科书编审和师资培养工作,下设民众娱乐指导委员会、戏剧组、音乐研究组、合唱队、钢琴班、提琴班、口琴班、抗敌歌咏团,创办《音乐教育》杂志,1940年因迁移经费困难解散,1946年1月在南昌恢复重建,同年9月被政府裁撤
中国新兴音乐研究会	1933	上海	聂耳	1933年春成立于上海,简称音乐研究会,成员有聂耳、任光、张曙、安娥等,为中国共产党领导的左翼音乐运动组织。经常集体讨论创作群众歌曲,探讨中国新兴音乐发展问题
苏区马克思主义研究会	1933	中央苏区	张闻天	1933年4月由张闻天提议建立的根据地干部学习研究马克思主义团体,8月中共中央组织局指示各机关和团体成立分会,受总会领导。1934年7月公布《马克思主义研究会的组织和工作大纲》,规定"有最低文化水平,愿意在理论上深造,且有时间参加研究者均可申请入会"。各分会将会员编入初级班、高级班或研究组,定期进行研究和学习。长征开始后停止活动

续表

社团名称	成立时间	成立地/主要活动地	主要发起人/负责人	概况
上海市职业指导研究会	1933	上海		1933年9月28日成立,以"研究职业指导与其相关工作之问题,以为实施及改进指导事业之辅导"为宗旨。倡议:高中毕业班最后一学期增设职业指导课程,以便学生升学与就业;各校对高年级学生经常组织参观农工商业机构,以增进实业知识,助长社会经验;各校将学生个性、学力、才能、兴趣调查表及时分送升学之校或服务之机构,加强学校与学校、学校与社会之间的联系,以期有针对性地对毕业生加以培养和任用
苏区消灭文盲协会	1933	中央苏区	钟增文	1933年10月经苏区文化教育建设大会决定成立,推钟增文等5人为临时中央干事会干事,组织遍设村、乡、区、县、省、中央,以村协会为基本组织,统一领导扫盲运动、夜校、识字班及半日学校工作。发动群众自己组织起来消灭文盲,动员有文化的会员积极参加宣传和教学工作。1934年初重订《消灭文盲协会章程》,规定会员的任务是负责教育或学习文字和常识。1934年10月红军长征后活动停止
上海市儿童幸福委员会	1933	上海	陈鹤琴	确定"促进社会重视儿童地位,发展儿童事业,以谋全市儿童幸福"为宗旨。设儿童健康部、研究部、事业部。选陈鹤琴、潘公展、李廷安、胡叔异、王贯一、刘王立明等为常务委员

续表

社团名称	成立时间	成立地/主要活动地	主要发起人/负责人	概况
鸿英教育基金会	1933	上海	叶鸿英	同安籍上海巨商叶鸿英捐私产50万元成立教育基金董事会,专办图书馆及乡村小学,叶任董事长,沈信卿、穆藕初任副董事长,由黄炎培任主管董事,基金董事会由蔡元培、沈恩孚、黄炎培、黄金荣、杜月笙、叶鸿英、沈信卿、江问渔、钱新之、魏文翰、翁文灏等15人为董事。资金储存在"四行储蓄会",名为"鸿英图书馆基金",钱新之为保管委员会主任。鸿英教育基金会委托中华职业教育社在沪西漕河泾开办鸿英师资训练所。在沪郊等设乡村教育实验区,开办四所鸿英小学,使附近的学龄儿童及失学成人皆能上学
中华乡村教育社	1934	南京		1934年1月在上海成立,以研究乡村教育,促进社会事业为宗旨,1933年6月呈国民党中央党部立案、教育部备案。成立时团体社员约3000人,分布15省区。1936年仍登记在册,1937年后未见活动

续表

社团名称	成立时间	成立地/主要活动地	主要发起人/负责人	概况
苏区红色教员联合会	1934	中央苏区		1933年10月,苏区教育建设大会决定成立苏区红色教员联合会;1934年2月,经教育人民委员部批准成立该联合会。凡小学的教员、校长,积极发展苏维埃小学教育的,都可以加入红色教员联合会为会员。任务是团结小学教员,研究教授管理儿童的方法,有组织有计划地领导儿童参加革命工作,并发展苏维埃小学的建设,改良教员本身的生活,实行教员群众互助。1934年2月批准颁布的《红色教员联合会暂行章程》规定,区建单独组织,一乡有三名教员以上者可建立小组,不建立县以上组织。长征开始后停止活动
江西艺术教育研究会	1934	南昌		1934年2月成立
中国地理学会	1934	南京	胡焕庸	1934年3月,由中央大学地理系主任胡焕庸以及翁文灏、丁文江、竺可桢等人发起成立于南京,抗日战争全面爆发后西迁重庆,抗战胜利后迁回南京。其主旨是搜集地理资料,传布地理知识,进行地理考察。主要从事地理调查研究和教学工作,出版《地理学报》季刊
中国国语罗马字促进会	1934	郑州	黎锦熙	1934年9月在郑州举行全国代表大会。认为汉字太难,改革办法是推行拼音文字。以普及国语、统一国语、扫除文盲为宗旨

续表

社团名称	成立时间	成立地/主要活动地	主要发起人/负责人	概况
中华艺术教育社	1934	上海	马公愚	1934年10月21日成立,由上海艺术界马公愚、施翀鹏、鄢克昌、施文彬、傅伯良等人发起。以普及艺术教育,发扬民族文化,提倡实用艺术,促进生产效能为宗旨。设置书法、绘画、工艺美术等课程,招收青少年面授学员。1935年曾在上海市中心区举办全国儿童绘画展览会,展品10万余件。全面抗战期间活动停顿,1939年出版中华艺术教育社丛书。抗战胜利后一度恢复活动
中国儿童文化协会	1935	上海	陈济成	1935年6月成立。以联络全国从事儿童及文化工作者研究儿童问题,发扬儿童文化为宗旨。会员有胡叔异、陈济成、董纯才、白桃、黄寄萍、黄警顽、何公超等。编辑《今日之儿童》等丛书,定期举办儿童书报展览,组织儿童活动图书馆
父母教育研究会	1935	上海		1935年6月由上海市教育界部分人士发起,旨在提倡父母教育,改进儿童生活,借《现代父母》月刊发表言论

续表

社团名称	成立时间	成立地/主要活动地	主要发起人/负责人	概况
中华卫生教育社	1935	镇江	胡安定	1935年7月成立,社址为镇江江苏省立医院,由陈果夫、周佛海、胡安定等人发起。宗旨为联络全国卫生及教育两界有志于卫生教育人士,专事倡导卫生教育,以谋中国卫生教育普及,并促进民族健康。1937年后几经迁移,1939年迁北碚,举办4次年会,出版《战时医政》刊物,举办4次大型卫生教育展览会,举行儿童健康比赛和民族健康运动。抗战胜利后迁回南京。研究专题主要有:社会卫生教育推行方案、学校卫生教育推行方案、战后卫生建设问题、推行民族健康运动及扩大心理卫生运动等
中国数学会	1935	上海	熊庆来	1935年7月在上海成立,宗旨是提倡并促进中国数学研究,成立大会于7月25日在上海交通大学图书馆举行,出席者有33人。中国数学会创建时的组织机构设有董事会、理事会与评议会,其成员有胡敦复、冯祖荀、周美权、姜立夫、熊庆来、陈建功、苏步青、江泽涵、钱宝琮、傅种孙等。创办有学术期刊《中国数学会学报》与普及性刊物《数学杂志》。七七事变后,各大学相继内迁,总会虽留在上海,会务一度停顿。至1940年会员散居后方,提议改组,成立新的中国数学会,设总会于昆明,会员曾发展到200余人,并发行《数学学报》

续表

社团名称	成立时间	成立地/主要活动地	主要发起人/负责人	概况
中国博物馆协会	1935	北平	马衡	1934年,北平故宫博物院院长马衡、北平图书馆馆长兼故宫博物院图书馆馆长袁同礼、中央博物院筹备委员傅斯年等联络博物馆界,倡议组织中国博物馆协会。经过1年的筹备,于1935年9月在北平景山绮望楼召开成立大会,通过了《中国博物馆协会组织大纲》,确定协会的宗旨是研究博物馆学术,发展博物馆事业,并谋博物馆之互助;确定主要任务:本互助之精神,谋未来之发展,唤起一般人对中国故有文化之注意与认识,联络各国博物馆,沟通学术文化。会议推举马衡为会长,袁同礼、翁文灏、沈兼士、朱启钤、叶恭绰、李济等15人为执行委员。还建立了专门委员会分工负责博物馆学术研究,博物馆建筑和陈列,审查出版博物馆学专著和论文,召开学术讲演会。1936年和中华图书馆协会在青岛联合召开第一届年会,1937年七七事变后会务停顿。抗日战争胜利后随着各地博物馆的恢复,1948年6月中国博物馆协会在北京复会,1949年自行解散

续表

社团名称	成立时间	成立地/主要活动地	主要发起人/负责人	概况
新安旅行团	1935	淮安	汪达之	1935年10月在淮安建立，14名成员为新安小学的学生，在旅行中进行抗日文艺宣传教育，"唤醒民众，共赴国难"，实践生活教育主张，得到陶行知赞助，校长汪达之为顾问。从淮安出发后，途经22个省市，行程5万余里，先后发展团员700余名，1938年春在团内建立中共支部，所到之处深入工厂、乡村、学校、部队、码头等运用多种形式开展宣传教育活动。1942年初到达盐城后在新四军领导下开展工作，编辑出版《儿童生活》《华中少年》《少年画报》，其成员不少成为演员、舞蹈家、导演、作家和美术家。1952年并入上海歌舞剧院
中国语言学会	1935	上海	胡愈之	宗旨为联络同志，研究关于语言的学术，促进中国语言的发展，增加中国语言的功能。胡愈之、叶圣陶、陈望道、夏丏尊、舒新城、曹聚仁、乐嗣炳7人为筹备委员
科学建设促进社	1935	上海	蔡元培	1935年蔡元培、朱家骅等人发起，以提倡科学知识，促进科学建设为宗旨
平津学生南下扩大宣传团	1936	北平		一二·九运动后的学生组织。1936年1月由北平学联与天津学联联合组成。分4个分团分别南下宣传抗日。1936年2月改编为中华民族解放先锋队

续表

社团名称	成立时间	成立地/主要活动地	主要发起人/负责人	概况
国难教育社	1936	上海	陶行知	1936年2月在上海成立,陶行知被选为国难教育社社长,张劲夫被推选为总干事,发表《发起组织国难教育社缘起》《上海国难教育社宣言》《国难教育社简章》,规定该社的宗旨是:"谋推进大众文化,实施国难教育,以启发中国大众争取中华民族之自由平等,保卫中华民国领土与主权之完整。"左翼教育工作者联盟的王洞若、丁华、张劲夫、方与严等人为骨干,有社会各界人士参加,初期社员三四百人,后发展到三四千人。国难教育社成立以后,在沪西、沪东、闸北、沪中、南市、浦东、大场等地区建立区团和社区团。国难教育总社设在上海,全国各地设立分社,总社下设总务、组织、指导、编辑、宣传5个部。国难教育社主要活动有:开办大众学校、读书会、时事研究会;开办新文字补习班;开办国难教育讲习班;举办军事、防毒救护、运用交通工具等常识技术讲习班;举办国难演讲、旅行演讲;组织巡回电影放映团、巡回演讲团、巡回唱歌团、巡回戏剧团、弄堂流通图书馆、马路流通图书馆、乡村流通图书馆;出版大众社会小丛书、大众自然小丛书、大众剧本、大众诗歌、大众小说、大众唱本、大众说书、大众连环画;出版大众国难读本、各级学校国难补充教材;调查各地国难教育之设施及敌人文化侵略之实况;介绍前进书报;等等。1937年七七事变后,陶行知将国难教育运动转变为战时教育运动,上海沦陷后,骨干成员转移到武汉组建抗战教育研究会,后又加入全国战时教育协会

续表

社团名称	成立时间	成立地/主要活动地	主要发起人/负责人	概况
中华法律教育会	1936	上海		1936年2月成立,复旦大学等11校代表李登辉、杨永清、金通尹、沈钧儒等20余人到会,通过了《中华法律教育会简章》,规定国内专科以上学校之有法律系者组织之,以改进法律教育为宗旨。关注改进法律教育,提高国民法律知识
中国心理卫生协会	1936	南京	吴南轩	1936年4月19日由吴南轩等人在南京发起成立,强调心理建设与物质建设为复兴民族两大基础,而心理卫生则为心理建设之前提工作。设心理卫生图书室
中华体育学会	1936	南京	郝更生	1935年5月筹备,1936年5月16日郝更生等人在南京中央大学开成立大会。抗日战争全面开始后西迁重庆,抗战胜利后迁回南京。主要从事体育研究和教学工作,以研究体育学术、改善民族体质为主旨,拟定中等学校运动成绩量表,审定体育名词,召集体育座谈会,出版《中华体育》双月刊
中国民生教育学会	1936	上海	邰爽秋	1935年11月22日召集发起人组织筹备会,国内教育、实业各界人士500余人在沪发起,1936年5月3日召开成立大会并通过学会宣言和章程,1939年加入中国教育学术团体联合会。以"研究及推行民生本位教育"为宗旨,重在以教育力量发展人民生计,改进民众生活。曾办有中国民生建设实验院,在沪办有民生补习学校多所。全面抗战期间迁重庆。办有会刊《民生教育》月刊与《教育与民生》周刊

续表

社团名称	成立时间	成立地/主要活动地	主要发起人/负责人	概况
中华健康教育研究会	1936		朱章赓	因全国学校卫生技术会议通过的议案而成立。推朱章赓、袁敦礼等9人为理事。大会曾发宣言，促使全国注意学校卫生教育
中国地理教育研究会	1936	南京	胡焕庸	1936年成立于南京，会员200余人，主要为大、中学校任教的地理教师。1937年迁重庆，抗战胜利后迁回南京中央大学，胡焕庸负责社务，设正、副常务理事各1人，理事7人，经费来自教育部津贴及会费、社会捐助，出版《地理教育》月刊，曾编纂大、中学校应用地理挂图（中国地理教学挂图、世界地理教学挂图各12幅）、地理教科书
浙江省民众教育委员会	1936	杭州		为辅助教育行政机关规划，并促进全省民众教育起见设立，由当然委员和聘任委员组成
上海市学生助学联合会	1936	上海	陈震中	由之江、沪江、大夏、圣约翰等校学生，为自救自助而发起组织，参加者计有高等及中等学校90余单位。主要进行募捐活动，补助贫困学生
中国心理学会	1937	南京	陆志韦	1937年1月24日，陆志韦等人发起的中国心理学会成立大会在南京国立编辑馆礼堂举行。该会与1921年张耀翔发起成立的中华心理学会有延续关系，中华心理学会成立数年因经费困难而停止活动。中国心理学会主席为陆志韦，会刊为《中国心理学报》，刚成立不久因抗日战争全面爆发而停止活动
西方语文学会	1937	北平		1937年1月在北师大举行首届年会，到会各地代表百余人，会议通过：(1)组织广播英语委员会；(2)开办基本英语试验训练班

续表

社团名称	成立时间	成立地/主要活动地	主要发起人/负责人	概况
中国教育学术团体联合会	1937	南京	张伯苓	1937年春,教育界人士因感国内各教育学术团体有互相联系的必要,于是由中国教育学会邀集中华儿童教育社、中华职业教育社、中国社会教育社等教育学术团体在南京成立联合办事处。7月曾开紧急会议,就世界教育会议准许伪满洲国参会一事提出抗议,并拒绝参会。全面抗战开始后,联合办事处西迁入川。1938年各团体为密切合作,协同推行国家教育政策,沟通国际文化,共谋教育事业之发展,将办事处改为中国教育学术联合会。1938至1945年先后举行4次联合学术年会。1944年5月6日,在重庆举行的第三届联合年会上,决议将中国教育学术联合会正式改名为中国教育学术团体联合会。该会主要工作除主持联合年会加强各团体之密切联系外,曾刊行《建国教育》季刊,报道各团体概况,研讨当时各种教育问题,此外还举办学术演讲、教育问题座谈会等

续表

社团名称	成立时间	成立地/主要活动地	主要发起人/负责人	概况
陕甘宁边区体育运动委员会	1937	延安	冯文彬	1937年陕甘宁苏区延安五一运动会上人们提议边区政府应该成立一个全面负责组织、领导和协调边区体育工作的机构,在5月5日的延安五一运动会上通过决议,决定成立陕甘宁边区体育运动委员会,并推选委员17人。5月10日召开第一次全体委员会议暨成立会,公推朱德为名誉会长,林伯渠、徐特立为名誉副会长,冯文彬为会长,孙强和高朗山为副会长。早期指导思想是:开展体育运动,为无产阶级服务,为打败日本法西斯服务。在全军经常组织比赛和表演,选拔优秀选手去指导普及。后来开始将工作目标由原有的体育主要服务于军事斗争需要而转向学校体育和群众体育的发展。体育运动委员会下设组织部、体育指导部、体育建设部和总务部4个具体办事机构
中等特种教育协会	1937	上海	潘公展	1937年6月成立。认为在当时特殊环境下,必有特殊教育以相适应,除政治、经济、军事诸方面应行努力外,教育界更要努力,以求解除国难。主张将机械的、静止的教育变为精神的、动的教育,将个人主义教育变为民族主义教育
中华聋哑协会	1937	上海	何云麟	1937年6月由何云麟、孙祖惠等创办。以联络感情,增进聋哑人福利为宗旨。总会设在上海,在杭州、南京、北平、重庆、镇江等地设分会,会员2000余人,在各地附设中华聋哑学校,编印《暗铎》月刊,组织哑协篮球队、美术致用社等,举行全国聋哑艺术展览会等活动

续表

社团名称	成立时间	成立地/主要活动地	主要发起人/负责人	概况
上海学生救亡协会	1937	上海		1937年10月28日由留日同学救亡会、平津流亡同学会、暨南大学留沪同学会等8个团体发起成立。理事会由17个团体单位组成。该会团结上海地区学生进行抗日救亡、宣传、募捐、慰问抗日将士、抢救伤员等工作,创办机关刊物《学生生活》。1938年3月召开第二次代表大会,将理事会改成执行委员会,由7所学校代表组成。1941年夏停止活动

这一时期新建的与教育相关的社团还有:1927年11成立的中山大学民俗学会,1928年成立的中华林学会,1929年8月成立的中国古生物学会,1930年组织的中国园艺学会、中国纺织学会、杭州中国民俗学会,1931年4月建立的中国水利工程学会等。① 一些文献中还列述了首都幼稚教育研究社、南京图书馆协会、南京市私塾教育改进会、山东图书馆协会、福建三民主义教育促进会、福建民众教育社等教育社团。

从表3-2可以看出,这一时期的教育社团的基本特点是定位和作用都有较大的调整,数理化各学科与专业性社团有新的发展。各社团都更加深入到教育的基层和教育实践中去解决教育的问题。相对而言,在全国性的教育政策制定方面,教育社团发挥的作用比前一阶段下降。就各个具体的教育社团而言,它们所发挥的作用也参差不齐,影响力的大小与专业程度的深浅差别较大。

一些教育社团是在专业人员对外交流的推动下成立的。1931年10月,清华大学与北京大学联名邀请国际联盟中国教育考察团成员之一的法国物理学家郎之万教授北上讲学。郎之万建议中国物理学工作者联合起来成立中国物理学会,还建议中国物理学会加入国际纯粹与应用物理学联合会,参加1933年在芝加哥召开的世界物理协会年会。叶企孙等人便积极筹备成立了中国物理学会。

当时也有一些机构对社团的情况做过统计,但由于口径不一,信息不全,很

---

① 王世纲主编《中国社团史》,安徽人民出版社,1994,第397页。

难与将各种资料综合起来的情况对上号,从留存信息角度将它放在这里供参考。

表3-3　1934年度学术团体概况①

类别	团体数（个）	岁出经费数（元）	职员数（人）	会员数（人）	出版物总数（种）
普通类	22	218289	551	13625	209
理科	8	101289	2479	1287	22
农林	4	3197	48	2664	9
工程	10	99338	372	7385	15
医药	12	39027	245	4800	74
以上实类各科合计	34	242851	3144	17036	120
文艺	8	3525	93	448	12
社会科学	22	20046	594	5804	128
教育	16	280506	620	15329	514
以上文类各科合计	46	304077	1307	21581	654
体育类	7	4373	110	684	1
总计	109	769590	5112	52926	984

说明:会员总数52926人中有新添会员1784人;出版物总数984种中有丛书399种,期刊84种,其他501种;各类各科之百分比,普通类20.2%,实类理农工医合计占31.2%,文类文艺社会教育各科合计占42.2%,体育类占6.4%。

在这期间,一些地方的教育社团也迅速发展,例如,江苏省民众教育分区研究会便是一例,该会1932—1937年前后开展活动,江苏省成立了8个分区民众教育研究会,参加单位为各民教区内县以上民众教育机关和单位。研究会分辖地区分别是:第一区辖省立民众教育馆及丹阳、武进等7县;第二区辖省立江宁民众教育馆及句容、溧阳等7县;第三区辖省立教育学院及吴县、江阴等8县;第四区辖省立俞塘民众教育馆及宝山、嘉定等9县;第五区辖省立南通民众教育馆及如皋、启东等8县;第六区辖省立清江民众教育馆及淮安、泗阳等9县;第七区辖省立徐州民众教育馆及铜山、砀山等8县;第八区辖省立东海民众教育馆

---

① 资料来源:《二十三年度学术团体概况》,《教育杂志》第26卷第8号,1936年8月10日。表中数据计算有误,原文如此。

及灌云、沭阳等6县。江苏的教育社团区县延伸发展比较完备,在这一阶段其他的省教育社团也有向区县发展的趋势,总体来讲,只是活动的经常性和组织的完备性相对较弱。

3. 1938—1945年的困难维持期

1937年日本全面入侵中国改变了中国社会的生态,对中国的教育社团造成了致命的伤害,大量的教育社团做出应急性调整,或南迁、西迁转移,或由于经费、活动场地以及人员等方面的原因无法开展活动。在条件极端困难的情况下,依然有中国物理学会等一批教育社团继续开展活动,但是也减少了活动的频次,压缩了活动的内容,或将社团的活动让位于抗战,或以抗战作为活动的主题,或多个教育社团抱团组合以渡过难关。多数存续的教育社团随战争的情况变化西迁到重庆、桂林等地开展活动,为了维持社团的存续中国教育学会等教育社团合并组建成为新的社团开展活动。

在1938—1945年间,新建的教育社团数量不多,但仍然有全国抗战教育协会、战时儿童保育会等与抗战相关的教育社团建立,生活教育社也在桂林正式公开成立。这一时期新建立的教育社团见表3-4。

表3-4 1938—1945年成立的中国主要教育社团一览[①]

社团名称	成立时间	成立地/主要活动地	主要发起人/负责人	概况
全国战时教育协会	1938	武汉		1938年2月,由在武汉的中华职业教育社、中国教育学会、教育短波社、教与学月刊社等10余个教育团体组成。主张抗战教育应以学校教育为中心,尽量保持学校原有状态,同时与抗战局势相结合

[①] 资料来源:顾明远主编《教育大辞典》第10卷,上海教育出版社,1991。同时参考其他多种史料核实修改。

续表

社团名称	成立时间	成立地/主要活动地	主要发起人/负责人	概况
战时儿童保育会	1938	汉口	宋美龄	以救济、教育战时难童为宗旨。1938年1月24日在武汉召开战时儿童保育会发起人会议,决定成立战时儿童保育会,3月正式成立。推选出理事56人,宋美龄为理事长,李德全为副理事长。战时儿童保育会下设:秘书处、设计委员会、组织委员会、宣传委员会、保育委员会、输送委员会、经济委员会。办有多家保育院,武汉失守后搬迁至重庆,整个全面抗战期间战时儿童保育会抢救和保育了3万余名难童,在全面抗战时期各难童救济团体中成效最为突出
陕甘宁边区国防教育会	1938	延安	成仿吾	1938年4月成立,前身为1937年12月在陕北公学成立的国防教育研究会,1938年4月11日在延安召开第一次代表大会,会期4天,推选成仿吾、周扬、徐特立等29人为第一届执委会。旨在团结教育界人士共同抗日,主要任务:推广妇女教育,普遍成立新文字促进会,创办国防教育定期刊物,普遍成立文化合作社,改良小学教师生活以及组织教育巡视团等
中国战时儿童救济协会	1938	武汉		1938年4月成立,筹设教养院、教养团各若干以收容流亡武汉的儿童,对6岁以下的儿童施以保育与幼稚教育;6—12岁的儿童施以国民教育;13—16岁的儿童施以工读教育
中国医药教育社	1938	重庆	陈文虎	1938年11月间由陈文虎等50余人发起成立。以研究并刷新中国医药教育为宗旨。主要从事编纂教材,草订中医专校课程表,设立中医研究班,建议政府设立中医教育机构,主办中医内科治疗所等工作

续表

社团名称	成立时间	成立地/主要活动地	主要发起人/负责人	概况
江西地方教育研究会	1938	南昌		1938年11月成立
生活教育社	1938	桂林	陶行知	1938年12月15日在桂林正式公开成立。该社成员事实上从1927年创办晓庄试验乡村师范学校的时候就以乡村教育先锋团的形式开展活动,此后每逢恰当时机就聚会研讨,与国难教育社、生活教育杂志社、战时教育杂志社在人员和组织上存在关联。宗旨为:探讨最合理最有效之新教育原理与方法,促进自觉性之启发,创造力之培养,教育之普及,及生活之提高。陶行知为理事长,王洞若、操震球、刘季平、戴伯韬、方与严等13人为常务理事。1939年4月设重庆办事处,组建晓庄研究所和育才学校。1940年6月成立延安分社,1946年组建重庆、成都、上海分社。同年,总社、研究所、编辑部均迁至上海,社员发展至2000余人,分布于全国各地。主要活动为运用生活教育理论开展教育实践,创办学校,举行演讲、演出,编辑出版《生活教育》《战时教育》《民主教育》以及丛书
中国识字教育社	1938	上海	王瑞炳	1938年设立。工作有推行识字学术演讲,举办展览会等,并研究习字法、识字图。
晋东南文化教育界抗日救国总会	1939	沁县	李伯钊	1939年5月在山西沁县召开的晋东南文化教育界代表大会上,成立了晋东南文化教育界抗日救国总会,推举李伯钊、王振华、张柏园、郝汀、王玉堂等23人为理事。总会会址设在沁县南沟

续表

社团名称	成立时间	成立地/主要活动地	主要发起人/负责人	概况
陕甘宁边区自然科学研究会	1940	延安	吴玉章	1940年2月5日在延安成立,成立大会有1000多人参加。吴玉章为会长。研究会宗旨是进行自然科学的教育和研究,推进生产事业和经济建设事业,使自然科学为抗日战争服务。任务是:开展自然科学大众化运动,从事自然科学的探讨;开展自然科学与社会科学统一问题的研究;与全国自然科学界取得联系。下设有医药学会、农学会、化学会等分会
陕甘宁边区新文字协会	1940	延安	吴玉章	1940年11月在延安成立,由林伯渠、董必武、吴玉章、徐特立、周扬等99人发起,得到毛泽东、王稼祥等54人赞助,发表《陕甘宁边区新文字协会成立缘起》。以《新文字报》周刊作为会刊
儒学会	1940	昆明	王维诚	1940年夏在西南联大成立的学术团体,不定期请著名学者小范围做专题演讲,学生可自由参加讨论,吴宓、汤用彤等都是儒学会成员,并都应邀做过演讲,成员总数不到10人
苏北文化协会	1941	盐城	钱俊瑞	1941年4月16日成立,刘少奇出席成立大会并讲话,钱俊瑞、夏征农等25人为第一届理事,任务是团结文化和教育界人士开展根据地的文化教育工作
晋察冀边区新教育研究会	1941		成仿吾	1941年6月成立,成仿吾、江隆基等人负责,任务是团结爱国进步的教育工作者,向敌伪奴化教育做斗争
陕甘宁边区新教育学会	1942	延安	徐特立	1942年1月在延安成立,大会通过新教育学会简章,选徐特立、吴玉章、柳湜、马济川、霍仲年、董纯才等17人为理事。任务是研究教育理论,帮助改善地方教育设施,广泛宣传教育的意义,唤起一般社会人士对教育的重视,团结边区内外教育工作者,建立教育工作的统一战线

续表

社团名称	成立时间	成立地/主要活动地	主要发起人/负责人	概况
中国英语学会	1942	成都		1941年发起组织,1942年3月正式成立于成都,以研究英语为宗旨。出版刊物及图书,编译短篇英文爱国故事及适合中国的英文戏曲等。曾开办英语训练学校、英语研读班
中国心理建设学会	1942	重庆	王寒生	1942年2月成立于重庆,王寒生为理事长,主要从事心理研究和心理测验,发行《心理建设》,抗战胜利后迁南京
胶东区教育研究会	1944		李国屏	1944年6月成立,以李国屏、罗竹风、黄狮等7人为委员,并主办《教师之友》杂志
苏中教育学会	1944		刘季平	1944年8月成立,成立大会选举刘季平为会长,刘伯厚、孙蔚民为副会长,通过"苏中教育学会组织简则"十二条。学会宗旨是"在坚持抗日民主立场,贯彻学用一致精神,为进步政治服务三大原则下,团结全苏中教育同人,坚持斗争,准备总反攻,建立新中国,提高新民主主义教育理论与实际的研究,交换经验,创造榜样,建设苏中新教育"。苏中教育学会成立以后一些分区、县成立了组织,开展了活动,成为贯彻新学制,推动教育政策的重要力量

续表

社团名称	成立时间	成立地/主要活动地	主要发起人/负责人	概况
上海小学教师联合进修会	1945	上海	葛志成	1945年8月成立,简称"小教联",中共江苏省委教师工作委员会秘密领导的教师团体,以"为民主教育努力,为全体小教同人努力,为全人类努力"为工作方针,设理事会和监事会,葛志成、柯执之为正、副理事长,下辖康乐、学术、福利和职业保障部,并将全市划分为11个区设区分会。"小教联"坚持四大团结(团结教师、团结校长、团结家长、团结学生),发扬三爱精神(爱儿童、爱学校、爱教育事业),积极开展活动。发动、团结、组织小学教师提出学校经济公开、学校民主管理、增加教育经费,领导教师同国民政府进行斗争。出版会刊《教师生活》,举办星期晨会、星期讲座,曾邀请陶行知等民主人士演讲。1948年曾举行"反饥饿,求生存"的请愿,后被国民政府宣布为"非法"组织而解散
中国福利基金会	1945	上海	宋庆龄	是保卫中国同盟的后继组织,从事妇幼卫生、文化教育和社会救济事业等工作

从表3-4可以看出,这一时期新建的教育社团不只数量较少,活动范围也相对较小,活动内容大都与抗战直接相关,受战时环境限制,活动的经常性与规范性均不足,多数社团存续的时间不长。

其中值得注意的是生活教育社的公开成立,它的成立过程较为特别,经过十余年积累后以新的形式出现,继承了中华教育改进社的余脉,经历了乡村教育同志会、乡村教育先锋团、生活教育杂志社、普及教育助成会、国难教育社、抗战教育研究会等多个形态,其内在精神具有一贯性,关键人物是陶行知及晓庄试验乡村师范学校的师生。

1938年后,除了生活教育社,中华职业教育社也在广西设立分社,中国教育学会在桂林设立分会,加上原有的广西省教育会、广西省教育研究会和1942年建立的桂林市教育会,使桂林成为教育社团活跃的区域,教育社团经常组织讨论教育问题,采取措施实施战时教育。

4.1946—1949年的短暂恢复期

1945年中国的抗日战争随着世界反法西斯战争的胜利而取得胜利,各行各业迅速恢复发展的生机与活力,教育社团也获得了快速的恢复和发展。抗战中停止活动的一些教育社团又恢复了活动,西迁的一些教育社团迁回东部原来的社址开展活动,教育社团也在新的政治环境下出现分化,同时还有少量教育社团建立。

这一时期新建立的社团见表3-5。

表3-5 1946—1949年成立的中国主要教育社团一览①

社团名称	成立时间	成立地/主要活动地	主要发起人/负责人	概况
上海市中等教育研究会	1946	上海	叶克平	1946年1月举行成立大会,简称"中教会",为中共江苏省委教师工作委员会秘密领导的教师团体,前身是上海市中等教育研究社,以基督教青年会的附属团体作为掩护开展工作,以"研究学术,联络感情,互谋福利,改进中等教育"为宗旨。设理事、监事,叶克平为理事长,段力佩为监事长,下设总务、学术、联络、福利4部。以"发展进步势力,争取中间势力,孤立顽固势力"为工作方针。举行学术讲座、时事报告会和文艺晚会,组织提高教育经费、公私立学校待遇平等的斗争,参加发起六·二三政治斗争。在上海《文汇报》编发《教育阵地》周刊38期,制造斗争舆论。后将《教育阵地》改组为会刊《中等教育》。曾举办清寒学生免费助学考试;与"小教联"发起抢救教育危机大游行,提出"帮助困难学校""减轻家长负担""提高教师待遇""不让一个学生失学""不让一个教师失业"等口号。举办中等教育展览会,暴露国民党反动派统治下的教育危机。1946年6月,脱离青年会,1949年春,并入上海市教育协会

① 资料来源:顾明远主编《教育大辞典》第10卷,上海教育出版社,1991。同时参考其他多种史料核实修改。

续表

社团名称	成立时间	成立地/主要活动地	主要发起人/负责人	概况
上海私立中小学联合会	1946	上海	蒋纪周	1946年1月成立,参加者有中等学校231校,小学975校。除选出理事会、监事会外,还设有学校行政、训育、教材、出版、校舍维修5个委员会
苏皖边区中等教育研究会	1946	淮安		1946年2月成立,任务是团结中等学校教员及热心研究中等教育的人士,共同为实现新民主主义教育而奋斗
中国技术协会	1946	上海	王天一	1943年10月3日由上海电话公司工程师王天一发起,联合清华、交大、大同等一批技术人员在中国科学社成立"工余联谊社"。到1945年1月第十次交谊大集会时有220余名成员,8月26日决定改名为中国技术协会,创办《工程界》月刊,举办技术讲座和夜校。1946年3月17日中国技术协会正式成立,通过章程确定宗旨为团结全国技术人员,致力国家建设,普及技术教育,促进学术研究,谋求共同福利。推举宋名适为理事长,王天一、闵淑芬为常务理事
上海大学教授联谊会	1946	上海	张志让	1946年秋在上海成立,简称"大教联",为中国共产党领导的进步教授组织,干事会为最高组织,每届干事会由会员大会无记名投票选举7人,最多不超过9人。张志让、沈体兰为正、副召集人,李正文任秘书(书记),会员包括马寅初、翦伯赞、叶圣陶、陈望道、周予同、周谷城、楚图南等。常以聚餐会的方式开展活动,讨论时局、讲演,开始每周一次,后改为两周一次,常以个人署名的方式在报刊上发表言论,反对国民党反动派的专制统治,反内战、反迫害、反饥饿,支援学生运动。1947年暑假设立文化研究社以解决被解聘教授的生活和工作问题。1948年底因国民政府开始秘密逮捕而停止聚餐活动,1949年初改由曹未风主持工作,上海解放后停止活动

续表

社团名称	成立时间	成立地/主要活动地	主要发起人/负责人	概况
哈尔滨市教育协会	1946	哈尔滨		宗旨是团结为新民主主义教育服务之教育人士，互相研究，求取进步，互相帮助，克服困难，在教育岗位上促进民主建设事业
上海教育界同人团体联合会	1947	上海		简称"教团联"。由上海各教育团体推派代表参加，推派代表的有大教联、小教联、中教会、职业教育社、教职员工消费合作社等。主要工作为广泛开展教育界、文化界上层人士的团结工作
中国英语教学研究会	1948	南京		1948年3月成立于南京，以联合英语教学专业人士研究并改进各级学校的英语教学为宗旨。设立理事会和监事会，举办在职中学英语教师进修会，从事有关英语教学的研究，编纂《英语教学》杂志及有关英语教学的书籍
上海市教育协会	1948	上海		1948年冬由上海小教联、中教联、大教联及许多教育团体共同合组成立。其宗旨为：团结上海教育工作者，保护共同利益，争取自身解放，并与劳动人民相结合，团结广大人民，为实现新民主主义，建设新民主主义教育而努力
辽宁省教师教学研究会	1949			由辽宁6所中学的30位教师组成的教学研究会，着重研究国文、算术、政治常识三科的教学方法

  这一时期新建的教育社团主要为中国共产党领导的教育社团，恢复和发展的还包括一些教育社团的地方分支机构，例如：1948年5月，中国教育学会江西分会成立，但此后不久便由于不开展活动而自行消亡。其他的教育社团也在这一期间偶尔开展活动，但受战争环境影响都不够正常。

三、各主要教育社团的存续图谱

  在中国现代教育社团的发展中，虽然教育社团的数量众多，大多数社团仅仅在某一个领域和某一个区域发挥作用,它们对教育的影响无疑具有局限性。但是这些社团所发挥的作用依然不可忽视,它们在很多情况下对教育的最基层发挥着直接的作用,这些直接的作用给教育留下的影响是深刻而细致的,所以不少口述历史的人,都还能记得某一个具体的教育社团对自己的人生成长或专业发展所发挥的巨大的作用。另一方面,作为那个时期的社团群体的一分子,它们的存在和所开展的活动,激活了社团活动的微循环,对其他社团活动产生了助推作用、联结作用,它们的不少活动就是对更大的社团活动的响应和承接,所以它们对社团的整体环境状况有一定的作用。那些在某一专业领域的社团,其专业精深程度是综合性教育社团难以企及的,可以将综合性教育社团提出的教育理念贯彻到专业教学之中。只是从整体上看,它们的局限性在于未能全面、整体地影响中国教育的转型和发展。因此,有必要对那些影响中国整体发展的主要社团加以分析,研究它们对中国教育发展的作用。

分析中国主要的教育社团,首先还是需要从它们存续的时间着手。选取主要教育社团的标准和依据是它们的综合影响,及它们对改进中国教育所发挥的作用和给中国教育留下的实际遗产。主要包括它的主要成员在该社团平台上对中国教育发生的影响,它的思想和观念的容量及其对中国教育产生的作用,它对中国教育体制、机制、课程及教学实践的改变量。综合考虑上述因素,不少名称中带有"中国""中华"字头的教育社团没有入选,而曾一度对全国教育发生影响的江苏教育会也因其全国性影响的短暂而未入选。最终选定的为13个,它们的存续期见图3-1。

存续时期

社团名称	1915	1916	1917	1918	1919	1920	1921	1922	1923	1924	1925	1926	1927	1928	1929	1930	1931	1932	1933	1934	1935	1936	1937	1938	1939	1940	1941	1942	1943	1944	1945	1946	1947	1948	1949
全国教育会联合会					■	■	■	■	■	■	■	■																							
中国科学社		■	■	■	■	■	■	■	■	■	■	■	■	■	■	■	■	■	■	■	■	■	■	■	■	■	■	■	■	■	■	■	■	■	■
中华职业教育社			■	■	■	■	■	■	■	■	■	■	■	■	■	■	■	■	■	■	■	■	■	■	■	■	■	■	■	■	■	■	■	■	■
华法教育会			■	■	■	■	■	■	■	■	■	■																							
少年中国学会					■	■	■	■	■	■	■																								
中华基督教教育会							■	■	■	■	■	■	■	■	■	■	■	■	■	■	■	■	■	■	■	■	■	■	■	■	■	■	■	■	■
中华教育改进社								■	■	■	■	■	■	■																					
中华平民教育促进会											■	■	■	■	■	■	■	■	■	■	■	■	■	■	■	■	■	■	■	■	■	■	■	■	■
中华教育文化基金会											■	■	■	■	■	■	■	■	■	■	■	■	■	■	■	■	■	■	■	■	■	■	■	■	■
国家教育协会																							■	■	■	■	■	■	■	■	■	■	■	■	■
中华儿童教育社													■	■	■	■	■	■	■	■	■	■	■	■	■	■	■	■	■	■	■	■	■	■	■
中国教育学会													■	■	■	■	■	■	■	■	■	■	■	■	■	■	■	■	■	■	■	■	■	■	■
生活教育社																								■	■	■	■	■	■	■	■	■	■	■	■
该年主要社团数	2	3	4	5	6	6	7	7	8	9	10	9	7	5	6	6	6	6	6	7	7	7	8	8	8	8	8	8	8	8	8	8	8	8	8

图 3-1 主要教育社团存续图

主要教育社团存续图谱反映了中国主要教育社团存续的整个轮廓。可以看出1915年是有全国性影响的主要教育社团发展的起点,这一年全国教育会联合会与中国科学社建立。1917年中华职业教育社建立,1925年达到主要教育社团存在数量的高峰,有10个主要教育社团同时存在,此后则由于少年中国学会、全国教育会联合会、中华教育改进社、国家教育协会相继终结,全国性主要教育社团的数量开始下滑,到1928年跌到最低点,仅有5个全国性教育社团。随着1929年中华儿童教育社成立,1933年中国教育学会建立,1938年生活教育社公开成立,此后全国性教育社团在较长时间内保持8个。

1949年后,仅有中国科学社和中华职业教育社还继续在大陆开展活动,中华教育文化基金会迁到台湾开展活动,其他教育社团均未能继续开展活动。

从图中所列社团的情况看,社团的影响大小在一定程度上与社团规模大小、人员多少有一定的相关性,但又不简单表现为社团规模越大影响就越大,成员越多影响就越大。而是同时与社团成员的思想内涵、社会地位,其思想的可传播性,所关注的问题与社会实际存在问题的切合度,公众的关注程度相关。国家教育协会规模不大,成员人数不多,存续的时间不到3年,但由于它所提出的教育权问题几乎为全民所关注,所以在全国产生了巨大的影响。

从影响力大小看,当一个社团的宗旨新颖,能倡导新教育思潮,解决教育问题,针对性强,与原有教育的反差大的时候,它就能发生较大的影响。中华教育改进社就属于这种情况。但这样的教育社团所遇到的社会阻力也就更大,维持持久的难度和成本都会更高。

由图3-1还可以看出,社团的存续期长短与它发挥作用的大小并不完全相等同,像全国教育会联合会、中华教育改进社、国家教育协会、少年中国学会存续的时间都不算长,但是对中国新学制的建立、理科教育的发展、教育统计的实施、新教育思潮的普及、收回教育权运动发挥了重大的作用。当然如果这些社团能够存在更长的时间,它们所能发挥的作用将会更大。

从图中可以看出,社团存续时间的长短主要与社团的内部组织结构、社团的性质、社团的外部环境和空间直接相关。

从外部的环境看,全国教育会联合会、中华教育改进社、国家教育协会、少年中国学会的终止都与当时的政治环境相关。唯有中国科学社由于与政治的相关性较弱,从1915年建立后一直延续到1959年被政府接收,算是存续期最长的一个社团。中华职业教育社则由于1940年后转变成带有政治性质的社团,且在1949年后与政府的政治倾向保持一致,也维持了较长的时间,但是到1966年还是由于政治的原因而中止了活动。中华平民教育促进会由于政治倾向与政府相左不得不于1950年中止了活动。少年中国学会可以说是始于政治运动终于政治运动。

从内部结构看,全国教育会联合会本身是多个省教育会联合组成,1926年由于各个省教育会难以为继,联合会也就自然消亡。中华教育改进社发展到1926年已经成为一个相当庞大的体系,并且要依靠政府的经费资助以及社员单位和社会各方的支持,当这些条件发生变化的时候,中华教育改进社的机体就难以维持运转;生活教育社恰恰是另外一种情况,事实上从1927年晓庄试验乡村师范学校创立之后建立的乡村教育同志会就是它的起点,这个组织内部的活动一直以乡教丛讯社、生活教育杂志社、国难教育社等各种形式在进行活动,但直到1938年才在桂林公开正式成立。

从社团的性质看,激进的国家教育协会可谓昙花一现,相对理性的中国科学社、中华职业教育社则能够维持持久,离政治较远的社团存续时间相对较长。少年中国学会由于内部存在不同主义,最终虽经各种努力仍然难以维持。

经费也是决定社团能否存续下去的原因,中华教育文化基金会由于有充足的经费保障,自1924年建立后就一直延续下来,1950年迁往台湾后仍继续做了大量的教育文化事业,而中华教育改进社的终止在很大程度上是由于经费来源不济。其他几个主要教育社团的发展过程中都不断地受到经济困难的困扰。

四、现代教育社团的类别与功能

中国现代教育社团突破了地域限制,集合了有志于谋求教育发展的专业人士,在当时特定的历史条件下形成风气和力量,显现出一定的多样性,不同社团发挥了各自有所差异的功能。总体上,良好的教育风气之建立,教育学术团体"天然是最适宜担负这一伟大任务的"[①],多数的社团并不是功能单一的存在,而

---

① 常道直:《教育风气与教育团体》,《教育杂志》第33卷第1号,1948年1月。

是同时发挥了多种功能,对于这些社团的类别与功能进行了解是对社团整体形态认识的一个重要方面。

1.类别多样的教育社团

教育社团本身就是各类社团中的一个种类,依据不同的标准对社团进行分类时就会发现一些社团是多种性质兼备的,具有教育性的社团可能同时具备政治性、科学性、艺术性、道德性、军事性、实业性以及其他各种特点,或者是与教育相关的某一思潮或运动相联系。它们大多数以学校或其他教育实体为载体。在此对教育社团进行分类时,视野当然要覆盖所有的具有教育性质的社团。

在教育社团内部,依据不同的标准会得出不同的分类结果。从业务范围可分为综合性教育社团与学科性教育社团;从影响的范围分类,可以分成全国性的、地域性的;以专业门类分,可以分为思想文化类、科学类、艺术类、体育类;以成员来划分,又有教师、学者、学生的社团;以组织基础来划分,有纯民间的社团、半官方的社团;以活动内容和追求目标分,又可以分为传统的社团,如国学会、孔教会、儒学会等,以及新潮的社团,如女子教育会、欧美同学会、浙江新潮社等。这里综合考虑各方面因素将教育社团分为以下几类:

第一类:中央、省、市、县教育会。从1905年江苏学务总会建立起,各省相继建立教育会,一些县也先后建立教育会,这些教育会的主要功能是研究本地的学务,有时也参与一些本地学务的管理。由于这类教育社团与政府的教育行政管理部门关系密切,经过1912年、1927年两次大的变化,各地的教育会人员进行了大批的更替,但教育会的基本定位保持了相对连续性。1915年前后,全国大多数省份都有了教育会,只有少数的县建立了实际运行的教育会。1915年到1925年是教育会功能发挥最充分的时期,1927年后,各地教育会逐渐沦为形式上的摆设,对教育的参与度和改进的动力明显降低。

第二类:教育思想导向的教育社团,如中华教育改进社、华法教育会、国家教育协会、少年中国学会、中国教育学会、生活教育社等。这类教育社团的总数不多,但它们的思想传播面广,远远超过了社团自身的组织范围,也跨越了它们的存续期,因而影响巨大。它们产生和发挥作用的主要时间也是在1915年到1926年期间。

第三类：以基金会为基础的教育社团。如中华教育文化基金会、哈佛燕京学社、鸿英教育基金会等。这类社团为数不多，在提供基金资助的时候，有其观念和价值取向。由于它们有充足的资金支持，能够维持的时间比较久，运行得比较平稳。

第四类：教育专业领域的社团。这类社团为数最多，也最具有多样性，例如通俗教育研究会、中国科学社、全国师范教育研究会、教育法令研究会、中华图书馆协会、中华学艺社、世界语研究会、中华心理学会、幼稚教育研究会、教育经费委员会、中华自然科学社、中华儿童教育社、中国数理学会、中国社会学社、中华盲哑教育社、中国测验学会、中国针灸学研究社、中国教育电影协会、中国数学会、中国化学会、中国物理学会、中国地理学会、中华艺术教育社、父母教育研究会。这类社团的主要功能是进行某一专业领域的教育研究普及或推广。由于不同社团能够获取资源的能力不同，它们的影响力也有很大差别，开展活动的时间长短不一，但在整体上灵活性较强，是中国现代教育社团的中坚，在中国现代教育的专业化方面发挥了细致入微的巨大作用。

第五类：由相应的运动伴生的教育社团。如中华平民教育促进会、华法教育会、收回教育权运动会、道德学社、中华全国学生救亡会、北京大学平民教育讲演团、平民教育社、北京非宗教大同盟、新安旅行团、全国教育独立运动会、中华庙产兴学促进会、上海学生抗日救国联合会、国难教育社、战时儿童保育会、中国战时儿童救济协会等。这类社团组建的目标明确，主要的功能就是把相应的活动组织发展起来。随着相应的活动或运动结束，其功能也就自然完成，组织也就终结。

第六类：教育机构联合组建的社团。如全国教育会联合会、国立高等师范学校联合会、江浙两省中等以上学校联合会、全国职业学校联合会、北平国立八院学生联合会、平津国立院校教职员联合会、上海法租界私立学校联合会等。这类社团大多数由相同类别的学校或机构为了共同的诉求而组建起来。组织相对松散，由各成员机构轮流召开会议，通常所议的事项形式多于实质。

第七类：学生社团。包括中国学生赴日本、美国、英国成立的社团。1896年是中国人留学日本的发端，这一时间恰与中国现代社团发端相重合。1898年清廷下旨要求各省派学生留日，留日学生社团由小到大逐渐发展起来。其中一些人因参加排满政治社团受压转而参加组建教育社团,刘成禹便是由排满拒俄进而参加军国民教育会的。1903年后留美中国学生社团也逐渐在美国各地发展起来。

有的研究者将教育部主持设立的教育社团单列为一类,这类社团实际上仅有通俗教育研究会、国语统一筹备会、教育调查会等为数不多的几个,且存在的时间不长,按其工作属性可以划入上列各类,这里就不再单列。

在实际开展活动的时候,各类教育社团之间不乏合作、互动,也有不同教育社团之间的观念和行动对立。只是这种对立与其类别无关,而是与它们的宗旨和性质相关,这里不依它们的性质加以分类。

2.现代教育社团功能的阶段性及其主要方面

教育社团的功能与教育社团自身的宗旨、结构直接相关,同时也与整个社会给教育社团多大的发挥空间直接相关。中国现代教育社团的功能发挥与不同时期中国社会的结构变化直接相关。具体来说可以分三个阶段:

第一阶段:1915年前,教育社团的主要功能是具体教育的协调、研究、改良。这一阶段教育社团所做的主要工作是编译书刊,开展军国民教育,改良私塾,协助中国学生留学,开展国际教育研究,改良具体的教学和地方学务。

第二阶段:从1916到1926年,教育社团中的一部分开始引入和推动教育思潮,参与整体的教育决策、改进和发展。这一时期的新学制建立,全国课程标准的确定,理科教育的发展,参与世界新教育运动,收回教育权运动,几乎都是教育社团在其中发挥主干作用。全国教育会联合会、中华教育改进社、国家教育协会、中华职业教育社、少年中国学会、中华平民教育促进会成为这一阶段教育社团的翘楚,它们在讨论教育问题时大多采用了规范的议案提出和议决的程序,决策过程民主科学。这也是它们所确立的新学制在此后中国能够沿用近百年,虽经各种运动仍然保留其主干骨架的主要原因。

第三阶段:1927年后,教育社团的主要功能回归到专业领域。这一阶段各省教育会进行了重组,新组建的中国教育学会成员中虽然不乏教育名家,但很少参加全国性的教育决策,教育社团的功能在很大的程度上被压缩。

由上可见,教育社团是可以在教育的发展中发挥重要功能的,教育社团的功能既与教育社团自身的努力相关,又与教育社团所处的时代和社会环境相关。

整体来说,中国现代教育社团的功能主要为与教育相关的启蒙、组织、传播、施行、探索。

在思想启蒙方面,教育社团在当时所发挥的作用明显,并对此后整体教育发展发挥着潜移默化的作用,是促进教育现代化名副其实的"酵母"。不只是较大社团发挥启蒙作用,基层专业领域的小社团也可能在它的活动范围内对特定的对象发挥启蒙作用。所以教育社团的思想启蒙事实上遍及教育乃至社会的整体。

在组织方面,尽管教育社团的组织范围和能力有限,组织力度相对较弱,但是它们依然在中国的现代教育变革中发挥了不可忽视的组织功能。它们发挥组织功能的方式主要有:

一是社团内的组织。每个社团内部都有大量的组织性工作,尤其是那些成员众多、规模较大的社团需要做大量的组织工作。这些组织工作大多数由社团内部实施。例如:中华教育改进社的几次年会参会者都达千人以上,改进社的日常活动涉及面广,参与的人多。再比如华法教育会、寰球中国学生会都为学生出国留学做过大量的组织性工作。

二是跨社团的组织。当时很多的教育活动是多个社团参与的,比如收回教育权运动至少有中华教育改进社、全国教育会联合会、国家教育协会等多个社团参与其中。类似的活动就需要有跨社团的组织工作加以推进。全国教育会联合会、抗战期间组建的中国教育学术团体联合会本身就是跨社团的组织,说明社团间的组织工作是当时教育社团不可缺少的。

三是跨单位和行业的组织。在多次运动来临之际,同类学校或同一区域的学校组成的联合会或教员联合会,以及那些教育行业与其他行业组建的联合团体都是跨单位跨行业的组织,需要大量的组织工作。

四是某一活动自始至终的全程组织。类似平民教育、国难教育、战时教育、战时保育之类的活动都是一个相对长的活动过程,教育社团在这些过程中发挥作用就必须进行全程性的组织工作。事实上在历次教育运动过程中,教育社团的全程性组织功能从未缺位。

在传播方面,教育社团的表现比较出色。从作为传播媒介的各教育社团所主办出版的期刊可以看出当时教育社团在传播方面所发挥的重要作用。1912年至1919年，各种教育社团纷纷创办自己的教育学术期刊，发表自己的教育主张，教育社团期刊新增总量28份，基本与纯粹官方教育机构创办的教育期刊规模相当。见表3-5：

表3-5　1912—1919年教育社团创办的教育期刊一览[①]

刊名	刊期	编辑出版	出刊起讫时间
云南教育杂志	?	云南教育总会	1912.6—1923.?
通俗教育研究录	月刊	上海中华通俗教育研究会	1912.6—1912.12
湖南教育杂志	月刊	长沙湖南省教育会	1912.6—1916.?；新1921—1925
无锡教育杂志	不定期	无锡教育会	1913.1—1916.6
吴县教育杂志	不定期	江苏吴县教育会	1913.10—1915.?；复1947.6—1949.2
直隶教育界	月刊	直隶省教育会	[1913]—1921.3
教育周报	?	浙江省教育会	1913.4—1919.3
教育研究	季刊	江苏省教育会	1913.5—1931.12
绍兴县教育会月刊	月刊	浙江绍兴教育会	1913—1914
绍兴教育杂志	?	浙江绍兴教育会	[1914]—?
教育粹编	半年刊	湖南湘潭县教育会	1914.7—1919.?
山西省教育会杂志	双月刊	山西省教育会	[1915]—1923.8
初等教育研究杂志	?	苏州初等教育研究会	?—1915.11
都市教育	月刊	北京教育会	1915.4—1918.8
教师杂志	月刊	安徽省教育会	1915[7]—1916.1
教育杂志	月刊	广东梅县教育会	1915.11—1917.1

① 整理自：全国图书联合目录编辑组编《全国中文期刊联合目录1833—1949》，北京图书馆，1961；戴国林编著《江苏地区期刊与方志综录》，江苏教育出版社，1990；《东北师范大学图书馆中文期刊目录1889—1979》，东北师范大学图书馆，1982；《南京大学图书馆馆藏中文报刊目录》，南京大学图书馆，1989；朱强、戴龙基、蔡蓉华主编《中文核心期刊要目总览》，北京大学出版社，2008。本表遵循《全国中文期刊联合目录(1833—1949)》一书的著录规则，表格著录内容有变化的仅著录最初者或长期使用者。出刊起讫时间仅著录首尾卷期的年月(年与月之间用"."隔开)，凡目前刊期、创刊停刊年月有所疑问之处，在年月外加"[ ]"或直接以"?"标注。期刊中途改名用"新"字，停刊后复刊用"复"字。

续表

刊名	刊期	编辑出版	出刊起讫时间
江苏省教育会月报	?	江苏省教育会	1916—1927
江苏省教育会临时刊布	旬刊	江苏省教育会	1916.1—9
直隶教育旬刊	旬刊	直隶省教育会	1917.11—1927.10
教育与职业	月刊	中华职业教育社	1917.10—1949.12
教育研究录	?	江苏川沙县教育会	?—1918.3
浙江教育周报	?	浙江省教育会	?—1918.9
通俗教育丛刊	季刊	通俗教育研究会	1915.5—1925.5
教育	?	天津教育学术编译社	1919.4—1920.4
教育月报	?	菲律宾华侨教育月报社	?—1919.10
新教育	月刊	上海初等教育季刊社	1919.2—1925.10
广东教育会季刊	季刊	广东教育会	1919.?—6
安徽教育会季报	?	安徽教育会	1919.8—?
通俗教育丛刊	季刊	北京通俗教育研究会	1919.5—1925.5
安徽教育月刊	月刊	?	1918.1—1918.7

上述期刊较具影响力的有中华职业教育社编辑发行的机关刊物《教育与职业》、中华新教育共进社的机关刊物《新教育》等。当时一些高校甚至中小学建立的教育团体也纷纷创办自己的教育期刊,如北京高等师范学校平民教育社创办的《平民教育》。

《教育与职业》,1917年10月在上海创刊,到1949年12月停刊,共出208期。主持者为黄炎培等。刊载的主要内容包括国内外职业教育理论、各省推行职业教育的计划或意见、各国职业教育制度或状况、实施职业教育的研究或参考资料、职业知识或修养、实业界调查报告、国内外职业教育消息及有关中华职业教育社和中华职业学校的报道等。

《新教育》1919年2月在上海创刊,蒋梦麟主编,每年出10期(其中1月和7月不出刊),共出版11卷53期。1921年12月由中华教育改进社接办,委托东南大学编辑,陶行知等人先后任主编。它以提倡民主主义、介绍欧美新教育、促进教育改革为宗旨。曾经出版介绍杜威的专号。宣传平民教育,提倡自动主义,对认识中国旧教育制度弊端与教育革新及1922年新学制的制定起过重要作用。1925年10月停刊。

《平民教育》于1919年10月初由北京高等师范学校平民教育社创办。初为周刊,自第24期改为半月刊,由单张改为本子。1924年停刊,共出73期,编辑每年更换。编者在《发刊词》中说:我们要谈的平民教育,不限在学校范围里,社会上种种事情都是教育的材料,可以提举,可以批评,说之不离了平民者便是。这是我们的宗旨。该刊第5期刊登的《良工复曼支》中说,我们的宗旨大概是:第一,提倡"德谟克拉西"教育的学说;第二,研究"德谟克拉西"教育实施的方法;第三,批评旧式的教育、思想和社会以改造环境。编发的专号有"中国文字改革号""欢送杜威博士特号""孟禄特号""设计法号""实际教育调查特号"等。1920年暑期与北京高师的另一刊物——《教育与社会》合并;1922年5月又与北京高师的另一个刊物——《实际教育》合并,刊名仍用"平民教育"。该社团及其期刊存在时间较长,发行量多的时候达3000份。

教育社团所办的教育报刊对引进欧美新教育思想观念,对中国的教育实践都积极予以宣传和推动,形成教育发展和教育期刊发展的良性互动。

1927—1937年,国内政治局面相对稳定,中国教育期刊进入数目最多的时期,但是办刊主体呈现多样化,除了政府、民间教育机构、团体以及个人外,高等院校更加主动参与创办教育专业期刊,成为教育研究型期刊编辑出版的重镇。由于国民政府强化一党专政的政治制度,教育社团所办的教育期刊数和所占比例下降。

各种教育社团以及一些院校为了扩大自身影响,也加强了对这类通讯型教育期刊的创办力度。如上海教育会创办的《上海教育界》,中华职业教育社创办的《中华职业教育社社务月报》(1938年改为《中华职业教育社社务通讯》),生活教育社的《生活教育研究会会刊》,等等。

《上海教育界》为月刊,1933年2月创办,1934年4月停刊,吴铁城题写刊名,主要刊登上海教育会动态。此外,还刊载论述上海各学校状况,研讨教育方法的文章,推动平民职业教育、幼儿教育事业的发展。也有专论发表。对苏联、意大利、日本等国的教育经验做过宣传报道。

《中华职业教育社社务月报》1933年7月创刊,1937年停刊,1938年更名为《中华职业教育社社务通讯》,继续发行。栏目有特载、社员消息等,为中华职业教育社在全国开展活动情况的通报，有工商教育、职业指导、农村服务和实业改进方面的报道，有重要会议、社务大会和编辑出版的消息，也有下属机构中华职业学校、上海职业指导所等的工作情况。职业教育研究的文章一般由《教育与职业》刊载。该刊很少刊登研究性的文章，将社务情况作为主要刊载任务，是一份典型的教育通讯型期刊。

《生活教育研究会会刊》，月刊，1936年12月创刊，1937年7月停刊。主要内容是有关教育方面的笔谈、各地教育界的动态，其中对陶行知先生的教育活动情况做过重点介绍。辟有书报介绍、笔谈、消息、通讯、特载、介绍以及报告等栏目。

相对于教育机构以及各教育社团体创办的通讯型教育期刊，专门研究教育理论的期刊新增数量相对较少。除《教育杂志》和《中华教育界》等几种老牌教育期刊长期发行，一致发挥重要作用外，大部分新增期刊的寿命都不长，如《儿童教育》《大众教育》《生活教育》等。

中华儿童教育社编辑出版的《儿童教育》月刊初名《幼稚教育》，1927年由南京鼓楼幼稚园单独发行，陈鹤琴主编。1928年第1卷第3期改为《儿童教育》。初由江苏大学实验小学、晓庄试验乡村师范学校和鼓楼幼稚园共同编辑第1卷10期，第2卷6期，第3卷至7卷每卷各10期。它以研究幼稚教育、小学教育、家庭教育，介绍实验成果，提供具体教材，讨论切实教法为宗旨，广泛研究儿童教育各方面问题。著述者多为儿童教育专家和小学、幼稚园教师。1934年后由商务印书馆承办印刷发行，董任坚为编辑委员会主任，编辑方针强调要批判现代教育思潮，辟有短评、小学教育、慈幼教育、教师漫谈、儿童生活、书报介绍、社务消息等较为固定的专栏。1937年4月停刊。

《生活教育》，1934年2月创刊，半月刊，陶行知任主编，上海儿童书局出版。为上海乃至中国近代研究、宣传生活教育理论和实践的刊物，辟有言论、特载、教学做报告、小先生笔记、大众生活、科学新知、通信、新消息、半月大事等栏目，后增设时事述评、行知行谈、大众讲座等栏目。每期封面有陶行知题词，反映了陶行知教育思想的精华和其办刊宗旨，他发表的《生活教育》《普及什么教育》《小先生》《大众语文运动之路》等，对其教育改革和实践以及生活教育理论的形成起到一定的促进作用。该刊的撰稿者还有张宗麟、方与严、董纯才等。1936年

8月停刊。

《大众教育》由陶行知、郭一岑于1936年6月创办,辟有论坛、论著、述评、教育现实性、世界文化动态等栏目,介绍各国教育体制与方法,主要探讨中国教育方针与教育史、教育哲学思想、社会主义与资本主义教育的比较等问题。

自20世纪20年代末到30年代初期,高等院校创办研究性教育期刊异常活跃,数量较多。究其原因,有学者分析道:一方面,是因为学者们在政治上感受到压抑,较为苦闷,于是转向学术研究,而学术研究则回避了现实政治问题,这些期刊才得以生存;另一方面,是因为在青年学生中仍然存在一些人不屈服于环境压迫,不甘于寂寞,总是要表达改革社会、改革学校的愿望。[1]而由于经济实力限制,教育社团所办报刊越来越难以维持,仅有少数有可靠依托的能保留下来。

燕京大学教育学会编辑的《教育学报》1936年3月创刊,前身是该校教育学会于1931年创办的《教育季刊》。高校的教育学院以及教育会往往是教育专家及青年学生云集之所,由于学校很少受到政府过多干涉,他们积极参与教育期刊的创办与编辑,使教育期刊的编辑紧紧围绕教育研究活动展开,充满活力,很好地促进了教育研究与教育事业的发展。

在施行方面教育社团也发挥了重要的作用。教育行政部门所属各专门委员会的主要职能即为施行。各地教育会所开展的调查实质上也是施行,例如江苏教育会"对于地方学务既各有议决案,而地方之能否实行,又各地方办理学务有未合教育原理或各项组织法与议决案不合者,非加实地调查,不能得其真相"[2],这里的调查其实就是施行的一个环节。1944年修订的《教育会法》第一条即确定"教育会以研究教育事业,发展地方教育,并协助政府推行教育政令为宗旨",其职能中很大一部分为施行。

教育社团的施行功能常常被一些研究者忽视。因为从留下的文献资料看,大多数社团开会时讨论了不少的议案,不少人就依据这些会议记录得出教育社团主要就是开会、演讲、议决问题。事实上教育社团的施行大多数没有详细记

---

[1] 周葱秀、涂明:《中国近代文化期刊史》,山西教育出版社,1999,第107页。
[2] 《教育调查与出版》,载朱有瓛、戚名琇、钱曼倩、霍益萍编《中国近代教育史资料汇编·教育行政机构及教育团体》,上海教育出版社,2007,第306页。

录，但施行过程确实存在，比如中国社会教育社所做的实验。从整体上看，教育社团的施行功能主要在两个方面发挥，一是在某一个社团理念确定之后，该社团的成员会用大量的时间去施行该理念；二是大量专业性的社团本身虽然没有自主提倡的理念，但是它们主要从事操作性的专业工作，会在微观上从事大量施行的工作。这些工作细微甚至琐碎，没有留下详细的记录，但在当时的社会实践中，确实有众多的成员为实现某一个目标默默地耕耘，这些社团确实发挥着施行的功能。

在探索方面，仅有一部分专业性比较强、成员素质比较高的教育社团发挥探索的功能。比如中华教育改进社进行的各项专题研究，中国科学社、中国自然科学社等进行的一些研究都体现了教育社团的探索功能。

现代教育社团的探索功能还包括在社团内部的讨论、争论甚至相互对抗。如清末中央教育会就有学部与外界代表就各个议案的争议，在中华教育改进社各届年会中都发生过各种争议，尤其是就庚款的使用和收回教育权两大议题的争议更为激烈，争议的内容范围更为广泛。不管各方的观点如何，但争议本身更全面地呈现了事实，拓宽了问题解决的思路，权衡了各种解决方式存在的利弊，汇聚了多方的智慧，集思广益，最终议决的是一个相对稳妥、优化的方案。这样的过程本身就是有效的探索。

从史料中还可以看出，中华教育改进社所确定的一些专题研究就是根据会议讨论、争议的结果确定的，它与后续的专题研究共同构成连续的探索过程。

第四章 中国现代教育社团的社会环境

第四章 中国现代教育社团的社会环境

历史上,社团的产生与发展状况与当时的社会环境密切相关。中国现代教育社团的产生和发展也与当时的政治环境、社会政策和法律环境密切相关。教育社团的发展还与当时相关的社会机构,以及当时其他类社团发展的大环境有关。所以需要对相关政策与环境加以分析,以看清比较完整的中国现代教育社团发展状况。

一、政治环境

在相当长的时期里,政治环境是对中国各类社团生存与发展影响最大最关键的环境。清代鉴于明末士林结社、党争激烈、干预朝政造成政局动荡,因而严禁集会结社。顺治九年、十七年曾两度下令,严禁立盟结社。并制定出严惩重罚律例:以后再有这等的事,各该学臣即行革黜参奏。如学臣隐徇,事发一体治罪。士林中以文会友也尽可能远离时政。戊戌维新运动中,维新派冲破禁令在各地建立几十个学会,但他们提出兴绅权以伸民权的口号,依靠官绅的政治影响,与清中叶后地方士绅势力抬头的趋势相吻合。不久,政变发生,清廷再度明令严禁党会,大兴党狱。庚子勤王失败,党狱再起。

自1895年以来,中国的各类社团发展都受到政治因素的影响,尤其是带有政治性的社团受政治影响更甚,如维新运动、立宪运动、辛亥革命都先后催生了大量政治性社团。相对而言,教育社团受政治环境的影响较小,但这种影响仍在一定程度上显著存在,从各教育社团存续的情况看,政治环境是影响教育社团的首要因素。

从整体上分析,政治环境与教育社团发展的阶段性直接相关,在各个时期的影响特征如下:

1895年到1905年间,当时的政治环境催生了带有教育特征的社团,同时也决定着它们的存亡。建立不久的强学会就是因为官方的封禁而无法存续。南学会之所以存在时间相对长久,以及1898年在湖南出现"学会林立"的局面,不能不说与"湖南巡抚陈右铭(陈宝箴)中丞,与江建霞学使实力提倡,风气大开"[①]有直接关系。南学会第一次开会,陈宝箴、徐研甫、黄遵宪、皮锡瑞、谭嗣同等300余人到会,与会者"周旋问答,言笑晏晏,诚盛事也。刻下诸会规模已定,订有大概章程十二条,总会章程二十八条"[②]。

正是在当时那个时间段,"湖南风气日开,较之江海各省,有过之无不及也"。才有江建霞学使创立湘学会于校经书院,接着有"南学会、群萌会、延年会、学战会、法律会,不半载之间,讲堂之场居然林立"。[③]

1898年戊戌之变使得此前成立的各社团几乎都停止活动,显示出政治环境直接关涉到社团的生存、维系和发展。

1901年清政府复行少量新政,才又有新的社团活动,其中包括中国教育会的建立。

1905年清政府在经过对维新变法的弹压,趋于保守封闭之后又逐渐意识到政治和社会的危机四伏,不得不寻求革新,寻求通过社团缓解包括教育在内的各方面的危机。于是,清政府于1906年7月颁布《奏定各省教育会章程》,为教育会以及其他各类教育社团的建立和开展活动提供了政治基础。这也是中国现代教育社团萌生阶段的重要政治支撑,并成为此后教育社团进一步发展的重要基础。

在中国现代教育社团走向成熟之前,1914年12月,民国教育部发布《教育

---

① 《湘学大兴》,载汤志钧、陈祖恩、汤仁泽编《中国近代教育史资料汇编·戊戌时期教育》,上海教育出版社,2007,第157页。

② 《湘学开会记》,载汤志钧、陈祖恩、汤仁泽编《中国近代教育史资料汇编·戊戌时期教育》,上海教育出版社,2007,第158页。

③ 《湖南学会林立》,载汤志钧、陈祖恩、汤仁泽编《中国近代教育史资料汇编·戊戌时期教育》,上海教育出版社,2007,第158页。

部整理教育方案草案》，认为对教育"非施以根本治疗不可"，且须"先立教育方针"，其中第一条就是"变通从前官治的教育，注重自治的教育"，指出"教育本为地方人民应尽之天职，国家不过督率或助长之地位"。①

1915年1月以大总统袁世凯名义颁布的《颁定教育要旨》中也强调："今将以教育普及为期，必使人人有自治之精神而去其依赖之性质。"②并将"重自治"作为其中一个要项加以阐述，并明言："今人皆知地方自治，不知地方者，受治之客体，其主体仍在乎人；未有人人不能自治，而地方可以自治者。欲求人之能自治，必先求人人各有自治力。其力维何？一曰自营，一曰自助，要莫不皆由教育养成之。"③

自治是教育社团的重要组织原则，上述政策文本反复强调自治，事实上是当时民意的政治表达，在给社会更多自治空间的同时，推动了教育社团这类自治性的组织生成并发挥作用。客观上成为此后中国教育社团发展进入黄金时代的政治基础。

1926年至1927年，中国社会的政治环境发生了重要的变化，国民党与共产党由联合转向对立，进而转向武装对抗，北伐战争逐渐向北推进，北京民国政府逐渐为南京国民政府所取代。这些政治环境的变化所引发的社会变化与教育社团相关的主要有：

一是社会由原来多元平衡的态势转向两极对立、非此即彼。社会中的活跃分子在这样的环境中不可避免地选边站队，温和理性的教育社团难以吸纳到足够数量的优秀成员参与，影响到了教育社团的进一步发展。

二是政治学派的作用力度进一步强化，专业社团的作用力度弱化。全国教育会联合会受党化教育的排挤而无法开展活动，国家教育协会受国共两党的夹击而消亡，更多弱小的教育社团在强力政治环境下也难以为继。

三是随着南京国民政府建立，社会的集权倾向逐渐占优势，自治的范围和

---

① 中央教育科学研究所教育史研究室编，宋恩荣、章咸主编《中华民国教育法规选编（1912—1949）》，江苏教育出版社，1990，第4-5页。

② 中央教育科学研究所教育史研究室编，宋恩荣、章咸主编《中华民国教育法规选编（1912—1949）》，江苏教育出版社，1990，第21页。

③ 中央教育科学研究所教育史研究室编，宋恩荣、章咸主编《中华民国教育法规选编（1912—1949）》，江苏教育出版社，1990，第26页。

空间逐渐受到压缩,以自治作为生存和发展基础的教育社团的存在和发展自然会受到限制。

正因为上述政治环境的变化,当时中国主要教育社团就有5个在这一两年内消亡。在1927年到1933年间出现了中国教育社团发展的低潮。若社团的外部环境较好,这一时段未公开成立却在实际开展活动的生活教育社就能公开,直到1933年,众多教育家组建中国教育学会试图改变教育社团发展的低迷状况,教育社团的发展势头才有所改观,但已无法回到此前的高峰状态。

1935年5月1日国民政府立法院通过,1936年5月5日国民政府公布的《中华民国宪法草案》第一三一条规定:"中华民国之教育宗旨,在发扬民族精神,培养国民道德,训练自治能力,增进生活知能,以造成健全国民。"将"训练自治能力"作为其中一项。该法第一三三条规定:"全国公私立之教育机关,一律受国家之监督,并负推行国家所定教育政策之义务。"[①]由此可见,当时政府对教育社团的基本态度是一方面提倡自治,另一方面又强调其一律受国家监督。这是当时教育社团的基本政治环境。

1946年12月25日国民大会通过,1947年1月1日国民政府公布的《中华民国宪法》第一五八条规定:教育文化,应发展国民之民族精神、自治精神、国民道德、健全体格、科学及生活智能。[②]该法在中国抗日战争取得胜利,内战紧接着发生的情况下,未能发生实际效力,也不会在多大程度上改变中国教育社团的状况。

此后的战争环境使得教育社团的活动和发展都受到严重的影响。

1949年后,中华人民共和国政府对境内的社团进行了清理整顿。1950年9月29日,中央人民政府政务院第五十二次政务会议通过《社会团体登记暂行办法》,其中:"第一条 本办法根据中国人民政治协商会议共同纲领第五条及第七条的规定制定之。第二条 凡社会团体均应依照本办法的规定向人民政府申请登记,但下列各团体不在本办法规定登记范围之内:(1)参加中国人民政治协商会议的各民主党派和人民团体;(2)中央人民政府另有法令规定的团体;(3)机关、学校、团体、部队内部经其负责人许可组织的团体。"第四条规定:"凡

[①]《中华民国宪法草案》,载陈荷夫编《中国宪法类编》,中国社会科学出版社,1980,第470页。

[②]《中华民国宪法》,载陈荷夫编《中国宪法类编》,中国社会科学出版社,1980,第444页。

危害国家和人民利益的反动团体,应禁止成立;其已登记而发现有反动行为者,应撤销其登记并解散之。"①1951年3月,中央人民政府内务部又颁行了《社会团体登记暂行办法施行细则》,作为管理社团的政策与法律依据。

1950年重新登记后,中国各类社团的基本特点是"中国共产党对各级、各类社团的有效领导"和具有"统一战线性质"。②

二、法规与法律环境

1895年至1949年间的中国是法制不完善的社会,法律法规不健全,与教育社团相关的政策随意性也较强。事实上除了教育会系统和国民政府教育部所属的相关委员会有相应成文的章程、规程加以规范外,其他的教育社团都没有适用的法律法规加以规范,它们在实践中可能会比照和参考教育会章程、规程进行自我规范。尽管如此,法律法规依然在很大程度上制约或促进着社会各项事业的发展,成为教育社团发展不可忽视的重要环境。依据相关法律法规的完善程度以及它们对教育社团发挥的作用可以将其划分为以下几个时期。

1.法律法规缺位期(1895—1906)

1906年以前中国没有有关教育社团的法律法规。一方面,由于没有法律法规,政府、民间、教育社团自身对教育社团的责权边界与行为规范都缺少明晰的界定,其结果是当政者把包括教育社团在内的各种社团当成洪水猛兽,必置之于死地不可。1898年几十个学会受政府打压陷于停顿便缘于此。另一方面,社团成员和社团自身对责权边界不明确又导致不少人过度高估教育社团的作用,随意扩大社团的行为范围,再加上一些社团成员加入社团的动机不明,或出于结交名流,或出于盲目从众,或越界从事与教育社团宗旨不相关的活动,导致教育社团自身章法不明,品质不高,与社会各方的矛盾不断,尤其是难以处理好与政府的关系。

---

① 国务院法制办公室编《中华人民共和国法规汇编 1949—1952 第一卷》(第2版),中国法制出版社,2014,第57页。

② 王世刚主编《中国社团史》,安徽人民出版社,1994,第453-454页。

1901年清政府复行新政后也激励了包括私塾教育改良会在内的少数教育社团建立,它们都订有章程,但这些章程的随意性依然很明显,也缺少相关的法律法规对它们的权益加以保障,仅在社团成员认同的基础上在社团内部发生效力,因而严重限制了这些社团的社会活动范围,使它们开展社会活动充满着因权利得不到保障、权责不明带来的不确定性。

1902到1906年,清政府对社团的成立还是采取限制的态度。1904年商会获得合法地位,教育会及其他教育社团仍不合法,在此情况下依然有一些教育社团随其他社团一起如雨后春笋般破土而出,趁清政府的社会控制相对松动之机,顽强地自我生长,争取生存和发展空间。但法律法规的缺乏,使当时社会各界对教育社团轻视乃至敌视,即使个别社团可以任意地扩大自己的活动范围,但总体上不利于教育社团的成长和发展。

2.法律激励期(1906—1911)

1906年,受绅商的立宪诉求及地方自治团体大量组建的影响,清政府宣布仿行宪政,7月学部公布了《奏定各省教育会章程》[1],规定各省均可成立教育会,为教育会的发展提供了书面法律的保障。一些地方政府此后对教育社团的成立采取承认和提倡的态度。

此前,各种新式教育会社规则各异、涉足范围不一,地方官"惧其侵占官权",地方绅董则"怒其夺利"。为了缓和各方面之间的矛盾并保证政府对这些新式教育会社的控制权,清政府对陆续出现的新式教育会社加以承认并进行整顿。学部公布的《奏定各省教育会章程》第四条规定:"教育会为全省所公立,而设在学务公所所在之地者,称某省教育总会;为府厅州县所公设,而设在本地方者(府有专辖之境地,如贵阳安顺之类,得于州县教育会之外,另立府教育会。其无专辖之境地者,不必复设),称某府、厅、州、县教育会。凡一处地方,只许设教育会一所。但如省会之地,既设总会,复设同城某府或某县之会者,不在此例。"为了防止类似蔡元培等人组织的中国教育会以教育名义从事革命活动的情况重演,清政府还明文规定各级教育会不得"干涉教育范围以外之事(如关于政治之演说等)",否则立时解散。

---

[1] 参见本书附录《学部:奏定各省教育会章程折》。

实际上,这时清政府已经从法律上承认了教育会的合法地位。自此以后,各地学会纷纷遵章改制为教育总会或教育会,就连那些原来没有学会的地方也开始设立教育会。一时之间,全国出现了一个兴办教育会的高潮。到1909年,各地公开成立的教育会已达723个。[①]这些教育会代表了一定地区或领域内教育界和关心教育的人士的意见和追求。其内部决策和管理采用民主的方式,具有一定的独立性,能较好地反映各地的实际情况和自身成员的主流思想。同时,各级教育会具有明显的中介性,其行为既符合政府的规范,又体现出社会的呼声。

发展新式教育的困难迫使清政府希望得到新式教育会社的帮助。新式教育会社在发展新式教育中与官方的对立,又使清政府担心发展教育事业的主导权旁落。这种矛盾的心态,在章程中有明显的表现。清政府一边呼吁"中国疆域广远,人民繁庶,仅恃地方官吏董率督催,以谋教育普及,戛戛乎其难之也。势必上下相维,官绅相通,藉绅之力以辅官之不足,地方学务乃能发达",一边又指责各地教育会社"章程不一,窒碍实多,有完善周密毫无流弊者,亦有权限义务尚欠分明者"。强调"教育会设立之宗旨,期于补助教育行政,图教育之普及,应与学务公所及劝学所联络一气"。教育会辅助教育行政的功能被过分强调,而对教育本身的研究反变成次要目标。

章程文本从形式到内容都是对教育会的规范,但是该章程规范的对象仅为教育会,不包括其他教育社团,其他教育社团事实上仍处于无章可循、无法可依的状态,而当时一些教育社团可以比照教育会的章程对自身的责权关系和行为进行规范,也可比照章程维护自己在社会中的权益,客观上为教育会以外的教育社团发展起到了无须言明的作用。

从实际效果看,章程所发挥的作用是对教育会发展的激励,使不少原本未设置教育会的地区开始设置教育会,教育会的总数迅速增加。

章程对教育社团的激励不仅表现在数量上,还表现在教育社团开展活动的范围扩大上,即向府州县镇等基层延伸,构成了一个相对完整的系统。教育会系统不仅在上海、杭州、苏州、南昌、成都、福州、济南、广州、保定等城市设立总会,还

---

① 桑兵:《清末新知识界的社团与活动》,生活·读书·新知三联书店,1995,第274页。

在各府州县设立分会。金华、绍兴、赣州、湖州、龙江、常州等地还建立起由当地人士发起、联合本籍旅外人士组成的教育会,与省城的教育会没有统属关系。

3.法律法规粗放规范期(1912—1926)

1911年6月学部上奏并获准设立中央教育会,并拟具章程,在该章程的奏折中可以看出,其出发点在以教育为强国智民之本,以收集思广益之效果。由于该章程对会员资格的要求限于学部及各部官员,以及学堂堂长,无法建立真正民间性的教育社团,中央教育会事实上是跨部门的官员组合,所议论题限于"学务大臣认为有必要事项",并规定"中央教育会规则,由学部详细订定,一律遵守"[①]。由于清政府随即被推翻,该章程仅对此后召开的中央教育会发生了效力。

1912年3月,南京临时政府参议院通过了《中华民国临时约法》,其中规定人民享有言论、著作、刊行及集会、结社之自由。建立社团成为民众的合法权利。从法律上来说,建立社团不应该再有任何障碍。事实上,受这一立法的影响,当时社会建立社团成为一种时尚。

1912年民国政府建立后,迅速以教育部的名义于9月6日颁布了《教育会规程》。值得注意的是此前由学部奏请朝廷公布的《奏定各省教育会章程》改为由教育部直接公布,名称也由"章程"改为"规程",显示这一时段有关教育社团的法律法规文本确定的部门级别较此前低。事实上《教育会规程》也是这一时期期唯一的与教育社团相关的法律法规文本。《教育会规程》共13条,相对于1906年公布的《奏定各省教育会章程》大为精减,也显得粗放,事实上给社团举办者更大的自主活动空间。

1919年,教育部再次公布《修正教育会规程》,这次修订的一个明显特征是基于此前若干年教育会的实践经验对原规程进行了充实和简化。相较于1912年的规程,1919年的规程最为显著的丰富和补充是增加了"职员"一章,以使教育会所议事项有人去干,教育会的活动更能落到实处。这一修改也是教育会的议事功能进一步弱化,施行功能进一步强化的表现。历次规程相同的是对会员的资格、所议事项与教育行政部门的关系均做了限定,以保持教育会对教育行政部门的依附特征。所以依据这些规程建立并严格遵守规程开展活动的教育

---

① 参见本书附录《学部奏设立中央教育会拟具章程折并章程》。

会必然是对行政依附性很强,很难成为有活力的教育社团。

在此期间,1915年,教育部又根据《地方学事通则》公布了在各自治区施行的《学务委员会规程》11条,对自治区的学务委员会加以规范。

从立法和执法的情况看,教育社团是相对不受重视的,对教育社团的法律规范也是极其粗线条的。而恰恰在这一时期教育社团在中国历史上发挥了最为显著的作用。分析产生这一奇特现象的原因,不能不说这一时期教育社团的实践是走在相应法律法规之前的,相关法规虽不完善却能显示教育社团是合法的,能让社会公众认可教育社团并保障教育社团的基本权利,保障它们的活动得到社会认可,有广泛的社会参与;同时,它又无烦琐苛刻的要求,也无相应的机关依据规程对各教育社团进行监督,甚至从法律覆盖范围来说,非教育会系统的教育社团事实上无法可依,给教育社团活动留出了宽裕的空间。

4.法律法规细化规范期(1927—1943)

1927年8月15日,国民政府颁布了在此前《教育会规程》基础上有所修改的《教育会规程》。由于实行大学院制改革,1928年2月14日,大学院公布了《教育会条例》。这两个文本多个教育史资料集中都没有收入,显示史学研究者对这两个文本的重要性评价不高,而事实上这两个文本确实存在,文本中所做的修改在一定程度上展现了当时教育会发展的实际状况。

1927年的《教育会规程》单立了"省区教育会"一章,增加了"县市教育会"一章。1928年的《教育会条例》沿用了这个框架,并对省区教育会和县市教育会的内容做了进一步的增扩,显示出这一时期省区和县市教育会的发展成为相应法规修改的重要关注点。1929年4月13日教育部回复安徽省教育厅长程天放的函询:"在市县教育会未经成立,或成立而久经停歇无法招集时,会员资格审查会之组织,应依照前大学院训令第八号之解释,由市县教育行政长官负责办理。至会员入会,当然会员,均为当地现任学校教职员,自无疑问,特别会员,既经审查资格,其入会手续,由会员介绍,或由本人请求加入。均无不可。"①

1927年规程还有个值得关注的细节修改,就是原来一地仅能设一个教育

---

① 《为谨举教育会条例疑点请解释示遵由(指令 第一〇八五号)》,《教育部公报》第一年第五期(1929)。

会,而该规程第三条规定"县教育会,得依地方情形,设分会若干处","分会章程,应由该县教育会拟定,呈请该省区教育行政机关核准"。这一修改使教育会更能够深入社会基层发挥作用。

事实上,在这一时期民间教育社团的数量有所下滑,教育部下属的官方社团有一定发展,教育会在进一步向社会基层延伸,客观上对非教育会系统的教育社团产生挤压效应,无论是1927年的规程还是1928年的条例,显然都是对教育会的管理更加细化和具体化。

1937年后,教育部又先后制定了《教育部农业教育委员会章程》《修正全国义务教育委员会组织规程》《教育部工业教育委员会章程》《教育部训育研究委员会规程》《教育部教科用书编辑委员会章程》《修正教育部音乐教育委员会章程》《教育部边疆教育委员会章程》;1938年6月17日行政院核定《中央建教合作委员会组织规程》。这些规程、章程均只对特定的官方教育社团有约束力,规范民间教育社团的法律法规依然相对粗放。

值得注意的是,1933年成立的中国教育学会,其章程仅有7章13条,内容极为简要,显示出该会组建者对形式化的文句不感兴趣,只保留有实际意义、可操作的内容。

5.立法完善期(1944—1949)

1944年10月,国民政府公布了修正的《教育会法》。该法共7章38条,是中国有史以来内容最为充分、条文最为完善的教育社团法。该法由国民政府公布,具有此前教育法规无可比拟的法律效力。

令人遗憾的是,这一时期的教育会也许数量上并没有明显减少,但是由于受战争的影响活动并不正常,缺乏新的思想浸润,物质基础薄弱,教育会的形式多于实质,其他各类教育社团的发展也处于勉强维持的状态。

正因如此,《教育会法》在文本上的完善,并不意味着这段时期教育社团的法律环境有多大真正的改善,事实上它仅具供各地教育会处理建会及会中各种事务的参考作用。

综观不同时期教育社团的法规与法律环境,可以看出:

首先,教育社团的法律法规随时间的推移在不断完善,教育社团的责权关系由无意识到有意识,由边界模糊到越来越明晰。但直到1949年,中国政府除了在宪法条文中对包括各类教育社团在内的各种社团的建立及其活动的自由权益保障做出承诺外,尚未制订覆盖所有教育社团的专门法律法规。

其次,教育社团发展的状况与教育社团的法律法规环境并不完全正相关。在相关法律法规缺位的情况下,即有教育社团的建立。《奏定各省教育会章程》的颁布,激励了各类教育社团的发展,在法律法规环境粗放、不明晰的1912年至1928年,教育社团的发展和影响都达到了鼎盛。1928年至1943年各方面对教育社团的期望下降,相应的法规仅在行政体系内有所完善,教育社团仅处于维持原有水平的状态。1944年至1949年可以说是法律条文最完善的阶段,教育社团的发展及其绩效却表现平平。

再次,教育社团的发展必须有保障其权益的法律法规,但这仅是必要条件,不是充分条件。无论是章程、规程、条例、教育会法,都对各类教育社团的发展发挥了引导作用,对它们的权利起到间接的,有时是直接的保障作用。如果没有这些法律法规,不仅各级教育会和教育部所属的各种委员会难以正常运转,其他各类教育社团的发展也将会失去参照,无章可循,难免与社会各方面发生矛盾纠葛,更加难以确定自身的发展框架,更加难以在社会中开展各类活动。

简言之,尽管1895年至1949年教育社团的法律法规环境不够理想,相应的法律和法规还是对教育社团的发展发挥了巨大的积极作用。

三、教育社团与其他社会机构

教育社团不能孤立地开展活动或发挥作用,它们必须天然地与其他社会机构联为一体才能存在和发挥作用。华法教育会组建时即意识到:"凡有所组织进行,均不能不与周围之境界,有所关系。以学理言,固有互助尚同之谊;以事实言,亦有问俗问禁之说。"[1]

可是作为一类新生的社会机体,它们与其他社会机构的联系和关系是复杂多样的。例如:强学会与万木草堂的配合,广仁学堂创建圣学会,岳麓书院院长

---

[1] 《旅欧华法教育会一览》,载陈学恂、田正平编《中国近代教育史资料汇编·留学教育》,上海教育出版社,2007,第458页。

王先谦大肆恶意攻击南学会,爱国学社因为南洋公学发生退学潮而在中国教育会的支持下产生,留法俭学会一成立就在北京安定门方家胡同办留法预备学堂,留法勤工俭学会建立后更在保定与四川建立初级预备学校,道德学社也办分社和种种教学机构;中华教育改进社创办了晓庄试验乡村师范学校,晓庄试验乡村师范学校又孕育了生活教育社及该社未公开成立前的数个社团,生活教育社又创办了育才学校、社会大学等学校。这些史实都说明书院、学堂、学校及其他社会机构自教育社团产生便成为与之高利害相关的关键性环境。

教育社团自身资源、能力等方面的有限性决定了教育社团不得不借助外力实现自身所设定的目标。一些教育社团事实上就是由于其他机构要实现某种目标而建立的。1911年中央教育会能否开会在很大程度上取决于学部,各省、府、州、县教育会的成立及其活动也在很大程度上取决于当时政府的教育主管部门乃至学校。

北京大学、南京高等师范学校、暨南学校、江苏教育会、中华职业教育社等联合发起组建中华新教育共进社。中华新教育共进社、新教育杂志社、实际教育调查社三家合并为中华教育改进社,中华教育改进社成立后,总事务所或董事单位在很大程度上决定着它的活动能否正常开展,主任干事陶行知与各方面的关系在一定程度上成为影响中华教育改进社与其他各种机构关系的关键。如陶行知与郭秉文的特殊关系决定着东南大学与改进社的关系不一般。这些,在一定程度上显示出教育社团与其他社会机构的关系。

全国教育会联合会、中华教育改进社及其他全国性社团的历次年会所议决的议案从源头上来自相关教育单位的实践,议决后又需要各相关机构实施执行。由于教育社团与社会相关机构之间不存在直接的隶属关系,也就不具备强制的执行力,只有在相关教育机构尊重、认同、重视这些议案的基础上,自觉地执行时,议案才能有效实施。如果相关机构怠慢、无视,甚至对抗这些议案,它们就无法得到有效施行。

衡量教育社团与其他社会机构的关系可从数量、机构影响力、平衡性、稳定性等方面加以考察。

不同教育社团联系的机构数量不等,以中华教育改进社为例,每届年会联系的机构数以千计,而一些小规模的教育社团每年与之建立联系的机构也都有数十个之多,以平均每个社团与一百个社会机构联系计算,在1895年到1949年的约半个世纪中,中国教育社团与数以万计的社会机构建立了联系,足以显示教育社团与其他社会机构的关系涉及面之广。

教育社团与其他社会机构的关系除了数量多少,还与建立关系的机构大小相关,通常教育社团都希望与较大的机构建立关系,并借助较大的机构扩大自己的影响。从社团史料看,除了少数全国性教育社团与较大的机构建立了关系外,大多数教育社团都只能与中下层的社会机构建立关系。一些教育社团为了扩大影响就只能选择与较多较小机构建立联系,在众多的机构关系中又有某个或某些机构为一个社团的关键性的关系机构。

是否平衡是评量一个社团与其他社会机构关系的另一个视角,平衡即指双方关系平等,往来均匀,供求平衡,不是一方单纯有求于另一方。教育社团的特殊性质决定着它与其他社会机构的关系较多的是不平衡状态,教育社团对其他社会机构有更多的所求,仅在很少情况下成为不平衡的强势一方。

稳定性是指教育社团与其他社会机构关系的稳定状态。总体上,教育社团较政商社团与其他社会机构的关系更为稳定。教育社团也力求自身与其他机构建立稳定关系。尽管如此,教育社团与其他机构关系的不稳定状况还是时有发生,有时还发展为紧张、对抗的关系。1926年到1927年间,各省教育会都在较大范围上与当地的相关机构出现关系波动。

从相互联系的类型看,教育社团与其他社会机构的关系可分为上游关系和下游关系:上游关系是指那些产生于教育社团之前,在各方面给教育社团支持的机构,如学部与中央教育会的关系;下游关系则指那些需要使用教育社团的思想、理论及其他各种专业资源的机构,或由教育社团创立的机构,或对教育社团有信仰的机构,如中国教育会与爱国学社之间的关系。通常处好上游机构关系的决定权在上游机构,教育社团相对被动,但有时也存在因教育社团的无知或不当行为导致关系不好的情况。处好下游机构关系的主动权通常在教育社团自身,但也可能发生教育社团处于被动状态的情况。

教育社团与其他社会机构的关系优劣状态复杂多样,大致可分为亲和、兼容、对抗三种类型。处于亲和关系则互相补充、协助,联合起来实现共同的目标;兼容类指双方只共存,而可能在一定程度上存在分歧、差异,缺少相互理解,关系不密切；对抗类的关系则是指价值对立，利益冲突，在社会上相互敌视，并有实际的敌对行为。

具体的社团在不同时期因不同事件与各相关单位的关系是变化发展的。实际教育调查社创建之初即以北京高等师范学校为主要支持单位，后来与其他两家机构合并组建中华教育改进社，之后关系就渐渐疏远了。中华教育改进社也曾一度与清华学校关系密切，并在该校召开年会，办暑期学校，后来由于清华校内的派系之争，有人认为改进社部分成员有参与争夺清华校长之位的意图，导致关系紧张，这种紧张关系又反过来损伤了中华教育改进社。

剔除具体教育社团与具体非社团机构关系的个别特殊因素，从1895年到1949年，从总体统计上看，教育社团与其他社会机构的关系还是具有共性特征的。其中最为关键的是教育社团的合法性身份在教育社团与其他社会机构的关系当中产生决定性影响。有合法身份的教育社团就具备与其他社会机构建立良好关系的坚实基础；没有获得合法身份的教育社团或被认为不合法的教育社团就很难与其他社会机构建立正常的联系。

当然，合法身份仅是教育社团与其他社会机构建立良好关系的重要条件。事实上，既有不少没有合法身份的教育社团与有关机构建立了良好关系，也有具有合法身份的教育社团很难与各种机构建立起良好的关系。

从时间上看，教育社团与其他社会机构的关系虽然也有波折，总体上随时间推移，两者关系越来越好，冲突与对抗越来越少，兼容面越来越宽广，亲和性越来越强，社团的活动也由早年的非公开变得几乎全部公开。

教育社团与其他机构的关系，很大程度上受到当时当地社会政治因素的影响，新安旅行团到各地活动所遇到的欢迎与冷遇是典型的例证。总体上讲，当时的政治越开明，社会中各种机构对教育社团的亲和力与兼容度就越高；反之，各种社会机构就会对教育社团处处提防、设限，甚至发展为对抗、压制。

与当地及业务上有往来的政府部门的关系是教育社团的一种重要社会关系。通常政府部门的下属委员会、各级教育会都会主动与政府部门配合，其他教育社团大多数选择与政府部门合作，在合作中双方会有分歧，但一般教育社团较少像个别政商社团那样与政府对抗，通常采用协商的方式处理与政府的分歧。

同样，一个地方的文明程度、经济发展水平也在一定程度上影响着当时当地的社会机构与教育社团的关系。越是落后的地区和社会，对教育社团越是怀疑、提防、对抗、压制，越是先进的地区和社会，对教育社团的态度越宽容，任由当地民众依据实际需要对教育社团提供的各种服务进行自主选择。经济发展并不直接推动当时教育社团的发展，但能为当地教育社团发展提供更大的容量和物质基础。一个地区教育社团的发展状况常是政府开明程度、社会各单位的文明程度和当地经济发展状况叠加因素共同作用的结果。

在一个相关社会机构与教育社团亲和的地域就会有更多的教育社团在当地活动；或者有教育社团在当地更广泛深入地开展活动，就会有教育社团与各种社会机构更多更深入全面的互助合作。它们功能互补，共同促进教育更为健全地发展，促进教育品质提升，进而使当时社会更为健全，为当地民众提供更多福祉。

从众多的教育社团发展的历史案例看，教育社团与其他社会机构的关系好坏是由双方共同决定的，外在因素的影响能发挥一定的作用但不是最终的决定因素。一个有宏伟目标的社团会积极主动与各种社会机构形成良性合作和互助关系，充分利用各种社会机构的力量，形成符合自身目标的合力。中华教育改进社就是建立了这种广泛的合作关系才产生巨大影响的一个案例，它的机关社员就达125个。与中华教育改进社有各种业务关系的机构数以千计。但是维系这样广泛的合作关系是有难度的，即便是中华教育改进社这样的社团也还缺乏完备的规划和完善的机制，导致不少时候这种关系因偶然的事件而恶化，或即便维持关系，却未能保持常态联系，未能充分发挥效力，在一定程度上降低或阻碍了教育社团正常功能的有效发挥。

在教育社团与其他社会机构的关系中，影响最大的是与教育行政部门的关系，其关系类型最常见的是控制与超越。以清末中央教育会为例，学部首先提出的议案7件，占所提议案的77%，以期从议题上对会议加以控制；学部挖空心思想使会议按照其划定的轨道进行，但意图太过明显反而激起地方代表的不满，形成学部与地方对立之势，最终失去对会议的控制。在开会过程中，每当讨论议案时，学部代表首先发言解释其要旨、意图，继而地方代表提出质疑，逐条辩论，学部代表再予答辩，自然形成学部与地方代表对立的态势，会员之间唇枪舌剑,对抗情绪日趋激烈,尤其当学部与地方代表意见分歧较大时,矛盾更加尖锐。1911年8月3日第10次大会辩论军国民教育案,学部代表戴展诚、恩华、陈宝泉等人相继辩诘不已,双方相持不下,陆光熙指责"学部司员把持会议",学部的王季烈、顾栋臣等则反唇相讥,会场秩序随之混乱。在会员提案规则上,学部所定会议规则第11条关于会员提议案须1/3以上会员赞成的规定,一开始就引起地方代表的强烈不满,在开幕后的第一次预备会上便有会员提议修订。学部不得已依据资政院章程提出议案得30人以上之赞成即可作为议题的规定。类似的情况在这次会议期间不断上演,显示出行政部门和教育社团控制与超越关系的一些基本特征。

四、社团图谱中的教育社团

社会上的各种社团也是教育社团存在的一种重要环境。各类社团兴衰有共同的社会环境影响因素,其他社团发展状况在相当程度上影响着教育社团的发展状况。这里所说的其他社团主要指政治社团(党)、商业社团(商会、农会等)以及其他社会性的社团(秘密会社等)。

1. 教育社团的相对弱势

从数量比例可以考察社团数和参加该类社团的成员人数。在1895年到1949年间,教育社团占当时社会各类社团的比例在5%到20%之间波动。参与教育社团的人员数没有可信的数据,但从教育社团的特点来看,其人员的比例或许高于教育社团数占社团总数的比例。1895年后的一段时期,政治性社团以"学会"为名,短期出现几十个,又于政变后消失,它们或与教育相关,但基本不是以教育为主要性质的社团。1906年《奏定各省教育会章程》颁布,才使教育社团在各类社团中的比例有所提高,1909年时的商会有900余个[①],而各地共建成教育会723个,上一年仅为506个,发展很快,并且仍在加速。例如,江苏1909年有教育会55个,3年后增加到115个,翻了一番。农学会到1911年至少有总

---

① 参见徐鼎新:《旧中国商会溯源》,《中国社会经济史研究》,1983年第1期;中国近代经济史丛书编委会编:《中国近代经济史研究资料(七)》,上海社会科学院出版社,1987,第111页。

会19处,分会276处。①临近1911年,依然是政治性社团占多数,到1913年建立的政治性社团有312个。经过辛亥革命后,越来越多的人意识到仅靠政治还不足以改变中国社会,于是把目光投向教育,才又在1915年到1926年间推高了教育社团的比例,这段时期教育社团在各类社团中所占比例达到高峰。

1927年后,政治斗争的激化又使得不少人把目光投向政治,政治社团的总数未必有大的增加,但参与政治类社团的人数再次攀升。相应地,教育社团数和参与教育社团的人数下滑。1937年后,由于抗日战争全面爆发,教育类社团总数虽有所增加,但参与教育类社团的人数及其所占的比例再次下滑。

在社会影响方面,教育社团也稍逊于政治社团和商业社团。主要表现为在参与人数和影响面、影响深度及剧烈程度上,教育社团都无法与政商社团相比。政治社团以其政治诉求能够吸引广大民众参与,以其行动力的剧烈性对社会产生巨大的冲击;商业性社团由于有巨额资金作为活动基础,影响到众多人的利益,使之具有强大的影响力;教育社团产生作用相对间接,其特征是相对专业,需要以人的认识改变为前提,这使其影响范围和力度受到限制。

从分布区域看,教育社团分布在教育条件和基础较好的区域,政治社团则主要在社会矛盾较突出的区域成立和开展活动。在文化教育落后、经济贫困的地区反倒可能政治社团活跃。商业社团则主要在商业发达的区域建立和开展活动。

从成员组成看,教育社团成员都具有一定的文化基础,其中主要为趋向接受新知或有传统教育基础的人、留学日美欧的学生。政商社团成员中也不乏学识较高的人,同时也有文化水平较低者乃至文盲参与其中,其成员的总体文化水平低于教育社团。

从活动方式看,教育社团的活动基本都是公开的,而政治类社团的活动有很大一部分是秘密的,宗教和其他秘密会社的活动更具隐秘性,商会的活动则有公开的也有秘密的。相对而言,教育社团的活动形式大于内容的部分较其他社团多一些。其他社团有时也有内部的派别,教育类社团出现这种情况相对较少。

2.互生互补

追踪教育社团的产生不难发现,其他社团可能发起建立教育社团,教育社

---

① 朱英:《辛亥革命时期新式商人社团研究》,中国人民大学出版社,1991,第253页。

团也可能发起建立其他社团,从而形成互生关系;在现实中,它们又以各不相同的功能形成互补。

1917年,梁启超与张东荪、蒋百里、俞颂华、郭虞裳等20人发起组织新学会。1919年9月,以新学会名义在上海创办《解放与改造》杂志,由张东荪主编。1919年,蔡元培、黄炎培、范源濂与梁启超、林长民、张东荪等几位教育大家组织尚志学社,1920年建立共学社。在共学社成立前,中国的教育先驱者已先后建立了政闻社、中华职业教育社、尚志学社、新学会等思想学术团体,为共学社和讲学社的建立奠定了良好的基础,这段复杂过程显示出不同社团间的互生关系。

作为教育社团的一种外部环境,其他各类社团与教育社团的相互影响是客观存在的。1903年,军国民教育会在东京成立,此前已经存在的留日学生各省同乡会是联系的纽带,又是强大的后备军。军国民教育会又催生了一些团体,如黄兴等人组建的华兴会、蔡元培等人组建的光复会、陈独秀等人组建的岳王会、林宗素等人参与的福建学生会。

在1895年后的一段时间里,政治和商业类社团是滋养教育社团的主要社会团体,1902年纯教育社团产生后,其他社团的活跃仍在一定程度上激励着教育社团,并为教育社团在目标与愿景确立、内部动作、机构设置、活动方式等方面提供参考与借鉴。商业性社团兼或为教育社团提供物质支持,政治类的社团则在特定条件下为教育社团提供方向导引,这也是为何在商业比较发达的无锡能够在1903年就成立无锡教育会,并长期保持相对稳定运行。

教育社团之间也有众多相互联系,在特定时间、特定事件上,不同教育社团之间也会形成主体和陪衬、对象和背景的关系。1922年3月,道德学社段正元由北京到南京,再由南京到杭州,各界人士到车站欢迎,住进预先准备好的温州会馆,所有交通、食宿等费用,全由弟子等自行筹集。他到杭州第六天,由省教育会开欢迎大会,官绅商学各界到会者千数百人。现在尚无文献显示当年段正元与省教育会的关系是直接联络合作,还是省教育会受其他机构所托出面组织欢迎大会,这件事本身已成为一个显示各社团之间复杂关系的实际案例。

当然,教育社团成员的文化水平相对而言是较高的,一些教育社团的成员也会对其他类型的社团活动乃至其发展产生影响。通常被认为是教育社团的中国教育会(也有人认为它是秘密革命组织)就对华兴会、光复会这两个政治社团产生影响,与兴中会保持密切联系,与其他多个团体亦有复杂的关系,对当时社会的政治风潮也起了一定作用,参见图4-1。

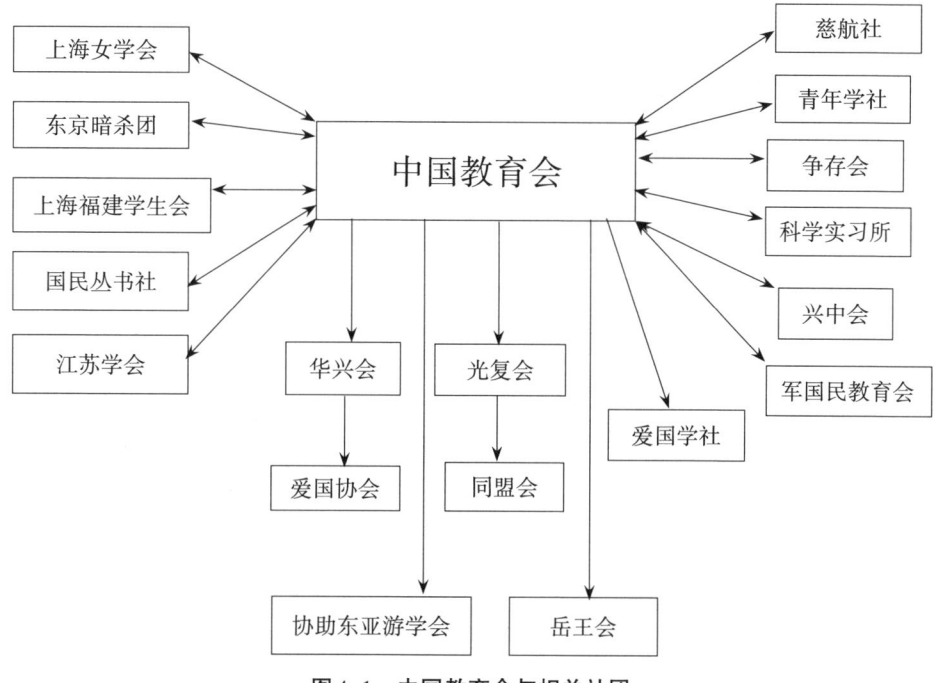

图4-1 中国教育会与相关社团

有上述同样复杂关系的还有中华职业教育社、中华教育改进社、生活教育社等教育社团。

教育社团的发展对农学、算学、数学、心理学、地理学、物理学、化学、图书馆学等各专业社团的组建、发展以及活动开展发挥着促进作用。具体而言,中华教育改进社的成立与它所开展的活动有效激励和支持了各学科性专业社团的建立和活动开展,20世纪20年代成为各学科性社团组建的高峰就与之相关。

教育社团与其他各类社团在成员、分布区域上有一定交叉重叠,说明教育社团与其他各类社团发展有一些相同的内因和外部条件,这些因素包括人员的文化素养、价值取向、处事方式,当地的政治环境、经济社会发展状况也在一定程度上发生作用。更为重要的是,教育社团与其他各类社团一起构成了中国社会中良性的社团生态,它们整体上拓展了全社会民间活动的空间,增强了全民自主自治意识和社会活力,丰富了社会的多样性,满足了社会对教育等各方面的多样性需求。一旦整体生态受到破坏，各类社团的活动都会相应受到伤害。各类社团之间事实上形成一定程度上的分工协作，相互提供或满足需求，整体上形成相互交叉的多向网状链式结构。这种生态会受到外界环境条件的影响而发生改变，或兴或衰，也在一定程度上表现出生态关联性特征。

第五章 中国现代教育社团的组织结构运行系统

第五章　中国现代教育社团的组织结构运行系统

组织结构与运行体系的现代性是现代教育社团现代性特征的重要组成部分和体现,也是现代教育社团足以担当现代教育功能的必要条件。但是现代教育社团中的不同社团组织结构与运行体系存在较大的差异,甚至有国家教育协会这类曾经影响巨大的社团依据现有的史料很难清晰地描述它的组织结构与运行系统,众多当时组织内的个人交往情况因缺乏详尽的史料或将永远淹没于史海。

一、现代教育社团组织特征概述

由于1902年前尚未有纯教育社团,所以,对教育社团的组织特征与运行系统的研究,事实上从1902年后才有研究对象,这里的讨论只能从1902年开始。

1902年建立的中国教育会组织结构相对松散,但它当时所定的章程是比较完备的,甚至比此后成立的诸多教育社团的章程都完备,共13章52条,涉及会员、职员、选举、议事、开会等各项规则。依据章程设有事务长(总理)、后改称为会长1人,评议员11人,干事6人,会计2人,监察2人,书记2人,内外庶务各1人,下设教育、出版、实业三部,1904年在组织结构上有所调整,总体无太大变化。

军国民教育会是早期组织比较完善的教育社团,但存续时间很短,它所设定的结构可持续性如何还缺少实践的检验。该会设执法员3人,事务员10人,其中经理4人,会计员3人,书记员3人(后增补为4人),由会员公举产生,并由职员公推叶澜为职员长,处理日常事务。会中凡遇重大问题则需召开全体会员大会讨论决定,会前推举议长,职员长和议长只是为会员办事的服务者而非领导者,这种民主选举和分权制衡的组织形式在此后的教育社团中十分流行,显示社团成员反对专制,向往和追求民主的思想在组织行为上得到体现。同时也有一些以著名的人士为主组建的教育社团主要采取集中权力的方式运行。

军国民教育会还制定了颇为详尽的公约和自治公约,明确规定了宗旨、组织纪律以及会员的权利和义务,显示出它是一个制度化、规范化的社团。只是由于该会的成员以自发的爱国热情为基础,缺乏契约精神,缺乏自律,一旦道义力量减退,公约的约束力就显得不足,纸面的规约常显得无力,这是导致军国民教育会短命的重要原因。它们的组织和运行规制对此后的教育社团建章立制依然发生了一定的作用。

1916年成立的道德学社是另一种组织结构形态,在理念上信奉儒道,孔圣牌位是维系其组织的重要精神力量。它的组织结构是建立在师徒关系基础上的,当段正元离开成都时就没有哪位弟子能够继续维持活动。在此之前,成都人伦道德研究会(又称"伦礼会")成立期间,四川都督尹昌衡愿以藩台衙门作为会址,并拨款5000元作为经费,却被段正元以"伦礼会是我私人所办"婉辞,并扬言不受官产官费,不取党会形式,杜绝一般势利之徒。但是道德学会成立的时候,不只是依赖段正元所信奉的道缘,还是请北洋政府国务院代总理江朝宗为名誉社长,参谋总长王士珍为社长,另外还请了七人为名誉干事,内务总长、步兵统师、警察总监、外交官等各部要人、国会议员参与发起成立,设有社长、总干事、干事,均出于义务。

由此可见,由于所尊奉的理念和社会基础不同,当时中国各种教育社团的组织结构形态是多样的,其中像道德学社这样的组织结构形态是相对少数。以下对当时相对多数教育社团的组织结构加以讨论。

与1900年前的学会相比,1905年后组建的教育社团民间性更强,官方色彩变淡,接受新知识和新观念的人员增多,成员成分士多绅少,在组织结构上显现出的特征就是从纵向层级较多较高向更为扁平转化。

教育社团与其他社团在组织结构上也有所区别,这种区别源于他们的成员和诉求,教育社团主要由开明士绅、学者和学生组成,而其他得到官方承认的政商社团,以官员、绅商为主体。以下方面决定着其组织结构不同。

首先,教育社团侧重于教育理念的宣导和教育方式方法的改进,而政商社团侧重于实际利益与权力的争夺、控制。前者以输入文明、培育国民为主要目标，大都从事教育宣传活动，很少介入权力竞争。后者则试图通过结社达到分享权力、划分利益的目的，保持对社会权力的垄断，向下参与民权之争，向上参与地方乃至中央政权争夺。因此教育社团的组织没有政商社团那样严密和强有力，结构上没有政商社团那样多的层级，显得更加扁平。

其次，政商社团十分在意其势力范围，努力成为全体国民的代表，较少群体私见，其资源常是只能独享而不能分享的；教育社团也会有区域分界，但通常首先考虑表达与传播效果，一个社团内会存在多样性，社团外部只要是被接受的就欢迎无界传播，供更多的人分享。因此政商社团的权利关系更为紧张、重要，上下左右责权边界相对明晰；教育社团的权利关系相对模糊、不重要或不受重视，上下左右的责权边界也常常模糊，越界行为常常发生。在反对皇权官权，争取民权，要求民主，代表民意等方面政商社团与教育社团或许一致，但政商社团的结构决定着它们行为的力度与效果比教育社团更大更快，更为敏感直接，教育社团在更多情况下言多于行，常睁一只眼闭一只眼，反应比较迟钝。在各种社团内部都实行民主制的情况下，教育社团内部的民主制更不清晰和彻底。

再者，多数政商社团与教育会相比相对于政府更加独立，与非教育会的其他教育社团相比有更强的实力，总体上比教育社团有更大的独立性，其中一些还明显具有对抗官府、离异朝廷的意向。教育社团则与官府朝廷保持既相互依存又明争暗斗的关系。因此，政商社团的结构与组织更加严实，更能经受外界压力冲击；教育社团的组织相对松散，其中一些还担心因不合法而随时可能遭到破坏或取缔，其中一些教育会主要依靠行政权力维护或维持，而纯民间的教育社团则往往因此而短命。两类社团的差异，也表明近代中国的士与绅，或者说投身教育事业的士绅与从事其他事业的士绅（或绅商）在发展趋向上有所不同。

综合考虑教育社团的组织特征，可以发现它们内部普遍实行民主原则与程序，具体表现分述如下。

第一，不少社团章程明确规定会员地位一律平等，享有同样的权利承担义务与责任，会员皆可参与会内事务，早年建立的南学会章程称"本公会无论官绅士庶,既登会籍,俱作为会友,一切平等,略贵贱之分"①。两浙女学会要求"会长会员均平等相待",中国教育会也认为会员"无厚薄高下之别"。有的社团虽未公开标明,但在实际交往中以平等、尊重为为人处事准则。更有社团声称"内界则期交换智识,发明新理,养成独立不羁之人格,外界则期互相联络,扩张群势,组织运动自由之团体"。②

第二,教育社团的职员由会员以无证、记名或举手等方式选举产生,任期较短,一般为半年至一年,长者不过两三年,有的还规定连任次数。规模较小的组织,多为直接选举;成员较多者,则实行间接选举,即由会员选举职员,由职员推举职员长或其他日常管理者以及决定内部分工。

第三,按照三权分立原则建立组织机构,设有评议、干事、纠仪(监察)各部,相互监督制衡,使整个组织运行平衡,各方意见通畅表达。这种结构本身也使得社团结构更加扁平,更多的社团成员有参与尽责和行使权利的机会。

第四,一般会务由评议会公决,重大问题则须经全体会员大会讨论表决,职员负责执行贯彻决议,职员长(或主任干事)的责任主要是协调而非领导。

1905年以后建立的教育社团,从章程上看虽然各条规定符合现代结社原则,实际运作仍在较大程度上是个人实力发挥决定性作用,而且行政干预力较大。教育会更多的是行政权力支配,其他非教育会的教育社团也存在权力过于集中的偏向,教育社团的组织与结构、运行比较直接地体现了其成员民主追求在组织尝试方面的成败得失。

第五,一些社团规定入会须由会员1～2人介绍,履行一定的手续,并制定了严格的自治规则,规定会员必须按照会议决议进行活动,"会员有个人之意见,只可提出于开会时会议,不得于未经议决之事有单独之动作"。会员还要缴纳会费,遵守规章,"如有不守会章或放弃责任或毁损全会名誉之事,曾经监察员规劝而不从者,即于评议会提出决议除名"。一些社团根据具体情况附有特殊规定,如女学会要求会员入学读书,不准缠足,婚嫁自主等。③

---

① 《南学会大概章程》,载汤志钧、陈祖恩、汤仁泽编《中国近代教育史资料汇编·戊戌时期教育》,上海教育出版社,2007,第165页。
② 桑兵:《清末新知识界的社团与活动》,生活·读书·新知三联书店,1995,第290页。
③ 桑兵:《清末新知识界的社团与活动》,生活·读书·新知三联书店,1995,第291页。

尽管教育社团存在结构松散、组织不够严密等特征,总体趋势仍是日益成熟定型。不少社团的章程仅仅规定宗旨、应办事业及若干特殊规则,未能深入涉及为什么要干这些、组织原则、形式与机构设置、一般性纪律等。不少教育社团近乎志同道合者自愿组合的联谊会,或仅是历史上以文会友的翻版。

不少教育社团在组织结构上的特征还表现为简单模仿,有些模仿还不得要领,不是根据自身的宗旨、目标、实际需要确定自己的组织结构,不了解教育社团与宗教慈善组织、社会政治结社、商会的区别,或继承中国传统社会组织的名称,办事处取名公、所、厅,职员定名为总理、协理、分理、董事、司事、提调、坐办、会办等。

二、责权

责任和权利关系是社团中最为实质性、关键性的关系,若一个社团在这方面是模糊不清的,这个社团本身的浅薄和低效就是必然的。对中国现代教育社团所存章程做文献分析可梳理出中国教育社团责权关系的基本特征。

1.早期有认识,实行未跟上

较早建立的中国教育会在其章程中专门设了第六章"会员之责任",包括办事、筹款、缴纳会费、遵守会章、保全名誉、推广等;第七章"会员之权利",包括"会员一律平等,无厚薄高下之别","皆享有本会利益之权","皆有为会中职员之权","皆有质问职员之权","皆有提议修改会章之权"。[①]这表明当时的章程制订者对教育社团的责权关系有比较到位的认识。

只是受当时中国社会整体责权意识不强的限制,文本上列举的责权在实践中未能得到充分行使。此后多数社团章程对该社及其成员的责权有所涉及,在涉及责权关系的章程中,多数仅是在某一条的文本中论及责权关系,并未单设"社员"或"会员"一章专门阐述责权关系。由此可见,总体上教育社团并未将自身和其成员的责任与权利放到很高的位置加以重视,也未明确界定。

---

① 《中国教育会章程》,载朱有瓛、戚名琇、钱曼倩、霍益萍编《中国近代教育史资料汇编·教育行政机构及教育团体》,上海教育出版社,2007,第416-417页。

1912年，教育部公布的《教育会规程》设有"会员"一章，但仅对会员的资格做了限定，没有提及会员的权利与责任。该规程在"会务"一章用五条对教育会的责任边界做出规定，其中第七条明确"教育会不得干涉教育行政及教育以外之事"，明显有防止以教育会之名从事政治活动的意蕴。

而像讲学社这样影响较大的少数社团，竟然在其章程中没有涉及该社的责权及其成员的责权关系。或许因为此前众多社团的章程所写的责任与权利仅仅属于纸面上的文字，很少兑现，注重实际的讲学社干脆就不将这些写进章程了。

2. 重责任轻权利，责权关系不平衡

在对待责权关系上，各类教育社团章程明显显示出重责轻权的特点。教育部所公布的教育会及各种委员会规程、政府颁布的教育会法都对该会的职责做了较为充分的表述，而对该会的权利或没有提及或说得较少、较轻，例如：1915年教育部公布的《学务委员会规程》《教育部边疆教育委员会章程》中涉及权利的仅提到"学务委员为名誉职，但依地方情形得酌给公费"，"本会委员均为无给职，但居住外埠者，到会开会时，得由教育部酌送川旅费"等，各专项委员会的规程中涉及权利的仅提到"本会委员均为无给职，但居住外埠者，到会开会时，得由省教育厅酌送川旅费"。

责任与权利不平衡显示出教育社团相对于政府行政机构的弱势和从属地位。它们的主要职能是履行政府分派的某一职能，这些社团成员很少有依据自己的理念自主从事某一教育事业之权，遇事有相应的教育主管或政府行政部门核准或裁定。

1944年国民政府公布的《教育会法》第十三条明确要求，教育会章程应载明事项中包括"会员之选任解任及其权利与义务"，"职员名额权限任期及其选任解任"，但该法本身未提出教育会及其成员应有哪些基本的权利。

3. 与社团本质属性相关的权利未能凸现

从多个章程、规程和《教育会法》中仅仅提到经费、差旅费等权利可以看出相关的法律法规并未形成赋权、负责的紧密链条，有关教育社团的法律、法规对权力、权利的内涵理解还处在没有厘清的极其初级的层面，在现代社团中社团的权力主要表现为社团的自治权、参与社会治理权、履行社会公共责任的公赋权以及社团内部的决策、行为权力，在特定的时间和地点招收会员的权力，组织相关社团活动的权力，自行决定社团人员职务的权力，这些在当时的法律法规条文中都没有得到体现。社团成员的权利主要包括选举和被选举权，发表意见、表决权，尽管这些权利在各个教育社团实际开展活动中已经在一定程度上赋予其成员，但由于没有相关的法律法规文本保障，一旦遇到争议或两个地位和权势不同的成员意见发生分歧，各方利益冲突的时候，相对弱势或相对少数成员的权利就无法得到切实有效的保障。

由于缺乏明晰的界定，在教育社团内部的不少成员中存在"权力漏斗"现象，这种现象的表现特征是，在向上要求民主，反对专制的时候，力主分权；而在对下面对社团成员的时候，又表现出集权垄断，并且社团内部的不同组织部门间权力分割相互倾轧。实质上是尽可能扩大自己的权利，挤压别人的权利，从而导致社团内部的责任与权利关系的畸形，影响教育社团健康发展。

可见，现代教育社团存在责权不明、重责轻权、权力不完整、权力保障不足、与社团相关的核心权力缺位的一系列问题，这些问题的存在直接影响着教育社团内在活力提升和正常功能发挥。那些政府下属的社团，仅局限于完成对口行政部门下派的任务；纯民间的社团，往往是唯少数有影响力的成员马首是瞻，他们是社团方向及各项事务的确定者，其他成员则不思考、不提议、不发表自己意见，更多的是服从，没有自主选择和决定的机会。

教育社团的责权状况在一定程度上是当时社会法律法规及政府设置确定的，也在一定程度上取决于当时当地社员的责权意识。或者说教育社团的责权状况与整个国家的法制状况直接相关，也与具体社团自身的责权意识相关，最终是由社会成员的责权意识、履责用权能力与法律法规及政府设置共构的结果。公开成立时间比较晚的生活教育社在其章程中也仅对社员大会、理事会、监事会、理事长的职权做了限定，未对社员的责权加以明确。

社团成员的责权意识又是长期历史积淀的结果，中国历史上长期形成的尽忠尽孝而不问权利的意识是教育社团中重责轻权的意识根源。这种意识使不少受过一些教育的人认为参与教育社团完全是尽自己的社会责任，羞于谈及自己的权力和权利，没有考虑到没有相应的权力和权利保障就不能更有效地履行责任。并且很多人认为只讲尽责不求权力和权利才更有利于社团,才是更真诚地服务社会,而没有考虑到没有健全的责权机制作基础就不可能有健全的社团,就难以有效地承担社团的责任,社团也很难履行社会责任。

教育社团的责权状况不良客观上影响到教育社团内在活力的激发和可持续发展,赋权不足影响到教育社团的社会动员力和执行力,责权关系不明抑制了社团成员内驱力的启动和作用的发挥,客观上阻止了一部分有抱负的人加入教育社团。

三、规则

规则是社团保持正常运行的仪轨。自1895年或者准确地说是1902年起,教育社团就有规则。1902年建立的中国教育会章程中制定了"会员出会之则""职员选举之则""职员办事之则""议事规则""开会规则",显示社团建立之初即重视规则的建设。

从各社团所制定的章程到1906年清政府颁布《奏定各省教育会章程》,以及此后的各规程与教育会法都是为各类教育社团建立规则。也就是说,从文本和数量上看中国教育社团不缺少规则,但这并不能掩饰中国现代教育社团在规则建设上的巨大缺陷。

中国社会是一个规矩繁多的社会,但是对众多教育社团的章程以及相关法律法规进行分析不难得出结论,教育社团的规则不够完善,相当简单粗朴,在整个社会规矩繁多、严苛的大背景下,淡化了社团规则的约束力,减低了社团规则的效能,使不少人感到是否加入社团并无太大区别。不少社团的成员认为自己想加入某个社团就加入,不想加入就退出;已经加入某个社团的成员也存在想参加活动就参加,不想参加活动就不参加的现象,这种状况在一定程度上降低了教育社团的约束力。

分析教育会的规程、章程和教育会法以及各具体教育社团的章程,不难发现越是顶层的教育社团章程或规程文本,其中有关规则的成分越少,1911年6月公布的《中央教育会章程》的第九条仅仅明确了"中央教育会规则,由学部详细订定,一律遵守"。该章程本身没有讲到具体规则。相应地,越是中下层或具体教育社团的章程文本,其中规则的成分占比越高,也就是说中央教育会的规程中规则的成分少于省教育会章程中规则的成分,各个具体的教育社团章程中规则的成分又多于省教育会章程中规则的成分。但是规则成分多并不意味着规则就健全、完整,也并不意味着规则多就是合理的。

以1912年公布的《教育会规程》为例,其中可以称得上规则的表述有:"各教育会得互为联络,不相统辖","教育会不得干涉教育行政及教育以外之事","教育会会员应纳入会费及会金","教育会不得拨用地方公款,但经地方议会议决,由行政官厅给予之补助金,不在此限","组织教育会,应按照本规程拟具会章,在省教育会呈由省行政长官核准立案,并由省行政长官转报教育部备查。在县及城镇乡教育会呈由县行政长官核准立案,并由县行政长官转报省行政长官备查"。相比较而言,1906年学部颁布的《奏定各省教育会章程》中规则的成分总量就超过《中央教育会章程》,其中甚至对"簿册文件"也做了详细的规定。

各省教育会的章程由于文字浩繁就不一一列举,仅举个别为例:1908年《江苏教育总会章程》除了内文中包含众多关于权利、会议、事务等方面的规则外,还专门制定了《评议员会规则》《会董会规则》,对开会时间、开会的秩序和出现各种情况时的应对方式做出具体要求;北京教育会也制定有《职员分股办事规则》,对调查、编辑、文牍、会计、庶务各股的职责及内部分工规则做出限定,并要求"各股办事细则由本股自行拟订"。[①]

各个具体教育社团的章程中都包含一定量的规则,由于越是具体的教育社团越需要从事具体的事务,所以越需要有更明晰的规则,这也是具体教育社团章程中规则的成分多于省级和中央教育会的规程与章程中的规则的原因。

在各个教育社团中,它们的章程中包含的规则和实际使用的规则也存在巨大差异。首先是规则的数量多少不一,思想理念性比较强的教育社团相应的规则少一些,实际操作性的教育社团相应的规则就比较多,自主程度比较高的教育社团相应的规则就比较少,作为某一个机构下属的社团相应的规则成分就比较多;规模较小的社团规则相对少些,规模较大的社团规则相对多一些,但实

[①]《职员分股办事规则》,载朱有瓛、戚名琇、钱曼倩、霍益萍编《中国近代教育史资料汇编·教育行政机构及教育团体》,上海教育出版社,2007,第334页。

中也有规模较小但规则很多的社团。

其次是规则的严苛程度不一。通常的情况是社团的公开程度越高,规则的严苛程度愈低;新兴教育社团的规则的严苛程度低于传统的教育社团,老年人多的教育社团的规则严苛程度高于青年人较多的社团。若无其他突出因素影响,相对而言,社团规则严苛程度越高,其存续的时间越久。

再次就是规则所规范的内容和对象存在差别。中央教育会、各省教育会由于在会员资格中已经做了筛选,其成员多数为校长和官员,虽然它的章程中规则的内容较少,并不意味着没有规则,而是因为那些成员是经历过多重规则筛选后的成员,对他们的规则内容会减少到需要限定的极小范围内。而参与门槛较低的教育社团,规则所规范的内容相对就多。

一些教育社团除了在章程中有相应的规则,还设置了一些某一方面详细的规则,比如中华教育改进社设立总事务所,陶行知就曾经对总事务所专门拟定了《办公原则》,提出八点原则[①]:

第一,唯事的。认为中国人办事,往往采唯人主义,一者事因一人之变更而兴废,二者任人唯亲,不计能力。强调办公者,非一人为另一人做事,乃人人为一事或数种事尽力。事宜分工者则分,宜合作者则合,一切以事为中心。人之去就不足损事,事之兴废不复因人。

第二,科学的。以科学精神注于事业,则事业为学问,日求改良以利公务,利用科学方法比较、实验以求结果之善。有科学之态度,则于所做事能怀疑、反省、试验、分析、实证,而不囿于陈法;有科学之方法,则于所做事有改良余地。

第三,效率的。效率视所费时间、精力、财力与结果价值之比而定。所费多而成功少,则效率小,反之则大。故欲效率之大,有二事须注意:一、事当其时,二、人当其才;不当时之事,不当才之人,皆有损于效率。故欲提高效率,一须先有计划,二须善于利用便利之工具。

第四,教育的。治一事,固望事之进步,亦望人有进步,人有向上之理智,故其做一事,决不愿终身于此而无进步之望,故当利其向上之心理,使做事有进步者,得依进步之渐升较优之职,则人皆努力于所做之事,而求有以改进之。

---

① 《陶行知全集　第一卷》,四川教育出版社,1991,第484-492页。

第五，美术的。办公处不能不稍事讲究以求适于美的观念。一是环境布置适宜，错落有致，清雅幽静，几净窗明，亦能使人心怡目悦；二是所办之事，亦宜有美术，表格最贵整洁，信件亦宜雅致；三是办公室不仅为物质环境，同时仍有人的环境，若办公者囚首垢面，衣履乖张，亦使人不乐；四是美术尚条理，重秩序，当做不做，不当做而做，皆不美。

第六，卫生的。办事有美术的意味，则精神上得无限之安慰。若再能合卫生原则，则心身并受其益。中国办公者，多在湫隘卑湿之小屋中，既无日光，亦无空气，又复桌椅高低不合人体，办公者更则随地吐痰，随时吸烟，办公室内空气污浊而不堪，故近则人无宁日，而公事遂亦因之而减其效率。是以办公室必合卫生，总以能使人舒畅而安为是。

第七，兴趣的。各人所做之事，皆能合其兴趣，此乃最难之事。兴趣能减少疲劳，增加努力，于工作至有影响。人于不合兴趣之事，不但不愿有以改良之，且每因循敷衍，不利于己，有损于事。

第八，互助的。办公固不为人，然人与人之互助，不因此而减少。人不能常健康，亦不能无其他意外重大事，于是有离职之一问题。一机关中，苟无人能代其职务者，则当其离职也，此项职务必完全停顿。故一机关中，最好一人于其所办之事，必有第二人能十分明了其职务，则虽有缺席离职之时，而事无停顿阻碍之日，且公事中亦有须合作者，是更赖互助精神以成之。

中华教育改进社还制定有《董事会规程》10项，《年会规程》13章38条，整体上构成相对复杂而系统的规则体系。

还有一些教育社团的分支机构设置自己的特定规则。道德学社原本就有一些规则，各地道德学社又可以自定规则，山西道德学社成立后，社内同仁制定了实行规则：(一)孝顺父母；(二)尊敬师长；(三)亲睦戚族；(四)信任朋友；(五)调养精神；(六)谨言慎行；(七)忠勤职业；(八)礼敬神明，德业相劝，过失相规，患难相恤；等等。[①]

文本中的规则在各个社团中实行的情况也各不相同，在一些社团中文本中的规则得到更有效实行，如中国科学社等成员素养较高的社团，成员间相互尊

[①]《大道源流》，北京大成印书社，1939，第49页。

重,规则意识相对较强。同时,也有一些教育社团受传统人际关系影响较重,对不同的人使用双重标准,规则仅对社团中的一部分人起作用,对社团中的另一部分人则不起作用;或者对社团中名望、地位不同的人以不同方式、不同程度地使用规则,使规则的权威受到损失。众多教育社团内部在发生各种矛盾分歧时,规则常常形同虚设。至于教育会及教育部等行政部门所属的教育社团,它们的规则较大程度上是所属行政部门的规则,社团的规则作用力远小于所属行政部门规则的作用力。

从以上分析可以看出,无论是相对于中国的政商及其他社团,还是相对于当时的社会,相对于其他各国的现代社团,中国现代教育社团的规则总体上是相对薄弱松弛的,不够明晰的。从教育社团的规则内容看,规则的现代性明显不够,规则对社团成员的规范主要集中在经费和不干预行政工作,而很少有对社团成员权利平等,少数成员权利,社团成员的言论、表达、选举等方面基本权利的保障规则。

这种状况与在这一方面国家层面缺乏相应法律法规直接相关,也与中华文化中的规则意识淡薄直接相关,尤其是与中国士文化中组织与规则意识不强直接相关。像梁启超等人建立的讲学社、共学社,其章程几乎不涉及规则,或许他们认为凭自己的道德自觉就能使它运行,但这种假定仅适合于极少数真正具有君子人格的人,很难适用于众多参加教育社团的普通人。教育社团中的成员多属于或接近士阶层,中国传统的士倾向于以自己的品德作为准则,而非以规则作为准则,这是导致众多教育社团不重视规则、规则建设不健全的重要原因。

中国现代教育社团中的规则未能得到丰富、健全,客观上对现代教育社团发展造成了较大的障碍。在不少教育社团内部发生矛盾冲突之时,假若它们的规则更加成熟、明晰、规范,至少可以减缓矛盾,更好地维护社团成员的权利,让更多的成员有规可循,也可以更好地保证社团成员履行自己的责任,在遵守规则的情况下减少分歧和摩擦,从而更好地保障社团的延续。

四、组织结构

教育社团的组织结构是教育社团的功能如何发挥、发挥得如何的基础。没有对组织结构的认识就不可能对现代教育社团有相对完整的认识。但是由于当时的教育社团组织结构的形式松散,对组织结构的价值认识存在较大差异,很多人还未意识到组织结构对社团健全发展的重要性,对现代教育社团的组织结构的研究也就相对较难。

研究教育社团的组织结构只能从各社团留下的章程或相关文献着手,但在做这种种研究的时候必须十分明确地意识到,教育社团的组织结构在形式上是由教育社团的章程以及相关法律法规确定的,实质上是由教育社团内部的成员关系、社团成员的意识以及社团外部的社会结构共同决定的。或者说更大程度上是由其外部的社会结构决定的。在中国,教育社团也无法消除官本位从思想观念到组织形式的影响。

1.组织结构的变迁

1902年后,中国教育社团的组织结构处在一个不稳定的多种结构并存且时常变动的形态。从1902年到1949年,教育社团的组织结构变迁表现的阶段性特征不明显,同一时段往往有多种不同结构的教育社团同时存在,即便结构形式相同,实质上依然有差异,呈现出教育社团结构的多样并存状态。如果抽离出那些发展比较前卫、活跃的教育社团,则能显示出教育社团的结构发展具有一定的阶段性特征。

第一阶段为宏大设置的阶段。这个阶段大约从1902到1915年,其基本特征是照搬世界上发达国家成形的社团结构,以图达到内部机构设置齐全、整体完善的目的,如中国教育会、军国民教育会、《奏定各省教育会章程》所设定的省教育会的结构。在实行中很快就发现,中国人加入社团后契约意识不足,这种结构中的一些机构功能无法发挥,运行效率不高,形式大于内容。

第二阶段为追求简约、便行的阶段。时间大约在1916年到1930年间。经过前一段教育社团的运行,一些人开始意识到过于重视形式的教育社团运行效率低,于是力图精简机构,建立结构小而灵活的教育社团。相应的社团章程文本也大为精简。1920年建立的讲学会、共学会便是此类结构的典型例证。

第三阶段为追求结构平衡、监督有效的阶段。时间在1930年后，其特点是既不想建立早期那样机构庞大而效率不高的社团，又不想所建的社团机构过于简略，而是试图追求结构平衡、监督有效。其结构中常设董事会、监事会、理事会、评议会，形成一定程度上的相互制衡。1932年建立的中国物理学会、1935年建立的中国数学会、1938年公开成立的生活教育社等众多教育社团都采用这种结构。

以生活教育社为例，其组织系统中设置了与理事会平行的监事会，监事会的设置主要是为了生活教育社拓展社会关系，第一届监事会的这一特点还不明显，既有广西教育厅厅长邱昌渭和杜重远、任光、范长江等人，也有晓庄试验乡村师范学校学生出身的戴自俺、程今吾等人；第二届监事会的这一特征就非常明显，监事成员是冯玉祥、沈钧儒、邵力子、黄炎培、李德全、徐特立等这些完全外部的成员。或许从提高运行效率考虑，在组织结构中淡化了社员，强化了理事，将社员大会设置为最高权力机构，事实上社员大会极少召开，也就少有行使权力的机会，实质性的结构还是理事长、常务干事（职员）、社员三层结构，其组织系统如图5-1所示。

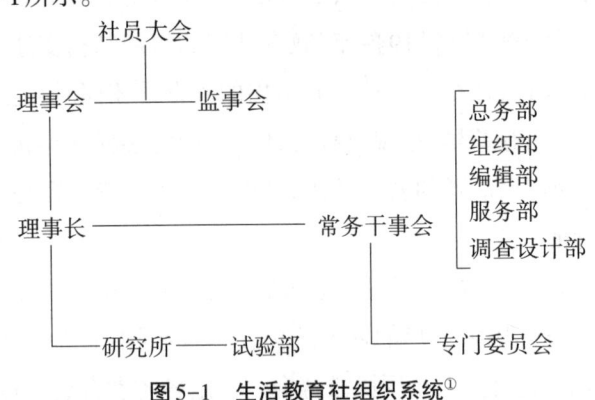

图5-1 生活教育社组织系统①

生活教育社在上述结构基础上还设置分社，"为充分服务起见，各地社员在三十人以上者，得设立分社；在三十人以下五人以上者，得组织共学服务团；不满五人者，得组织通讯处，分社社章及细则另定之"。②

---

① 《陶行知全集　第四卷》，四川教育出版社，1991，第307页。
② 《陶行知全集　第四卷》，四川教育出版社，1991，第308页。

1944年颁布的《教育会法》也采用理事会与监事会并行的结构设置,这一设置成为当时教育社团的主流结构模式。1946年后新建的中国共产党领导的教育社团则更加突出了集中统一领导。

2.组织结构的主要特点

分析教育社团的组织结构可以看出有以下基本特征。

(1)组织结构的不完整、不独立

教育会、教育行政部门所属的各种委员会组织结构不完整是明显的,它们在决策、执行等方面并不是一个完整的机构,它们的功能也不完整,在履行自身职能的时候也不独立。因此多数教育社团都带有明显的依附性。

1911年6月公布的《中央教育会章程》中高频率出现学部、学务大臣,显示该会在组织结构上基本处于虚悬状态,离开了学部和其他的行政机构,中央教育会不存在自己的组织结构。1919年教育部颁布的《修正教育会规程》规定"教育会得设会长、副会长及其他职员",而职员采取互选的办法产生,其范围在校长和视学的范围内,由于这个范围内的人员受到行政组织的约束力远大于他在教育会组织中所接受的约束力,教育会的组织结构客观上受到教育行政机构的左右,甚至可以说寄生于教育及其他行政机构之上。各省教育会的情况也无太大差别,由于自身组织结构的不完整,离开了行政机构就寸步难行。

1912年各省教育会依据中央教育会议议决的教育会组织纲要重组,基本复制了中央教育会议的模式,由事实上尚未普遍建立的各县教育会推举代表,一些地方只能由县议会推举,会长在开常年大会时选举产生,一般任期一到三年,每次参会的人员大都是新面孔。这样的教育社团严格地说仅是教育会议,并未形成较为稳定的社团结构。

像中华教育改进社这样的教育社团表面上看似乎结构更完整,事实上它们也确实比中央教育会、各地教育会的结构更加完整,也相对独立,但是中华教育改进社最终还是因为南北政治局势的变化而终止活动,说明实质上它仍没有独立完整的组织结构。通常经费、理念、活动内容相对独立的社团,结构也相对独立,如中国科学社、中华职业教育社。其他教育社团的组织结构独立性与完整性大都居于教育会和中华教育改进社、中国科学社、中华职业教育社之间。

(2) 以纵向垂直结构为主

中国多数教育社团结构的一个基本特点是以纵向垂直为主,这种结构相对于行政机构又在一定程度上显得更为扁平。这一特征也与行政机构的结构模式对教育社团的影响直接相关,其影响方式包括结构形式和思想观念。在结构形式上,简单复制政府的行政科层结构成为不少新建立的教育社团的流行选择;在观念和意识上,即便某些教育社团组建者想改变纵向垂直的结构,试图使社团结构扁平,一旦与社会交往便发现垂直结构更能为社团内外众多的人接受,运行成本也相对较低。但这种结构在很大程度上降低了教育社团的开放性以及履行与现代社团相符的职能的能力。

1906年的《奏定各省教育会章程》,1912年颁布的《教育会规程》,1919年的《修正教育会规程》都规定了省、县、城镇乡教育会要相互联络,不相统辖,这一规定确定了各级教育会之间不构成纵向的统辖关系,似乎有减轻教育会纵向结构性的意图,在一定程度上使教育社团的关系较行政机构更为扁平。而1944年修正公布的《教育会法》则明确教育会之间的上下级关系,并要求下级教育会在上级教育会举行大会时"各得派代表出席"。以上两个方面共同决定着教育社团关系依然是以纵向垂直结构为主要特点,基本结构如图5-2所示。

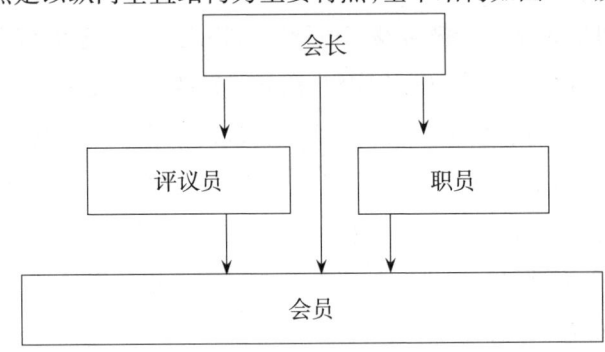

```
          会长
         ↙    ↘
     评议员    职员
         ↘    ↙
          会员
```

图5-2 教育社团的典型组织结构

图5-2仅是对各种教育社团结构做出分析提炼后的简化示意图,实际中的具体教育社团结构更丰富,如1906年的《奏定各省教育会章程》中就有书记、会计和名誉会员的设置。有些社团的职员的职能和位置部分由秘书处替代。

举个具体的例子:1932年8月22日在清华大学科学馆举行中国物理学会第一次年会,选举产生中国物理学会第一届理事会,它是大会所通过的会章确认的中国物理学会的领导机构,理事会又推选职员:会长李书华、副会长叶企孙、秘书吴有训、会计萨本栋,并选出李书华、梅贻琦、夏元瑮、颜任光、丁燮林5人为董事,会长、副会长、秘书、会计为当然评议员,另选出王守竞、严济慈、胡刚复、张贻惠、丁燮林为评议员。①

中华教育改进社的结构是社员全体大会下设董事部,董事部下设总事务所,与总事务所平行的有20多个各专业的委员会,再下设学术部和事务部。它的总事务所与各个专业委员会平行又有联络的设计显示出垂直结构中嫁接了扁平的思路,给各专业委员会充分的自主活动空间。

当然,也有个别教育社团的结构堪称横向扁平,全国教育会联合会就只设主席、副主席各一人,每次开年会前由主办方确定,其他参会成员是平等的,其结构在当时显然是够扁平的。1912年建立的留法俭学会"无会长名目,惟由会员中推定同志数人,分任义务"②,其结构就更为扁平。华法教育会也是由会员推举的24名评议会员管理日常事务。有这种结构特征的教育社团主要是那些没有明显官方背景,由能力、观念和社会地位相当的人士组建起来的教育社团,成员间可以自由平等地发表和交换意见,可以保留不同看法和分歧,却依然能够维持社团的运行,如1925年由匡互生等人在上海建立的立达学会。但总体上看这样扁平结构的教育社团少之又少。

由于以纵向垂直结构为主要特征,横向扁平不够,决定中国现代教育社团多数囿于执行功能,思想、监督功能难以发达,对教育的评议功能未得充分发展,也限制了对教育改进的有效推动。

(3)组织结构稳定性不强

除了教育会在较大程度上依附行政机构从而组织结构相对稳定以外,其他教育社团的组织结构经常发生变化。但教育会的组织结构稳定在一定程度上导致其成员的倦怠、因循,积极活跃程度普遍不高,因而尽管全国各地的教育会数量多、人员多,其影响力远不如中华教育改进社、国家教育协会之类的社团。

事实表明,越是思想前卫、成员多样的教育社团,其组织结构越难以稳定;

---

① 叶铭汉、戴念祖、李艳平编《叶企孙文存》,首都师范大学出版社,2013,第206页。
② 《留法俭学会会约》,载陈学恂、田正平编《中国近代教育史资料汇编·留学教育》,上海教育出版社,2007,第438页。

越是相对保守的教育社团,其组织结构越容易稳定,但即便最保守的社团,其组织结构也具有不稳定性,道德学社内部也曾发生过争斗。换种思路看,越是前卫的教育社团越需要建立理念和形态先进的组织结构,而当时的中华教育改进社、国家教育协会、少年中国学会的短命多少与其结构的稳定性不强有关。

一般来说,教育社团的组织结构不稳定与它的发展相关,以新安旅行团为例,它从淮安出发时,主席、值周轮流担任,记录、交际、财务、编辑等分工担任,到甘肃时,"总的组织是团务会议,下面是三个团务干事,负责全团对内对外的事情;以下设:一、总务股,二、宣传股,三、自我教育股,四、交际股,五、编审股等五股。下设若干组,各司其事,各专其职。此外还有一位顾问先生帮助解决事情。每日有一位主席(轮流担任),负责生活处理、督促工作的进行和主持每天的生活会议"[①]。

到桂林后,团员增至100多人,组织结构又做了调整,设团部,增加各工作队。新安旅行团最高的组织是全体团员大会,成立了团部,下设若干工作队。团部有总干事,此外有秘书部、儿童运动部、总务部、编辑部等。工作队,如西南工作队,组织比较全面,下设一个队长、两个副队长,副队长两人兼两个委员会主任,即儿童文化委员会及生活教育委员会。前者以下有文学、美术、音乐、舞蹈、自然科学、戏剧六组;后者下设健康、图书、事务、生活、会计、教育六组。负责人每三个月改选一次。领导以集体领导、个别负责为原则……生活组织上,分为少女部、少男部、儿童部,各有部长及生活学习干事,负责督导生活学习事宜。每天晚上有一次生活会,总结当天的工作学习,并计划第二天事宜。每星期有一次快乐会,进行文化娱乐教育。此外团内设有小银行及合作社的组织。[②]

新安旅行团到苏北后又采用设立分团的结构。上述变化在一定程度上是与其自身发展相关,由于人员增减、地域变化、活动内容和方式发生变化而做相应变化。

组织结构的不稳定在一定程度上是由于教育社团建立前的组织结构设计

---

① 《新安旅行团访问记》,载中国革命博物馆编《民族的小号手——新安旅行团史料选》,春秋出版社,1989,第166页。

② 罗列:《苦斗六年的新安旅行团》,载中国革命博物馆编《民族的小号手——新安旅行团史料选》,春秋出版社,1989,第283页。

不合理。

(4)不同教育社团存在组织交叉和人员重叠

同在教育圈内,对多个问题的同时关注,多重社会关系共同作用的结果是不同教育社团在组织上存在交叉,人员上存在重叠。越是影响大的教育社团,其组织交叉和人员重叠的比例越高;越是教育界有影响的人物,同时或不同时参加各种教育社团的比例越高,典型的像蔡元培、陶行知、黄炎培等教育名家,参加的教育社团都很多。

在教育社团中,全国教育会联合会与中华教育改进社、中华教育改进社与中华平民教育促进会、中华教育改进社与国家教育协会都存在部分组织交叉和人员重叠。新安旅行团进入桂林后以团体身份加入了生活教育社,许多团员还以个人身份加入生活教育社。新安旅行团甚至鼓励新加入的团员以个人身份加入生活教育社。在桂林招聘的新团员中,少男部和少女部20多人全部加入了当时的生活教育社。[①]生活教育社是为了施行陶行知生活教育理论而产生的组织,新安旅行团也是实践生活教育理论的社团,新安旅行团是生活教育社的有机组成部分。新安旅行团在走生活教育之路的过程中,不仅仅有生活教育理论指导,有自身的真切探索和实践,也明确认同生活教育社的组织领导。

与政商社团不同,教育社团大都不具有排他性,这是教育社团在组织上出现较大程度的交叉,在人员上出现较大程度的重叠的决定性原因。在交叉重叠中又分为同时交叉重叠和继时交叉重叠,后者是指在不同时间段参加各不相同的教育社团,例如叶企孙1915年创办清华科学社,留学时举办谈话会,后来参加中国科学社,又是中国物理学会的创始人之一。确实有一些人因为内心丰富和热心事业而参加了多个教育社团。但是这种组织交叉和人员重叠,尤其是同时的交叉重叠事实上使教育社团的组织效率降低,成员参加走形式而缺实质,各社团之间的关系复杂,社团自身独特性不明晰,分散了社团成员的精力。

在教育社团中,一些发展得好的社团还不断建立新的分支机构,以江苏教育会为例,先后组建的就有1906年的法政研究会,1909年的教育法令研究会,1914年的英文教授研究会、小学教育研究会和理科教授研究会,1915年的师范

---

① 聂大朋:《新安旅行团的故事》,中国展望出版社,1986,第28页。

教育研究会和体育研究会,1916年的幼稚教育研究会、教育法令研究会和职业教育研究会,1918年的中学教育研究会及县视学研究会(后改名为"地方教育行政研究会")、美术研究会,1920年的国语研究会(后改名为"推行国语委员会"),1921年的通俗教育研究会。①北京教育会也设立了通俗讲演研究会、小学研究会等下属研究会。这些研究会之下又分为各种部门,又有自身的结构,整体上拓展、丰富了教育社团的结构。

现代教育社团中还有少数社团的组织结构延伸到国外,如华法教育会、中国科学社、寰球中国学生会等,中华教育改进社也有菲律宾和新加坡的机关社员。国家教育协会的8个分会中就有美国分会,在哥伦比亚大学师范学院、斯坦福大学等校留学的中国留学生李建勋、齐国梁、程时煃、邱椿、邰爽秋、常道直、钟道赞、陈科美、刘乃敬、郑通和、汤茂如夫妇、田培林、吴定良、黄敬思、程克敬、李相勖、杨亮功、刘拓、张元恺、游嘉德、祝其乐、凌纯声等人参与其中,常道直、邰爽秋为国家教育协会美国分会的负责人。组织是否跨越国界实质上是由成员和活动内容决定的,少数教育社团组织跨越国界显示现代教育本身的无国界性,教育社团依据这一特性组建自然就不会囿于国界,跨越国界就成为现代教育社团在特定历史年代的独有特征。

由上可知,中国现代教育社团在组织结构上的现代性存在很大欠缺。组织结构不完整、不独立、不稳定,直接影响到教育社团的存续和可持续性,也影响到教育社团的信心,限制教育社团做比较长远的规划。纵向垂直结构居多显示教育社团结构还没有从对行政结构的简单模仿中走出来,也显示社团成员间还存在一定程度的等级和人身依附关系。不同社团的组织交叉和人员重叠显示组织不够严密,也说明其成员的专业性、专注度不够,其中一些成为"万金油"式的成员,或仅挂一个虚名,并不能为社团做切实有效的工作。

简言之,中国现代教育社团中的多数社团的组织结构具有一定程度的现代性,但依然处在需要充分完善的过程中,这在很大程度上限制了现代教育社团的自身发展与作用发挥。

---

① 《各种研究会一览》,载朱有瓛、戚名琇、钱曼倩、霍益萍编《中国近代教育史资料汇编·教育行政机构及教育团体》,上海教育出版社,2007,第308页。

五、运行

教育社团的运行是指教育社团动态推进工作进程的情况。没有运行的教育社团只是摆设。在1902年到1949年间的教育社团中确实存在一些只开过成立会而几乎没有运行的教育社团,成立会后就没有下文了。多数教育社团有运行过程,但运行的状态各不相同。

1.运行方式

教育社团有多种运行方式,其中还有一些社团有极其个性化的运行方式,不能一一对它们详述,这里选取几种最为常用的教育社团基本运行方式加以介绍。

第一种方式是会议。

会议是教育社团最常用的运行方式,各个社团章程都会对会议加以规范,1944年公布的《教育会法》第五章即为"会议",规定:"教育会会员大会分定期会议及临时会议两种,由常务理事或理事长召集之";"定期会议每年一次";"教育会会员大会之决议,以会员过半数之出席,出席会员过半数之同意行之";修改章程、会员除名、职员退职须"会员过半数之出席,出席会员三分之二以上之同意"才能议决;"教育会理事会议,县市以下教育会每月一次,省市教育会每两月一次,由常务理事或理事长召集之,必要时得开临时会议,监事会议县市教育会每两月一次,省市教育会每四月一次,由常务监事召集之,必要时得开临时会议。"[1]

全国教育会联合会、中华教育改进社运行最主要的方式就是各届年会,一旦年会无法开起来,它们的命运也就终结了。当然,教育社团的运行不只是年会,还包括它在各种不同情境下所开的形式不一、大小不等的各种会议。

各个不同的社团所开的会议各不相同,对会议的要求也各不相同。例如,新安旅行团的会议每月有团务会议一次,为团各部部长、辅导员、顾问、队长参加。其西南工作队另有队务会议,所隶属的两个委员会会议每半月举行一次。

---

[1] 参见本书附录《教育会法》。

此外,每星期一有纪念周。平常还有生活检讨和工作检讨会。①

选举会议是教育社团值得关注的一种会议,通常教育社团通过直接投票或间接投票的方式选举会长、副会长和职员(干事)、评议员。

专业教育社团的会议一般还包括与会代表做论文交流或学术报告的环节,也有到现场参观的,如中国物理学会第一届理事会产生后就安排到鹫峰地震台参观,李善邦向大家做介绍。1933年8月中国物理学会第二届年会在上海交通大学举行,邀请从欧洲经苏联回到上海的居里夫人的研究生施士元向与会者报告了跟随居里夫人做研究工作的情况。

生活教育社章程专列了一章"会议",其中规定:"会议分下列四种:甲、本社社员大会,每年举行一次,由理事会召集之。乙、本社理事会会议,每三月举行一次,由理事长召集之。丙、本社监事会会议,每半年举行一次,由监事会主任监事召集之。丁、常务干事会会议,每月举行一次,由总务部干事召集之。"②事实上由于社员分散在全国各地,战时条件不许可等原因并未照上述规定如期举行各种会议,倒是未列入要求召开的周年纪念会开得很有特色,陶行知发表有思想的讲话,其中十二周年纪念会在重庆召开时就有董必武、黄炎培、邹韬奋等一千余来宾参加,是一种很有影响的宣传。

第二种方式是实验研究。

中华教育改进社、中华职业教育社、中华平民教育促进会、中国社会教育社、中国民生教育学会都先后开展过多个试验研究,其中一些试验研究还延续很长时间,晓庄试验乡村师范学校便是中华教育改进社最有影响的一个试验。不难发现,从事试验研究的都是非官方教育社团,教育部及其他行政部门所属的教育社团基本没有做试验和专题研究,即便是1918年所建立的教育调查会,名为"调查",也仅是依据官方的要求通知各学校或下属部门上报一些设备、上课时数之类的数据,并未做像样的有一定专业性的研究和试验,各级教育会同样未做过像样的研究。

在试验研究方面做出有一定质量的研究的教育社团除了前面提及的,还有

---

① 罗列:《苦斗六年的新安旅行团》,载中国革命博物馆编《民族的小号手——新安旅行团史料选》,春秋出版社,1989,第283页。

②《陶行知全集 第四卷》,四川教育出版社,1991,第309—310页。

中国科学社、中国地理学会、生活教育社、中国测验学会、中华儿童教育社等。

第三种方式是议案和建议。

不少时候,议案要经过会议议决,议决之后的议案在实施过程中依然在一定程度上需要原议案的提出者参与,事实上是教育社团运行的延续,所以议案是不同于会议的另一种教育社团运行方式。由于教育社团大都缺乏直接执行的权力,议案或建议是最常用的推动教育行政机构施行各种教育变革的重要方式。

第四种方式是辅助行政。

这种方式形式多样,通常被称为为教育行政服务,诸如列席各种行政会议,受相关行政部门委托执行某些行政职能等。那些相对独立的教育社团以这种方式运行的并不多,但也间或以这种方式运行。教育部下属的各种委员会则主要以这种方式运行,以农业教育委员会为例,1937年公布的该会章程明确:"本委员会承部长之命,执行下列任务:一、规划各级农业教育方案。二、拟定各级农业学校课程及设备标准。三、筹议地方教建合作及农业推广事业。四、建议农业教育兴革事项。五、议复部长交议事项。六、其他关于农业教育设计事项。"① 这样的定位决定着该委员会只能以辅助行政作为主要运行方式。

第五种方式是学术交流。

讲学社主要的运行方式就是邀请世界著名学者到中国讲学。中国物理学会就促成了1934年朗缪尔、1935年狄拉克和1937年玻尔的来华访问,他们分别在北平、上海等地进行学术交流活动,加强了中国物理学界与国际物理学界的联系。

教育社团其他的运行方式还包括办学、参与社会事务、编辑学术期刊、审定学科名词等,如中国物理学会1933年创办的《中国物理学报》编辑团队的运作本身就是物理学会运行的一个组成部分。1935年中国物理学会会长李书华与副会长叶企孙联名发表《中国物理学会关于度量衡标准制单位名称与定义问题呈教育部文》,指出当时使用的度量衡标准制存在的定义不准确、条文疏误、单位名称不妥等违背科学精神的问题,提出改进意见。②

---

① 见本书附录《教育部农业教育委员会章程》。
② 叶铭汉、戴念祖、李艳平编《叶企孙文存》,首都师范大学出版社,2013,第212-219页。

2. 运行质量

教育社团运行质量是教育社团整体质量的重要体现。在数以百计的中国现代教育社团中,运行的质量参差不齐。运行质量高的不多,依据目标达成度、运行方式优化度、社团成员参与度等指标对各个社团加以评量,运行质量较好的教育社团最多仅能占到当时教育社团总数的5%,能够正常运行的社团仅占当时教育社团总数的20%,其余的教育社团不能正常运行。简言之,中国现代教育社团的总体运行质量不高,具体的体现如下。

社团章程中所确立的宗旨和目标不能有效实现。不少教育社团在确立宗旨的时候立意崇高,在制定自身目标的时候选择高远,一旦运行起来就显得过高过难不可及,将它们运行的实际情况与它们所确立的宗旨与目标对照就可看出巨大的差距。出现这种情况当然与一些教育社团确立宗旨和目标的时候过于天真、理想,不了解实际情况直接相关,更多的问题出现在运行过程中。因为确实有一些社团如果能正常运行,它们所确立的目标宗旨在当时的条件下还是可以实现的,但由于运行出现了意气用事、内部分歧、不能持久等问题,最终连本该实现的目标也未能实现。

社团运行中的方式和路径未能经过相应的程序优化。分析文献可以看出,不少教育社团运行质量不高是由于社团内不能够汇聚众人智慧,不同成员间的性格不能调和,宗派观念较重,遇事未经商议就行动,行动过程中又未能制订较为完善稳妥的方案,未能选择较为优化的程序,经常出现盲行盲动,激情高过理性。少年中国学会、国家教育协会以及不少以学生为主要成员的教育社团都不免带有这些特征。

相对而言,各级教育会、政府部门下属的委员会由于通常是看上级行政部门的要求行事,循规蹈矩,例行公事,也很难吸纳专业意见优化程序,并依靠相关部门的强制力施行那些未能优化的方案,从而也很难提高教育社团运行质量,反倒是成员优秀的民间教育社团运行质量超过行政部门所属的教育社团和各级教育会。

社团成员在运行中的参与度不高。不少教育社团内部存在一言堂的现象,或不同人的话语权不平等,因此虽然社团成员人数不少,但多数成员仅名列其中,参加过一两次活动后便与该社团没有任何关系;或者多次参与却仅是浅层次的参与,不发表意见,不参与商议,身在心不在。社团的运行虽然有较大的框架,却是靠少数几个人苦撑,一遇到内部矛盾或外部压力便无以为继。

抗日战争是对众多教育社团运行质量的一种检验,全面抗战开始后,各方面条件都异常困难,但中国物理学会的活动没有中止。1939—1944年间共召开年会6次。由于战时交通甚为不便,自1942年开始,年会分散在各处举行。1942年和1943年的年会分别在昆明、重庆、成都、兰州、贵阳、桂林等6个地方举行。1942年中国物理学工作者还分别在重庆、贵阳、昆明和福建永安等地举行了牛顿诞辰300周年的纪念大会。《中国物理学报》出版至第3卷第1期后因战争爆发而停刊2年,1939—1945年在异常困难的情况下一共出版了5期。其中有些用粗糙的土纸印刷,质量低劣,但论文保持往常的水平,这里凝聚了当时不少中国物理学者的心血。

类似中国物理学会这样的教育社团之所以能在艰难条件下不受太大影响而正常运行,是由于有叶企孙等骨干成员在学会活动中实事求是、一心为公。由此可见,决定教育社团运行质量的第一个因素是骨干成员的素养,包括他们的观念、能力、规则意识、韧性与耐力。再就是该社团的设计是否科学合理,是否有规范的章程、明细的规则,能否将贤能的人推举出来管理社团。当然,教育社团的运行质量还与当时社会的环境,尤其是行政体系的状况及其是否对教育社团有不当的强力干扰直接相关。社会各方面以什么样的态度对待教育社团开展的各类活动也在一定程度上影响教育社团运行的质量,社会的过度漠视和强力抵制都会使教育社团无法正常运行。

3.运行中常见的问题

综合分析1900年至1949年中国教育社团运行的史料可以看出,行政部门下属的各种委员会运行较为平顺,但它们的运行也大都依指令和惯例行事,上级行政部门若能正常运行,社团平顺运行也在常理之中。在这期间,虽然各级教育会的运行发生问题的概率多起来了,但相对于非教育会的民间教育社团又相对平稳。教育会常出现的问题是不同权力与势力之间的争夺,权力把持者与专业人员之间的冲突,各种不同观念的争论比拼。非教育会的民间教育社团是运行中出问题概率最高的,由于它们的存在受到自身凝聚力、经济实力、社会压力、专业能力等多方面的影响,一遇到内外因素的变化就会直接导致运行搁浅。

即便如此,依然有少数非教育会的民间教育社团运行得比行政部门的下属委员会、各级教育会还好,中国科学社和中华职业教育社便是这样的例证。

各种教育社团运行中出现频次较高的问题主要有以下三种:

一是运行方式和路径局限。在整个社会对社团的认识不充分的情况下,社团的运行空间受到挤压,导致教育社团运行方式与路径都存在社团自身难以克服的局限。前述五种运行方式,本身就不多,每一种方式的使用都需要经费、人员、场地等作为条件,这些条件中少一项就无法开展活动,而不少教育社团还仅采用其中的一两种,于是运行方式有限成为社团开展活动遇到的障碍。

在运行路径上,需要社团的成员去探索,华法教育会、寰球中国学生会都是自主探索出一条独特的运行路径的,而各级教育会在这方面就比较保守,几乎不去探索新的运行路径。其他非教育会的教育社团则苦于社会资源不丰富,社会上与之有共识者少,活动对象与用户不明确,自身思路与能力有限等各种原因而找不到适合自己的有效路径,只能简单跟随、模仿其他社团运行的路径,从而降低了运行效果。

二是执行力不强。教育社团自身都缺乏独立完整地完成某一社会与教育变革行为的执行力,所以必须在运行中不断寻找有共同认识的个人和机构参与、支持。行政部门下属委员会依靠上级行政部门的公权力可以强化自身的执行力,教育会也在一定程度上有此种借力效应,从而显得还有一定的执行力。

民间教育社团则完全要靠社会对自己的认同、信仰获得执行力,因而多数教育社团被社会认为是有想法、有说法,却很少有做法,也很难把事做成的组织。但在特定时段和特定时间点,民间教育社团也会有巨大的执行力,比如国家教育协会在收回教育权运动中的执行力超过政府行政部门,更超过它们下属的委员会和各级教育会,华法教育会和寰球中国学生会也曾一度执行力超越了政府部门。但是由于内外各种因素的共同作用,其执行力的可持续性不强,说明强劲的执行力除了社团自身的重要作用外,还与时势及其他外部环境相关。

三是运行效率较低。不少教育社团花费的力量不小,收到的成效不高,运行的效率低。

评价教育社团运行是否有效,主要看教育社团通过运行是否实现了自己所确定的目标,以这样的标准来衡量,多数教育社团运行的效率是较低的,其中包括行政部门下属的教育社团、教育会和部分民间教育社团。低效的原因有两个,一个是教育社团自身不能或不会科学合理地设置自己的目标,或目标摇摆、模糊、宽泛、过高,导致运行是盲目的、往复的,无法产生效果。另一个是自身实现目标的能力不足、路径不清晰、社团成员间不能有效配合形成合力,或在运行中半途而废。

教育社团运行中存在的上述问题也是中国现代教育社团发育不够成熟的表现。相对而言,发育比较成熟的社团出现各种问题的概率就小得多,问题较多的大多是不够成熟的教育社团,学生社团和因为各种运动而组建的社团运行中发生问题较多就是实际例证。

六、经费

经费是社团运行的必要条件,已有的研究对社团运行的经费关注很少,因而,比较完整地展现中国现代教育社团的经费状况有较大难度。而经费又是现代教育社团建立和发展中长期存在的短板。

1912年后,包括《教育会规程》在内的各教育社团的章程都专设了"经费"一章。但是1911年6月的《中央教育会章程》没有涉及经费的文字,说明当时社章的拟定者忽视了这个问题,或简单认为中央教育会由学部支出经费,于是就不必在章程中写入。

对中国现代教育社团的经费做整体分析可以粗线条地显示其基本特点。

1.总量很少

中国现代教育社团的经费总量与政商社团比较显得少之又少,由于没有足够资料支撑做全面的比较,只能做个别的比较。当时在教育社团中华美协进社有中华教育文化基金会(简称"中基会")的支持不为经费发愁,中华职业教育社和中华平民教育促进会经费相对较多。

教育社团经费少的实证依据是不少教育社团因为经费开支不保而消亡,曾经轰轰烈烈的华法教育会1921年就因为财政亏空,被迫宣布与中国留法学生脱离经济关系,导致矛盾激化终至解散。其他因经费而不能存续的教育社团不在少数。

讲学社是中国教育社团经费少的一个典型例证,在筹建时梁启超曾给张东荪写信道:"经费政府每年补助二万元,以三年为期,此外零碎捐款亦已得万元有奇。"讲学社先后邀请了美国实用主义哲学家、教育家杜威,英国哲学家罗素,德国学者杜里舒,印度诗人泰戈尔来华讲学。其中杜威在讲学社成立前应北京大学等邀请来华已一年多,第二年改由讲学社续聘。这四位著名学者讲学时间(除泰戈尔外)都长达一年以上,媒体报道充分,演讲内容结集出版,故先后都激起了强烈的反响,影响甚大。但是受经费所限难以延续。1922年春爱因斯坦也同意来华,因为他已接受在日本讲学的邀请,其间可以拿出一定时间前来中国讲学,中国知识界欢欣鼓舞,蔡元培为此扎扎实实地做了最实际的准备工作。爱因斯坦到中国讲学的费用是1000美元,这对中国的教育社团来说可不是一笔小数目,为了筹集这笔钱,蔡元培动用了所能动用的一切力量。他甚至携带爱因斯坦的信件跑到山东去找梁启超,梁启超非常支持,并承诺他所领导的讲学社"可以承担一半的费用"。爱因斯坦最终却未能来华。以当年中国贫弱的现实,讲学社仅仅坚持了四次邀请国外著名学者讲学,后因为官方的款项不再到位,而偃旗息鼓了。

中国教育学会"会员入会时纳会费五元,每年纳常年会费二元","遇有特别需要时,得随时募集之"[①]。该会1933年第一届年会期间约有150名会员,收费总额也就近千元,当年申请补助又未能实现。国家教育协会因"经费支绌"而只能向会员赠送《中华教育界》,"分会经费得由分会于交总会之常年费外酌收分会会费,其多少由分会自定之"[②]。

生活教育社1938年底成立的时候政治部每月给1000元津贴,给到1939年7月就停了。社员的社费是一年国币1元,另一种方式是特别捐,现在能看到记录最多的是社员陈志中捐了国币20元[③],数量少得可怜。为了维持运行,陶行知不得不发起募捐,开展生产基金运动,甚至自己登广告卖字。

---

① 《中国教育学会第一届年会昨闭幕》,《申报》1933年1月31日。
② 《国家教育协会分会总纲》,《醒狮》第64号,1925年12月26日。
③ 《陶行知全集 第八卷》(第2版),四川教育出版社,2005,第551页。

依据现有的史料,不仅不能整体展现当时社团的经费总量情况,总体展示当时某一个社团的经费情况也很难做到,只能将有史料依据的部分教育社团的个别年度的经费情况搜集列成表5-1,供参考。

表5-1 部分教育社团年度经费情况表[①]

社团名称	获得该经费的年度	经费总额	该年度预算
浙江僧教育会	1907	15000余元(各寺认捐)	
无锡教育会	1908	1004.162元	
河南省教育会	1910	1086元	
通俗教育研究会	1916	2200元	
中华职业教育社	1918	8291.26元(收入总计)	4854.89元(支出总计)
江苏理科教授研究会	1920	3300元(补助及团体捐助)	
中华教育改进社	1922	28883152元(实收)	42444737元(确定数)
华美协进社	1931	1～3万(美元,中基会补助)	
中国教育学会	1933	1309.84元(截至1934年1月24日)	
江西省推行音乐教育委员会	1934	12000元	
中国民生教育学会	1938	3951元(收入)	3876元(支出)

由表5-1可以看出,在不少年份,教育社团的实收经费少于预算经费,显示教育社团经费经常处于入不敷出的状态。

各省教育会会有一定量的政府拨款,另一个经费来源是会员的会费,以1907年《河南全省教育总会简章》为例,其中要求"凡在会会员认捐,分特别、常年二种。捐特别者无限,捐常年者,照章不得在六元以下"[②],以河南每县10名会员计算,一年收的常年捐也不足6000元,其他各省教育会的情况也不会有太

[①] 整理自朱有瓛、戚名琇、钱曼倩、霍益萍编《中国近代教育史资料汇编·教育行政机构及教育团体》,上海教育出版社,2007,等文献。

[②] 《河南全省教育总会简章》,载朱有瓛、戚名琇、钱曼倩、霍益萍编《中国近代教育史资料汇编·教育行政机构及教育团体》,上海教育出版社,2007,第321页。

大差异。

在看到教育社团整体上经费很少的同时,要看到少数教育社团经费比较充裕,比如1920年建立的共学社由于与译书出版直接联系能获得一些收益,加上有包括穆藕初、聂云台等大实业家捐款,经费就比较充足,但这样的社团数量很少。

2. 筹措困难

较早建立的中国教育会的经费收入主要来自会员的会捐及月捐、出版部收益、实业部收益,即便如此,吴稚晖还要暗示社员选黄宗仰为会长以解会中经费缺乏问题。后来建立的教育社团大都没有实业部和出版部之类可以获得收益的机构,教育社团经费的来源主要有以下方面。

一是政府的拨款或补助。中央教育会、各省教育会的经费基本上都有政府拨款,教育行政部门下属的各种委员会经费也主要来自政府拨款,只有少量的来自会员费或其他的收益。像中华教育改进社事业发展迅速,参加世界教育会议获得政府补助,1924—1925年度年会社务报告显示财政补助经费占该年度收入的52.51%。其他教育社团也间或有政府的拨款支持。

二是会员单位的捐助。中华教育改进社等不少由多个机构组建的教育社团主要经费由组建的机构分摊,它们也有一些从事各项工作获得的收益。中华教育改进社年会社务报告显示,1922—1923会计年度社费收入占总经费收入的54.82%。

三是知名人士通过自己的名望获得的资助以及其他社会资源。共学社就主要靠梁启超等人的社会关系获得社会上各方面的经济支援,通过翻译出版获得一些稿费。

四是特定价值认同者的捐助。道德学社的经费来源就是如此。道德学社在经费方面是可值得研究的案例。该社社师反复强调:不做国家官,不用公家一文钱。其主要经费来自乐捐。

五是少部分教育社团有自设产业,产业收益可以为教育社团筹措一些经费。以北京教育会为例,该会经费收入分为四项:"一、会员会费,入会费一元,于入会时交纳;常年二元,于开大会之日交纳。二、会员特捐,自由认捐。三、会外捐助,会外同志捐助财产、书籍者,随时登报志谢,千元以上者,特制相片,永垂不朽。四、公款补助,本会需款浩繁,俟本会稍有成效,请由地方行政官厅及地方自治机关特别补助。"①

除了当时的中华教育文化基金会等极少数不需要筹措经费的教育社团外,几乎所有教育社团在经费筹措方面都遇到各种困难。以1922年的中华教育改进社为例,该社当年社费实收二万一千元。有特别捐黎元洪总统捐洋一千元,教育部捐洋一千元,周子庚捐洋一千元,许世英及安徽省署同仁捐洋一千二百元,朱其慧捐洋五千元(专为发展女子教育之用),孟禄捐洋四千元,洛氏基金会捐洋五千元,国际教育会捐金洋三千元,司徒雷登捐金洋一千元。此外,交通部发各路火车免票,通火车之地社员都可享受;招商局的轮船折价,使能通轮船区域的代表都可享受。然而,要将这些费收起来却不容易,东南大学在交社费上就遇到麻烦,陶行知多次就筹集经费一事给东南大学郭秉文写信,1922年10月28日和11月14日两次写信给校长郭秉文。其中14日的信中写道:"改进社社费,万万不能以千二百元了事。他校均照三社社费总数担任,本校何能独异?若因此牵动他校援例,本校岂能免于破坏改进社之责言。孟禄先生尚如此尽力,吾辈自谋,岂能后于外国之师友乎?""事关学校信用,务请嘱行政委员诸公兼筹并顾,重加考虑。且相差不过一千二百元,只须大家出点力,是不难弥补的。吾校在这个团体中,万万不能失信。"②这些言词显示中华教育改进社这样的大社团当年经费筹措之难。

其他小型社团经费筹措同样是困难重重,以新安旅行团为例,它筹集经费主要有以下几个方法:一、携带一部教育电影,这是教育民众课本之一。但是在经济恐慌时,可以稍微收一点费,有时收几个铜板,最多也不过五分钱。数目虽小,但是集合起来,就不少了。二、做文化介绍工作,推销有益的书报。有关系的各大书店及文化机关,都给一些推销费。三、把旅行中观察到的和生活情形等写成文章,在报纸和杂志上发表,可以取得些稿费。四、同情者们的捐助。五、政府机关的辅助。③方法不少,但每种方法所能获得的收益不多,总体上依

---

① 《北京教育会章程》,载朱有瓛、戚名琇、钱曼倩、霍益萍编《中国近代教育史资料汇编·教育行政机构及教育团体》,上海教育出版社,2007,第333页。
② 《陶行知全集 第8卷》(第2版),四川教育出版社,1991,第238页。
③ 靖秉铨:《哪里来的钱》,《儿童日报》(上海)1936年10月12日。

然是一直受到经济困扰。新安旅行团曾有一个很大的愿望,就是想要一辆汽车。因为有了汽车,就可以走更远的路,带更多的行李,可以节省旅费,汽车还可以做露天舞台,带更多的商品、图书、设备,白天是民众的课堂和礼堂,晚上是寝室。①这个愿望在整个新安旅行团存在期间一直都没有实现。

到了武汉这种大城市后,原来靠放映电影来换取一些旅行经费的方式行不通了,新安旅行团再一次遇到经济困难。当时主要的经费来源是参加国民政府军事委员会政治部第三厅宣传活动得到若干临时补贴,但是数量有限。陶行知以国民外交使节的身份,在美国活动,在华侨中宣传新安旅行团的事迹,华侨也为新安旅行团捐了一些钱款,但终究不能解决长远问题。新安旅行团希望得到像"抗宣""抗演""抗映队"一样的待遇,按月发给人员薪金和工作费用,因为新安旅行团和他们一样都在做抗战宣传工作,且比他们早好几年就已经开始了。于是新安旅行团就去找国民政府军事委员会政治部第三厅厅长郭沫若商议,郭沫若建议给政治部主任陈诚打申请报告,后几经周折,周恩来出面,才成为政治部的特约团体,由政治部发给他们工作经费和生活费。政治部总务厅每月发给新安旅行团45个人的津贴费和宣传费共1045元,从1939年1月开始每月支取工作经费和45人的津贴费1045元。新安旅行团则每季度向政治部报告一次工作。到1940年4月,停发了全部费用。他们变卖了团体的一套电影放映工具(放映机、发电机、电唱机、影片、幻灯)和幕布、道具等,又发动部分团员争取家庭援助,但路费仍然不够,于是成立了临时写作委员会写书挣稿费。

道德学社建立时,每月日常费用就成为一个最大问题,大众弟子欲共同凑钱,段正元说不用大家凑钱,先尽他手头所有尽量用,他即把所有弟子拜门的赞敬礼钱全部拿出办社。成立初期,所有一切筹备及开社费用完全由各发起人自由乐助,没有向外界募捐分文。第二年,房主要卖学社所租的房子,当时学社没有钱,段正元拿钱私人卖下来又捐给学社,继续作为学社办公之地。在外人看来,段正元是学社聘请的社师,日用薪水应该都是社里来出。实际上自学社开办后,段正元不但自己日用都是自备,就是学社中如果日用不敷,也要负完全责任,所以学社中无论什么物品,他都要自己亲自检点,如社里印刷机等一切器

---

① 小牛(曾兆寿):《为什么要汽车》,《新儿童报》(上海)1936年10月19日。

具,都是他出钱所办。社里各种礼器摆设,也多是他出钱承买,不辞劳苦,时时刻刻,用全力经营。①

道德学社成立后,当时王士珍社长及其他要人为办社经费谋虑,曾向段正元提议向政府提出申请,由国家拨款补助;或由政府聘段正元为高级顾问,以得到补助来维持个人生活与道德学社日常事务;或找人捐款,以作基金。这些想法都被段正元阻止,他说:"要办救世救人救天下之事,不用公家一分钱,不受国家一名位,不占国家一席地。若说救世,而心仍欲用公家钱,做国家官,占公家地,此即是沽名钓誉之辈,亦假仁假义,敷衍人情之假事,焉能救世! 不若趁早不办。"②道德学社弟子皆节衣缩食,以维持社务,凡是在学社工作者全是尽义务。

在《实行休息语录》中段正元道:"回思吾自各处立社以来,集思广益,数十年中,未用公家半文钱,未受国家一名位。前后在京二十余年,系私人感情上所敬奉于我者。置成业后,作为公用,门人维持师道,与学社之财物,皆列簿记,使有功苦勤劳者,一毫不落空。"③

1939年段正元与弟子们述谈,自述自己办道德学社的十大特别中再次提到:不做国家官,不用公家钱。孔子尚为鲁大夫,孟子且传食诸侯。我四方立学社,未用过公家一文钱,此又我之特别也。

教育社团经费筹措困难是与社会对教育社团存在的必要性认可度直接相关的,教育社团确实不能直接去解决人的温饱等基本民生问题,在当时民生艰难的社会状况下,教育社团难以筹集到经费当属正常。教育社团难以筹集到足够经费还与教育社团只能使用温和的方式寻找认同者以筹集经费相关,政商社团则可利用自己的强制力筹集经费,商业社团还可利用市场和利益机制等筹集经费,它们筹集经费的路径就比教育社团多,力度比教育社团大,于是可以比较容易筹集到比教育社团多的经费。

3. 管理不规范

或许由于经费总数不多,或许由于教育从业者羞于谈钱,对经费不敏感、不

---

① 参见《办道及成立学社之经过》,载《师道全书》卷十四,道德学会总会印,1944,第19页。
② 《道德学社访问记》,上海大成书社印行,1938,第5页。
③ 《实行休息语录》,载《师道全书》卷一九,道德学会总会印,1944,第17页。

重视,大多数教育社团对经费的管理是不规范的。分析各社团的章程可知,在各教育社团的章程中讲到经费的时候,比较多的是教育社团经费的来源,如会员费、特别捐、公拨,但很少涉及经费的管理和使用。

教育社团经费管理不规范体现在以下环节:

一是收费不规范。大多数教育社团章程对经费怎么收、收多少、何时交都无严格限定,早年的建立的南学会要求"入本会者,可任意捐赀若干……或愿捐新旧书籍亦可"①。后来的《南学会入会章程十二条》也仅要求"凡入会者,应各酌捐银若干两,或捐书器亦可"②。缴费的时候多数不给凭据,只记流水账,或适当时候以适当方式在一定范围公开。华法教育会是当时教育社团中对收费要求较为明确的,该会大纲中要求大会推举的名誉会员不纳会费,"公益会员(即实行会员多纳会费者),每年付会费至少二十佛郎(即法郎,下同)","实行会员,每年至少纳会费五佛郎。各项会费均可于一次总纳,以免按年零付。公益会员须交四百佛郎,实行会员需交百佛郎"③。可以看出有希望尽早尽多缴纳的倾向。

二是经费的管理与使用过程不规范。这方面做得比较好的有1912年的《江苏省教育会章程》专设"会计"一章四条,规定出入款分为经常、特别二项,每年预、决算由评议员会议确定,"特别费支出较巨者,必经全体职员会或评议员会之议决"④。北京教育会也设有会计股"专司经营本会经费,应由股内分项专任,互有稽核"⑤。多数教育社团没有专职的财务机构设置,没有正常的预决算程序,经费的拨付、使用未建立严格的会计制度。相对而言,华法教育会可能对经费的需求更紧,该会在大纲中专门设置了三条关于"存款与常年经费"的管理要求。

---

① 《南学会大概章程》,载汤志钧、陈祖恩、汤仁泽编《中国近代教育史资料汇编·戊戌时期教育》,上海教育出版社,2007,第165页。

② 《南学会入会章程十二条》,载汤志钧、陈祖恩、汤仁泽编《中国近代教育史资料汇编·戊戌时期教育》,上海教育出版社,2007,第169页。

③ 《华法教育会大纲》,载陈学恂、田正平编《中国近代教育史资料汇编·留学教育》,上海教育出版社,2007,第467页。

④ 《江苏省教育会章程》,载朱有瓛、戚名琇、钱曼倩、霍益萍编《中国近代教育史资料汇编·教育行政机构及教育团体》,上海教育出版社,2007,第294页。

⑤ 《职员分股办事规则》,载朱有瓛、戚名琇、钱曼倩、霍益萍编《中国近代教育史资料汇编·教育行政机构及教育团体》,上海教育出版社,2007,第334页。

像全国教育会联合会这样影响很大的教育社团没有单设的经费管理制度,其章程中仅有简短的一句话"本会开会期内经费由所在教育会筹措之"①,也就是由每年轮流主办年会的教育会筹集办会经费,参会者的差旅费由所在省教育会报销。由一批文人建立的讲学社也仅在章程中提到"本社设管理基金员若干人,专司募集基金且保管之"。

三是经费使用结果的公开不严格。或许受到中国传统义利观的影响,受过一定教育的人都不想被人怀疑贪利,教育社团中对用款的结果公开很重视。南学会即要求"各会友捐款及书器,每月附《湘报》刊布,以便查核"②。1902年建立的中国教育会在章程中要求"每年一次作本会会计之支出收入表,以报告于会员"③。这种通过公开实行监督的管理方式,此后的中华职业教育社、中华教育改进社等都实行过,但在开始的时候做得比较严格细致,后来就不那么认真了。各级教育会和行政部门的下属社团在经费管理上并没有做到公开,其支出大多数受制于它的上级行政主管部门。

1944年公布的《教育会法》第六章"经费"规定"教育会经费分下列两种:一、会员入会费及常年费;二、事业费"。"事业费,经会员大会或代表大会议决,得依法募集之,必要时亦得由中央或地方政府补助之。"对于经费管理仅要求"各级教育会收支,应于每年度终了时呈报当地主管官署核销,并通告各会员"。

四是对捐助者的回报与权利没有规范约定。1897年,《广仁学堂圣学会章程》中就规定给捐助不同数额的人以不同的回报,"捐助千金者,永远准其送一人入学肄业,由会中支给,并请大吏奏请给予乐善好施匾额,以昭好善"④。这说明对捐助者回报的意识从社团建立初期就有了,但由于教育社团的产出不一,很多产出直接对社会或教育人士发挥作用,对普通人没有可用性,所以不同教

---

① 《全国教育会联合会章程》,载朱有瓛、戚名琇、钱曼倩、霍益萍编《中国近代教育史资料汇编·教育行政机构及教育团体》,上海教育出版社,2007,第207页。
② 《南学会入会章程十二条》,载汤志钧、陈祖恩、汤仁泽编《中国近代教育史资料汇编·戊戌时期教育》,上海教育出版社,2007,第169页。
③ 《中国教育会章程》,载朱有瓛、戚名琇、钱曼倩、霍益萍编《中国近代教育史资料汇编·教育行政机构及教育团体》,上海教育出版社,2007,第416页。
④ 《广仁学堂圣学会章程》,载汤志钧、陈祖恩、汤仁泽编《中国近代教育史资料汇编·戊戌时期教育》,上海教育出版社,2007,第180页。

育社团难以形成回报的规范,以致1900年后的教育社团回报意识下降,章程中几乎不谈对捐助者的回报。北京教育会明确"本会收款,皆由事务所掣取收条,以昭信守"①。华法教育会则反向要求"过期一年不付会费"者除名,"会员之辞退或被除名者,不得有会中之权利,其已付之会费完全为会中所有"②。

由上可见,教育社团的经费管理依然是粗线条的简单管理。

4. 使用效率高

从经费使用效率上看,众多的教育社团经费使用效率都高于政商社团,这里的效率是指产出的工作结果与使用经费之比。正因为教育社团的经费使用效率较高,才使得当时使用经费总量要少很多的教育社团所做的工作依然能被当时的人们所感知,并在历史上留下较其他社团更为深刻、清晰的印迹。

教育社团经费使用效率较高的原因有:

一是教育社团的成员通常主要靠其他的岗位获得报酬维持生计,他们参与社团的活动在很大程度上是义务的、志愿的,从而在人员报酬支出上大大降低了教育社团的经费支出。进入教育社团账户的经费仅仅使用于严格限定的事项上,所以总体上显现出低成本高效率,实质上教育社团的活动成本很大一部分由那些尽义务的志愿者个人承担了。

二是由于经费数量不多,教育社团所设定的目标和愿景都很高,教育社团的经费管理的规范性虽不强,但社团成员们明确意识到目标与经费之间的巨大差距,于是每一文钱都掰开来使用,尽可能用在刀刃上,总体上提高了教育社团经费使用的效率。

三是与教育社团产出的产品直接相关。政商社团产出的产品大都仅有一次性的使用价值,而且它们的使用是排他的;教育社团产出的产品包括思想、理念、教育方式方法等,可以为社会成员多次反复使用,可以为众多成员共享,可以在历史上留下较为深刻的印迹,这种特性使教育社团使用同样数量的经费能

---

①《北京教育会章程》,载朱有瓛、戚名琇、钱曼倩、霍益萍编《中国近代教育史资料汇编·教育行政机构及教育团体》,上海教育出版社,2007,第333页。

②《华法教育会大纲》,载陈学恂、田正平编《中国近代教育史资料汇编·留学教育》,上海教育出版社,2007,第467页。

够产出影响更大、更持久的产品。

综上所述,中国现代教育社团的组织结构和运行系统处在发展完善过程中,这个过程在一定程度上受到欧美现代社团发展理念和模式的影响,但这种影响仅限于少数人和少数社团,大多数教育社团对欧美的社团模式或有模仿,却未能领会、运用其精神。而中国传统社会结构与运行方式对社团的影响深刻,由于受到这种影响,中国现代教育社团的组织结构与运行体系的发展步履艰难,进程缓慢。

第六章

中国现代教育社团发展的内部特质分析

第六章　中国现代教育社团发展的内部特质分析

教育社团中的人、思想观念、行动、视野是教育社团实质性的存在,反映了教育社团的价值及发展水平。各个教育社团在上述各个方面的发展状况的总和反映了该时期中国教育社团发展的总体特质状况。没有对中国现代教育社团特质的认识就不能深度认识它们,也就难以准确理解教育社团在当时社会中的表现。

一、教育社团的成员分析

教育社团成员的观念、能力、文化水平、个性特征是决定一个社团发展的源头性因素。对教育社团成员的分析自然要考虑到这些基本因素。在个性特征上,内向的人参加教育社团的比例相对较低,外向或偏外向的人参加教育社团的比例较高;教育社团成员的文化水平是当时各类社团中较高的,一般都受过中等以上的教育;社团成员的能力有高低,其领袖成员则基本是各方面能力或某一方面能力比较强的,并且都是当地颇有名望的人。但分析现代教育社团众多成员不难发现,能力、文化水平、个性特征都不是决定性因素,观念才是一个人是否参加教育社团的决定性因素。

1. 现代教育社团成员的类型

参加教育社团的是持什么观念的人呢? 在1915年新文化运动之前,他们主要为下面的前两类,1915年后有了第三类。

一是接受日欧美新知的新知学人。中国人接受欧美新知一开始是以日本为中介进行的，所以教育社团的成员中从日本留学回国的比较多，后期从美国留学归国的郭秉文、陶行知、胡适等人积极参与其中。新知学人不只是所学知识与传统士人不同，更为突出的是他们具有相对独立的人生观和价值观，并以此为基础生成新的使命感。新教育观念和联合意识是他们组建社团的主要意识元素。

接受日欧美新知的学人大多在青少年阶段打下了较为扎实的中国传统文化基础，儒学在其知识结构体系中占有相当大的比重，同时他们在日、欧、美接受过系统的高等或专业教育，有着颇深的西学修养。他们所建立起的社团宣扬的内容是中国传统教育文化中所没有的，他们认为这些方面是中国教育变革所需要的，是在民族危机和文化危机中学习欧美的科技文化知识的重要方式。这些社团中官员参与得较少，也不需要依靠官绅的政治影响，即使少量传统社会中的知名人士被邀请参与新社团的筹建，也是为了尽快将欧美文明融入中国社会。

二是有较深的中华传统文化素养和士人品格的传统士人。这些人有过科举入仕的经历，接受过儒家教育，如张謇、黄炎培、袁希涛等人，对教育的情结和乐忧天下的情怀是他们的主要思想元素。虽然他们在知识结构上存在缺陷，严重缺乏自然科学知识，但他们能够不故步自封，而是追求变革，对欧美文明心怀羡慕和向往。

也有一些传统士人干脆建立以自己所信奉的儒学为价值观念体系的社团，道德学社、国学保存会、孔教会和国学会便是这样的社团。这些社团带有济世、教化使命，运行方式也不同于新知学人组建的教育社团，但他们在同一个社会时空中开展活动，整体上是中国教育社团从传统向现代转型的不同特征的体现。

三是在中国接受新文化和新教育的学人。北京大学平民教育讲演团的全部成员、国家教育协会的大部分成员、生活教育社的骨干成员都属于这一类，典型的例子就是生活教育社，它在高峰时期社员达2400余人，但长期参与的主要骨干成员是晓庄试验乡村师范学校学生方与严、杨寅初、刘季平、戴伯韬、王洞若、张劲夫、操震球、程本海、汪达之等人，以及南京高等师范学校的学生张宗麟。从数量上看，1930年后各教育社团的主体属于在中国接受新文化和新教育的学人。

无论是新知学人、传统士人还是在中国接受新文化和新教育的学人,参与教育社团创建都有三个共同的身份认同:一是信奉自己是社会的精英,应该承担比别人更大的社会责任。二是都有着强烈的群体意识,认为需要聚合发展,形成独立的社会力量,联合才能产生更大的变革力量。三是都倾向于自治而远离被治,认为"中国之不振,由于民族之不能自治"。他们对欧美文明认识的深刻程度不同,信奉的深浅不同,但总体上他们对中西文化的认识比普通的社会成员深刻。在中西文化之间不同人所做的选择存在巨大差异,但他们都有所认知。参与教育社团的不少人都经过了较为复杂的社会历练。

相对于政商社团,教育社团的参与成员功利意识明显较轻,对实际利益与权力看得比较淡,深层原因在于无论是新知学人,还是传统士人,其内心都有较深的先天下之忧而忧的士人品格,他们有着表达和维护本群体利益的意愿。

2.现代教育社团成员的职业分布

决定一个人是否参与教育社团的第二个关键因素是他所从事的职业。教育社团成员中从事教育工作的人约占90%,其中包括教师和学生;也有一些从政、从商、从事编译的人或新闻记者,他们或与教育有联系,或对教育感兴趣。中央教育会和各省教育会的成员资格要求在一定程度上左右了教育社团成员的职业成分,对他们的多数要求是教育从业者,或与教育管理相关的政府官员,还有一些地方上愿为教育出钱出力的商人以董事的身份参与教育社团。

以中国教育学会第一届年会期间的成员为例,来自教育界的136人,占总人数的87.7%,具体情况见表6-1:

表6-1 中国教育学会第一届年会期间成员的职业分布[①]

职业	教育	政府	出版	其他	信息不详
人数	136	5	3	5	6
占该届会员总数百分比	87.7%	3.2%	1.9%	3.2%	3.9%

但并非所有教育从业者都愿意参加教育社团,从总量看,当时有两个比例能大体反映教育社团成员的职业状况:一是参加教育社团的人数占教育从业人

[①] 中国教育学会编《中国教育学会会章、会员录、成立会纪录》,1933。

数的比例约在5%至10%之间,大多数教育从业者未参加任何教育社团,偶尔参与教育社团活动的人数也不会超过教育从业者人数的10%。具体到不同的地区,教育从业者参加教育社团的比例有明显差距,教育社团发展得比较好的地区教育从业者参与度较高,教育社团发展不好的地区教育从业者参与度低,在当时的不少中西部地区,教育从业者对教育社团的参与度几乎为零。

在教育社团成员中大约有5%至10%不是教育行业的人。分析各教育社团的会员构成,不难发现其中的业缘联系,他们多数人几乎均直接从事教育教学,另有一部分从事与教育相关的学术研究、编辑、出版工作,且对教育现状不满,以提倡某一种教育为其共同兴趣和共同理想,希冀通过努力来实现中国教育的进步与国家的强盛。虽然他们的职业不同,但在理想方面具有较高的一致性。

教育社团中的非教育从业者又可分为两种不同情况:一种是官场安排,仅仅是迎合一下场面,不起实质作用,各次教育会上的非教育领域的行政官员大都属于这种情况;另一种则在教育社团中承担着不可替代的特殊使命,给钱、出力、参与谋划、协调各方面的关系,深度参与教育社团的各项活动。这些人大都对教育有比教育从业者还深入的了解,对教育改进有使命感,他们试图从政治、经济、传播等方面发挥作用以推进教育社团的工作,改进教育。卢作孚、卢子英兄弟对乡村建设运动、中国科学社、生活教育社等的支持就属于此类。

在教育行业内部,参与教育社团的人分布在教育行政部门和研究机构的比例较高。在各级教育会中主要是这些机构的人员。不同类型和级别的学校中也有参加教育社团的成员,其中高等学校中参加教育社团的成员较多,中国教育学会第一届成员中来自高等教育的有96人,占70.6%;来自中等教育的有24人,占17.6%;来自初等教育的有4人,占2.9%;来自教育行政部门的有11人,占8.1%。东部高校中参加教育社团的成员又比中西部高校中参加教育社团的多,较好的高校中参加教育社团成员的比例高于一般的高校,不少教育社团就是以某个高校为基础建立起来的。

中等及初等学校中也有一定数量的人参加教育社团,但总数较少。尽管也有私塾改良会这样主要是从事初等教育和中等教育的人参加的社团,但这样的社团总量很少。更多的初、中等教育从业者参加的并非限于初、中等教育社团,而是关注教育理念和方法的教育社团。参加教育社团的主要是初、中等学校的校长和比较优秀的教师。正因如此,1949年前,教育社团在普通教师那里还是比较高贵的存在,它们离普通教师还有一段距离,这种状况限制了普通教师的想法在教育社团中的表达,也限制了教育社团发出教育最底层的声音。

从中国教育社团的职业分布可以看出,与教育的广泛社会关联相比较,教育社团成员的职业分布还不够多元、广泛,参与面显得狭窄;在教育行业内部,教育管理者参加的比例较高,一线教师参加的较少,整体上显示教育社团从外到内的参加面不够宽广,在一定程度上影响了研究的全面深入和教育现代化的发展。

3.现代教育社团成员的地域与学缘分布

虽然不少教育社团在接收成员时尽可能体现自身不限地域,宣称"不拘何乡之人,皆可充当"[①]。但是依据史实,中国现代教育社团的建立和发展明显带有地域性,东部沿海、文化底蕴丰厚、商业发达、民间社会发达的区域教育社团就发展得较早、较多、较好,这种教育社团发展的地域差异必然反映到教育社团成员的地域分布上,其结果是在各种文献上都能看到的东部沿海、文化底蕴较丰厚的湖南和四川等地,以及商业比较发达的长江沿岸地区参加教育社团的人数较多,密度较高;中西部欠发达地区参加教育社团的人数较少,密度较低。以中国教育会、新教育杂志社、中华新教育共进社、中华教育改进社为例,它们中都明显是江浙人士占比较高,并可依稀看出江浙人士在社团内部的人脉关系。

在教育社团建立的初期,由于文化因素而使得教育社团比较活跃的还有湖南、湖北、四川等地,这些地区讲学盛行,交友成风。1915年后,或许受新教育发展迟缓的影响,湖南、湖北、四川等地的教育社团发展出现一定程度的萎缩,没有有影响的民间教育社团建立和开展活动。

具体地讲,教育社团的成员分布与它在哪里开展活动有直接关系,中华教育改进社的年会开到哪里,哪里参加中华教育改进社的成员就有明显的增加。1922年中华教育改进社的年会在济南召开,该年度中华教育改进社机关社员数排前五位的,依次是北京(21)、济南(15)、天津(10)、南京(9)、保定(8),个人社员数排前五位的依次是北京(142)、济南(38)、武昌(37)、南京(34)、上海(33)。

---

① 《南学会大概章程》,载汤志钧、陈祖恩、汤仁泽编《中国近代教育史资料汇编·戊戌时期教育》,上海教育出版社,2007,第165页。

值得关注的是在个人社员中安庆以25人紧随上海排名第六,远超于当时经济文化实力更强的杭州(14)、天津(12)、开封(11)、长沙(7)、西安(3)和广州(3)。[1]这或许与胡适、陶行知等安徽人在中华教育改进社的影响有关。

以中国教育学会为例,其会员的籍贯及工作地点的分布见表6-2。

表6-2 1933年中国教育会成员籍贯及工作地点分布[2]

省份	该省籍贯会员数	所占比例	在该省工作的会员数	所占比例
江苏	43	20.8%	48	20.3%
浙江	42	20.3%	21	8.9%
广东	28	13.5%	23	9.7%
安徽	17	8.2%	14	5.9%
江西	12	5.8%	1	0.4%
湖北	10	4.8%	11	4.7%
湖南	9	4.3%	4	1.7%
河南	12	5.8%	10	4.2%
四川	5	2.4%	0	0
福建	9	4.3%	10	4.2%
河北	7	3.4%	30	12.7%
上海	1	0.5%	57	24.2%
其他	12	5.8%	7	3.0%
不详	68	—	39	—

从表6-2可以看出,教育学会成员来源地集中在江浙粤赣皖,上海、江苏、河北(包括平津)是教育学会成员工作聚集和流入地,这种社员分布特征在全国性的教育社团中有共同性,而一些地域性的教育社团成员则主要是当地人,上海、北平等大城市的地方教育社团成员也同样来自全国各地。

---

[1] 朱有瓛、戚名琇、钱曼倩、霍益萍编《中国近代教育史资料汇编·教育行政机构及教育团体》,上海教育出版社,2007,第570-571页。

[2] 整理自:《中国教育学会会员名录》,《中华教育界》第21卷第7期,1934年1月。统计时,考虑到上海比较特殊,进行了单列,平津计入河北,南京计入江苏,杭州计入浙江,长沙计入湖南。计算所占比例时总数按扣除不详者之后计。

教育社团成员的地域特征还有诸多细微的表现。一是不少中西部欠发达地区的人到东部生活、学习或工作一段时间后,感受到教育社团的价值,便会成为教育社团坚定甚至比较杰出的成员,其影响力可能远超东部地区的教育社团成员。如原籍贵州的黄齐生,留学日本后回贵州办学,参加教育社团的活动,影响很大。

还有一些东部地区的人到中西部地区发展教育社团,成为发起人和倡导者。

教育社团成员与他们所受的教育有直接相关性,以全国教育会联合会为例,该会以接受新式学堂教育的人为主,接下来依人数多少分别是在日本留学的人、接受中国传统教育的人、在美国留学的人,见表6-3。

表6-3 全国教育会联合会参会成员教育背景

年会届次	传统教育(人数/占比)	新式学堂(人数/占比)	留美(人数/占比)	留日(人数/占比)	其他(人数/占比)
第一次	14(26%)	27(51%)	2(4%)	10(19%)	
第二次	9(16%)	28(49%)		20(35%)	
第三次	3(8%)	23(59%)	2(5%)	10(26%)	1(3%)
第四次	3(9%)	14(42%)	2(6%)	14(42%)	
第五次	4(8%)	33(65%)		14(27%)	
第六次	2(6%)	27(75%)	1(3%)	6(17%)	
第七次	3(9%)	22(63%)	2(6%)	8(23%)	
第八次	3(7%)	25(54%)	3(7%)	8(17%)	7(15%)
第九次	2(9%)	14(61%)	1(4%)	6(26%)	
第十次	1(3%)	22(63%)	1(3%)	6(17%)	5(22%)
第十一次	1(3%)	23(58%)	2(5%)	3(8%)	11(28%)
总计人数	45人次	258人次	16人次	105人次	24人次

由于全国教育会联合会的成员是各省教育会的成员,而各省教育会有成员资格的要求,上述接受不同教育的人参加的比例并不能简单看作当时各教育社团中受各种教育的人的比例,但上述比例还是可以作为参考,反映教育社团成员中接受各种教育人士的大致比例。

在教育社团成员中还可以看出更为具体的学缘联系。国家教育协会有文献可查的93名成员中就有31人曾经在东南大学(南京高等师范学校)就学或工作,显示出明显的学缘联系。国家教育协会的分会中成立于1925年底的南京分会会员人数较多,余家菊、罗廷光为负责人,原因是余家菊在东南大学任教期间的主动联络,古楳、曹刍、杨效春、李儒勉、穆济波、李辉光、盛朗西、罗廷光、唐毅、廖世承、俞子夷、吴俊升、夏承枫、胡叔异、程宗潮、朱桂友、潘之庚、张宗麟、毛礼锐、周天冲、李清悚、王庚等人先后加入。出身于东南大学教育科的国家教育协会会员多与国家教育协会的骨干成员陈启天有关,陈启天是东南大学教育科毕业又从事教育杂志的编辑工作,向各位约稿,联络较多。

另一个与国家教育协会有较深学缘关联的是北高师,在北高师执教或有学习经历者有余家菊、常道直、周调阳、汤茂如、刘拓、侯兆麟、刘炳藜、黄敬思、程克敬、钟道赞、李琯卿、汪震、张一勇、张大渡、高仁山、范源廉、邱椿、常燕生、谢循初、汪懋祖等共20人。

生活教育社则是学缘关系最浓的教育社团之一,其主干成员为晓庄试验乡村师范学校师生,加上东南大学、山海工学团及陶行知在各个时期办学所交往的各界人士。学缘关系如此浓厚的优点在于凝聚力较强,社员们能在极其艰难的条件下坚持为社团工作,留下诸多动人的故事。劣势是限制了一些成员的发展和自主表达,尽管陶行知反复强调民主,但成员间的角色固化现象仍然存在,以致在陶行知去世后,生活教育社就辉煌不再。

教育社团成员的地域与学缘特征当然不能排除个别社团领袖的影响,更为重要的是显示出某个地区或某所学校的多种环境对教育社团的亲和程度,亲和程度高的地区和学校自然就会有更多的社团产生,有更多的人参与教育社团。

二、教育社团的理念与行为特征分析

对中国教育社团的性质,不同的人有不同的界定。以中国教育会为例,有人认为它是政治性的革命社团,也有人认为它是教育社团或认为它具有双重属性。冯自由说因为当时"译本教科书多不适用,非从新编订完善,不足以改良教育。因联络海上有志之士,发起中国教育会为策动机关。倡议诸子,均属热心民族主义之名宿,故此会不啻隐然为东南各省革命之集团"①。中国教育会的重要骨干蒋维乔则极力肯定该会"表面办理教育,暗中鼓吹革命"②。而吴稚晖又对蒋说表示否定。③

诚然,在兴办教育最为风行,或比较安全的某些特定时段,以创办中国教育会、军国民教育会等教育社团的名义去从事政治活动成为一些人无奈的选择。但自从1906年《奏定各省教育会章程》颁布后,明确将"干涉教育范围以外之事(如关于政治之演说等)"作为"即令解散"的条件,总体上教育社团的主体部分只能是教育性的了。从各教育社团的理念和行为特征分析也显示教育性是它们的主要特征。

1. 理念的社会区位

中国现代教育社团中的不同社团理念差别较大,其中有比较先进的,也有比较落后的;有比较抽象的,也有比较工具化、技术化的;有瞄准社会上层精英的,也有瞄准社会下层工农民众的。各个社团的理念在其存续期内又是连续或有不同程度变化的,这些不同的社团理念在当时的同一个时空中整体上形成立体动态的结构形态。

如果将各个社团的理念在社会中的相应位置投影到一个坐标中,可以看出教育社团的理念的区位呈现一个"卧葫芦"的形状,葫芦底是相对前卫的一端,葫芦尖是相对保守的一端。整体上教育社团的理念比较前卫的是一个群体,理念处于中位的社团数最多,也有类似道德学社这样少数理念较保守的教育社团,但理念保守的社团总数远少于理念前卫与理念介于前卫和保守之间的社团总数。

---

① 冯自由:《革命逸史 上》,新星出版社,2016,第92页。
② 蒋维乔:《中国教育会之回忆》,载朱有瓛、戚名琇、钱曼倩、霍益萍编《中国近代教育史资料汇编·教育行政机构及教育团体》,上海教育出版社,2007,第419页。
③ 吴稚晖:《回忆蒋竹庄先生之回忆》,《东方杂志》第33卷第1号,1936年1月1日。

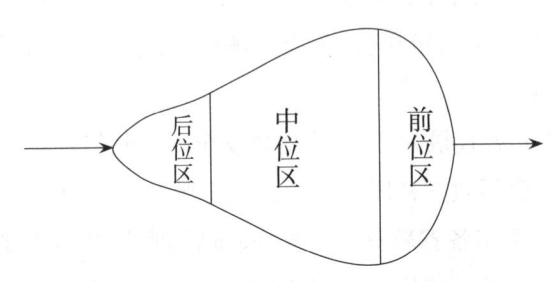

图6-1 教育社团理念社会区位分布图

图6-1中中位区左边为后位区,右边为前位区。由图可见,在前位区段,尽管较多的教育社团都是前卫的,实际上还存在着些微的差距,理念最为前卫的教育社团依然是极少数。而且这些理念前卫的教育社团想再前卫一点点都有巨大的困难、风险,如稍后退一点点就归于大多数的中位了。所以在葫芦底的前位区,变化是不断进行着的,在某个特定的时刻呈现的是在某些特定教育问题上理念和观念前卫的教育社团,它们在完成使命之后,又有其他的教育社团因为某个议题而在观念和理念上挺进到最前端,在数十年理念一直处于最前端的教育社团还是少见。

在理念前卫的教育社团中,常常出现理念与行动之间的脱节,有前卫的理念却只有中位的行动,甚至是落后的行动。其前卫的理念往往仅是想象成分居多,一付诸实际行动就受到自身能力、利益、社会关系的制约退而求其次。因而,理念最为前卫的教育社团的理念对突破旧有的观念具有强大的冲击力,同时它的实效性相对而言是比较低的。或许正因为看到这些实际问题,1938年才公开成立的生活教育社的社务表述显得理性而又自成体系:"甲、调查生活需要;乙、设计教育方案;丙、编辑教育材料;丁、研究专门问题;戊、试验教育方法;己、推广探讨所得;庚、介绍社员服务;辛、促进社员互助;壬、指导社员进修。"[①]也正由于教育社团理念上可以相对前卫,而教育行政机构和学校很难做到这样,教育社团的存在才有着独特的不可替代的价值。

在理念上位于中位的教育社团数量最多。在中位区内不同社团理念之间又存在巨大的方位分布以及前后差距,中位区是教育社团理念包容空间最大的

---

① 《陶行知全集 第四卷》,四川教育出版社,1991,第306–307页。

连续体，因而中位区内社团的理念的变化有较大的空间，且它们的变化与位移对外界的影响较小，也不产生明显的外显效果。中位区的少数社团理念在受到外界某个因素的影响或自身的变化影响有可能冲进前位区，总体上这种概率较小，它们落入后位区的概率更小。理念位于中位区的社团外显的效果十分稳定。

理念位于后位的教育社团总数是社团中的绝对少数，其原因是理念过于落后就不可能组建教育社团，多数观念落后的人就不会或不能组建成教育社团，不会以社团的方式表达诉求或实现所追求的目标。理念靠后又能组建教育社团的也是那些理念落后的人中具有一定先进性的人，他们或由于教育、人生经历等方面的原因对相对落后的社会观念认同，但他们同时也认同社团是推动社会变革的重要形式，这种人在观念落后的人中是极少数。同时，也很少见观念位于后位区的教育社团变换进入中位区，它们的理念比中位区的社团理念更为固化，更难以改变。

理念处在后位区社团的另一个特点是不同社团理念之间的差距较大，不像前位区那样距离很小，同时横向的方位较为狭窄。整体显示出在教育社团理念设定上创新拓展的空间远远大于落后的空间，创新的理念呈现出多样性，落后则相互类同。

从上述分析可以看出，中国现代教育社团理念的"卧葫芦"形区位分布是中国社会环境下教育社团发展与社会各方面互动选择后的自然呈现。主观上，教育社团的建立者都希望采用先进的理念带动自己的行为和社会与教育的变革，1898年《南学会大概章程》第一条即明言"本学会以开浚知识、恢张能力、拓充公益为主义，凡旧日所有拘墟之习，骑墙之见，入此会者，务宜屏除"[①]。教育社团在选择理念的时候总体上有前趋的倾向，几乎没有后趋的情况出现。那些观念落后的少数人也希望通过社团表达自己对社会与教育变革的想法也是一种前趋。随着时间和外部社会环境的变化，比较多的教育社团的理念是由后位向前发展变化的，也有相对少量的教育社团的理念向落后方向转化。

相对于整个社会的落后氛围，教育社团理念分布所形成的"卧葫芦"的前位区是超出社会现实的，就好比一枚从落后区域向先进方向飞行的导弹，克服社

---

① 《南学会大概章程》，载汤志钧、陈祖恩、汤仁泽编《中国近代教育史资料汇编·戊戌时期教育》，上海教育出版社，2007，第165页。

会"空气"中的阻力艰难前行。这一整体态势在一定程度上决定着教育社团内部的结构和动力分布状况，使得除了教育会和行政部门下属的各种委员会之外，大多数民间教育社团都属于理念带动型，它们的成员大多数是为了追随或实行某种理念而参与其中，奉献其中。

2. 激情与理性

救亡图存是中国众多教育社团产生的强大内驱力，在中国现代教育社团中，必然不乏激情冲动。整体考察中国现代各教育社团，它们的理念和行为明显显示出两极性，其中有类似少年中国学会、国家教育协会之类激情迸发的一端，也有中国科学社、中国物理学会之类稳重理性的一端，其他教育社团则在以激情与理性为两端的这根轴上处于不同的位置。

从建立的原因与背景上看，通常在一些运动中建立的教育社团，如全国教育独立运动会、收回教育权运动会显然是激情满满。这些社团的冲击力常常猛烈强大，但很难持久，导致社团的存续期不会太长，随着相应的运动结束，激情回归冷静，该社团的使命也就完结。

相对而言，关注点在一些教育的专业问题上的社团比较理性，如中国科学社、中华学艺社等。这样的教育社团比较理性，存续的时间也就较长。而关注教育社会问题的教育社团，如关注教育的政治方向、经费问题、社会问题、管理问题的社团激情的成分就多一些，它们的存续时间就较短。

从参与成员看，学生社团通常比成人社团有更高的激情，成人社团比学生团相对理性。但在不同学生社团中也有激情和理性的差异，比如在整体上学生社团激情较高的情况下，叶企孙等人在清华学习期间建立的科学社就相对比较理性，在章程中明确社员遵循"不谈宗教、不谈政治、宗旨忌高、议论忌高、切实术学、切实做事"的宗旨。当时一些以成人为主体的教育社团都没有这个全部由学生为成员的科学社那样理性。

参与成员的知识层次和所从事的专业方向也在一定程度上决定着教育社团的理性与激情状况。通常成员的知识层次越高，社团就越理性；知识层次越低，激情的成分就越多。专业方向上越是偏理工科，理性的成分越多；越是偏人文学科，激情的成分越多。这里面当然存在少数人文学者是高度理性的。除了少数明显偏文或偏理的教育社团能够一眼就能判断其激情与理性偏向,通常教育社团中的成员是各种知识层次的人都有,各种专业方向的人都有,就需要看各种人在其中所占的比例,以及哪种人起关键性作用。

激情很高的社团,往往由于缺乏理性而具有不稳定性;理性的教育社团,又会存在因为激情不足而缺乏内部凝聚力的问题。健全的教育社团常常是那些既有激情,又有理性,能以理性驾驭激情,刚柔并济的教育社团。中华职业教育社、生活教育社和中华平民教育促进会就具有这些特征。

单从激情或单从理性角度看,教育社团的激情是高于当时整个社会普通人的激情的,教育社团的理性也是高于当时社会普通人的理性的,所以无论在何处,教育社团都是当地激情与理性偏高的人群的结合。正是这种特征使得教育社团观察问题较其他社会成员敏锐,社会责任感高于其他社会成员,在当时当地社会中发挥着先锋、表率作用。

从与其他类型的社团比较看,教育社团比政治社团少些激情,多些理性,这是由教育社团的相对专业性决定的。与商业社团相比,教育社团又多些激情,少些理性,没有商业社团那样注重考虑切身利益。教育社团在激情与理性上的这种社会定位使得它们在比较多的情况下以比较温和的社会中坚面目出现。

而某个具体的教育社团,常常又是激情与理性并存的多面体,具有激情的一面,也有理性的一面。而且某个教育社团的激情与理性状态是随其内外因素变化的:当内部理性成员强势,或在某件事上理性意见占优势的时候就会表现为偏理性。相反,当激情在内部占据优势的时候就会表现为偏激情。在外部条件比较有利于教育社团发展的时候,该社团会显得更为理性;当外部条件出现危及社团生存和发展的情况时,该社团会变得更为激情。这两种状态在一定条件下可能相互转换,往往一个教育社团由激情转向理性,或由理性转向激情仅仅由于某一件事发生。

总体上,1900年到1949年间的教育社团中一大半属于激情多于理性的社团,真正称得上理性的教育社团是很少的,这种状况为中国教育现代化提供了相对较强的动力,却在这种变革中未能提供足够多或足够深刻的学理支撑。由激情推动的变革不少在激情退去之后消失或还原;由足够深刻学理推进的教育变革才能保持可持续,乃至进一步深入。不能不说,中国教育社团的过于激情状态在一定程度上限制了教育社团在中国教育现代化进程中更为有效地发挥作用。

不能忽视的是,还有一些教育会之类的教育社团既没有太高的激情,也没有多少理性,主要原因是它们不能自主,因而缺少激情与理性的自主选择和自然表达,在行政部门的控制下显得比较"稳重"矜持,实质上是看行政部门乃至某个行政部门负责人的脸色行事,有时也发出告示表达自己的激情,或以各种形式表现自己的高度理性,实质上表现出的是具有较强的工具性。

3.包容性与排他性

包容性和排他性是教育社团在社团认同和相互交往方面的整体性品质,通常表现为不同社团之间的认可与融洽程度,显示一个教育社团的开放与封闭特征。

总体而言,教育社团不同于政商社团,排他性不强,不存在你存我亡性质的冲突。但在特定时期的特定情况下,教育社团内外都可能发生或明或暗的排他性事件,这种事件尤其在各地教育会中时有发生。

分析历史文献可以看出,不同教育社团在包容性与排他性上还是存在差异的。这种差异一般的共性特征是:行政部门下属的委员会包容性最低,排他性最强;各级教育会的排他性和包容性居中;非教育会的民间教育社团包容性最高,排他性最低。这只是一般情况,不排除有某个行政部门下属的委员会因为当事人或其他特殊原因而包容性较高,排他性较低,也不排除某个民间教育社团的包容性较低,排他性较高。

教育社团的包容性和排他性高低与两个方面的因素相关性最大。

一是它的结构。纵向垂直结构的社团包容性较低,排他性较高;扁平结构的社团则包容性较高,排他性较低。将各类教育社团依据结构的纵向垂直性由高到低、扁平性由低到高排序,依次是行政机构下属委员会、各级教育会、民间教育社团,这样的排序在很大程度上说明了各类教育社团包容性和排他性高低的深层原因。

在各级教育会中,事实上是越到高层结构垂直性越强,越到县乡基层教育会结构的扁平性越强,这也与教育会的高层包容性较低、排他性较强,基层包容性较高、排他性较弱的现象相吻合。

行政部门下属的各种委员会由于很少存在被其他教育社团置换的可能性，显得相对平安无事；而各级教育会则不同，常常成为相关行政权力和社会上士人争夺权势的场所，不少人还把教育会当作一个衙门去争夺，这种情况在一定程度上加剧了教育会的排他性，降低了它的开放性。

二是它的需求。教育社团对外界的需求越低，它的开放程度就越低，包容性越低，排他性越高；相反，如果教育社团对外界和其他教育社团的需求越高，它的开放程度就越高，包容性越高，排他性就越低。行政机构下属的各种委员会由于经费由相关行政部门保障，任务由相关部门下达，自给自足性较高，对外交往的需求因此大大降低，这决定了它们的开放程度低，包容性低，排他性高，接近于行政部门。

相对而言，各级教育会有更多的对外需求，这是它们较行政部门下属的各种委员会更为开放、更为包容、更少排他的重要原因。至于各不同教育会之间还存在的包容性与排他性的差异，除了与各教育会的结构与需求相关之外，还与各教育会当事人的见识、行事风格、人生境遇等多种因素相关。

民间教育社团则由于有比较高远的宗旨，有大量资源需求，需要与更多的人结成认知和行为的共同体，需要尽快实现社团的目标，加上它们的结构是扁平的，开放程度较高，包容性就高，排他性就低。

但是不同的民间教育社团的包容性与排他性又有所不同，其差距远大于不同教育会、不同行政部门下属委员会的差距，造成这种差距的主要原因首先在于社团的宗旨与目标的不同。宗旨与目标高远就更为开放，更为包容，更少排他，这是最为主要的因素。其次是社团主要骨干的眼界和社会交往面，眼界越宽阔，社会交往面越宽广，包容性越高，排他性越低。再就是社团的关注面，关注面宽的就更为开放、包容，若关注的是某个极为专深的专业领域，就可能开放程度低，包容性低，排他性强，北京大学国故社、共学社、讲学社都是因此而具有较强的排他性。

教育社团的包容性与排他性高低直接影响到它的行为效力。在行为能力充足的情况下，包容性越高行为效力越高；行为能力不足的情况下，包容性高反倒可能降低行为效力。同样，在行为能力不足的情况下可通过适当限定排他性提高专注力，提高社团的行为效力。所以根据对自身行为能力的判断确定适度的包容性与排他性是社团发展的一种有效策略。

显然,教育社团并不是包容性越高、排他性越低就越好,而是要依据自身的结构、需求、宗旨、目标、行为能力等各种因素适度设置自身的包容性和排他性。在这方面中国现代教育社团中自觉而为并做得好的不多。

4.合作、共襄与共享

中国现代教育社团内部若无合作、共襄、共享意识,就缺乏最基本的黏合力,就不能组建起来,由此可得出一个基本判断,现代教育社团与当时的外部社会相比是合作、共襄、共享意识相对较强的群体。但看到这个基本事实的同时,又不能不说相对于它们所要担当的使命、它们所处的环境、它们在开展活动时所遇到的各种困难与挑战,合作、共襄、共享意识与能力不够强是中国教育社团普遍存在的通病。教育社团内部的众多矛盾、内讧,对教育社团自身有巨大的杀伤力。

1902年建立的中国教育会最大的隐患之一就是内部两派分歧始终未得到合理调整与解决,其中激烈派希望教育会开展革命活动,温和派则希望教育会成为纯粹的教育社团。双方没有静下心来寻求妥协良策,而是回避矛盾,各行其是。从事革命就需要以秘密的方式开展活动,从事教育便能以合法的方式公开活动,两方面不能始终并行不悖,双方都不断地试图使自己的主张成为教育会的唯一宗旨,否则就从事组织外的小团体活动,或是同时加入其他团体。这样虽然避免了正面冲突,但教育会内人心分离,人力、物力资源也难以公平分配,组织建设起伏动荡,组织功能无法发挥,内部矛盾、冲突不断爆发。于是中国教育会很难在有限共识基础上提出广泛吸引民众的行动方案,最终导致革命分子突破教育的外壳,离开教育会到同盟会的旗帜下从事政治活动,教育会自身则悄然消逝。

此后建立的各教育社团在建立之初其成员均表现出强烈的合作意向,一旦遇到实际问题,则会各有主张,难以达成共识。各省教育会是各种教育社团中矛盾最为集中频发的教育社团。1921年,安徽省教育会就曾发生人事纷争不断的情况,引发安徽籍在外人士的关注,陶行知与胡适、梅光迪、光明甫等10人联名发出《改造安徽省教育会宣言》,陈明"我们安徽省教育会,建筑的宏敞,经费的充裕,在中国都要算第一。而且是全省的,不是省垣一隅的,更是开全国未有的风气了。然而近来因为竞争会长,已经闹到搁浅的地步了",主张"只有把会长制改成委员制的一个方法,最为适当。因为会长制是武断的,是官僚式的,是不合现代潮流的,所以容易激起纷争。委员制是合议的,是分权的,是可以罗致各方人才于一堂的,所以容易成功,容易进步"。[①]后来的改造与进展并未如此简单易行。

1926年至1927年间,各省教育会随着政治形势的变化纷争达到高潮。这种纷争的首要因素当然还是不同政治派别和不同政治势力对教育会的渗透;其次是与教育会的当事人不专业、不敬业和社团自身的行为不规范有直接关联;再就是与教育会的职员缺乏合作意识与能力相关。

反倒是在全面抗战期间,多个教育社团组建中国教育学术团体联合会,体现出教育社团的相对较强的合作精神。说明外力的作用能够改变教育社团的合作、共襄、共享意识,只是这种改变是比较复杂的。抗战胜利之后,部分教育社团相继恢复了活动,部分教育社团则由于外部压力的消失而自行消亡。

在各类不同的教育社团中,合作、共襄、共享意识与能力是各不相同的。总体而言,民间教育社团的这种意识和能力是最强的,各级教育会次之,最弱的是行政部门下属的各种委员会。但从外部表现看,行政部门下属的各种委员会似乎比较稳定,其原因在于它们的存在和开展各种活动一方面依仗了上级行政部门的权势,其内部的结合在很大程度上是由行政权力实施的,事实上合作、共襄、共享意识仅局限在有限的范围内发挥作用,要维系它的正常运行也只需要有限的合作、共襄、共享意识即可。

纯民间的教育社团则不然,维系它们的存在和发展几乎每时每刻都完全要靠内部成员间的合作、共襄、共享意识与能力。而且在它们遇到的各种挑战和风波中,需要较一般教育社团更为强劲的合作、共襄、共享意识才有可能渡过难关。并且它们还时常遇到内部分歧和外部的压制与分化力量,如果没有与这些内外力相抗衡的足够强大的合作、共襄、共享意识与能力,民间教育社团就可能消亡。不少民间教育社团就是因此而消亡的。唯有保持比外界更强大的合作、

---

① 《陶行知全集　第一卷》,四川教育出版社,1991,第685页。

共襄、共享意识与能力,民间教育社团才能维持、存续。

各级教育会的情况更为复杂一些,维系它们的力量主要包括行政权势和内部的合作、共襄、共享意识与能力,还有其他一些特殊环境因素。而且在不同时期不同社会背景下,上述几种因素在社团中的作用大小、影响力强弱是相互转化的,这就导致各级教育会似乎是铁打的"衙门",其成员却是流动的,难以形成相对稳定的合作、共襄、共享意识,也不能完全依靠合作、共襄、共享意识与能力维系自身的生存和发展,以致在很多情况下不重视合作、共襄、共享意识和能力的培养。反倒有一些教育会的成员以不合作的内讧为能事,一些地方的教育会长期成为多方相互抗衡的存在,难以产生多少社会效益。

三、教育社团的视野与内部交往

教育社团的视野是教育社团特质的重要特征,它显示的是教育社团的目标定位远近、行为的区域范围、手段的灵活多样情况、交往的宽狭程度等。

将当时的学校或其他教育机构、政府行政机构、教育社团做一比较,可以得出的一个基本判断是,行政机构的视野一般情况下相对高于具体的学校,但同时有少数学校的视野高于当地的行政机构,尤其是在专业领域,学校的视野更为深入,更为具体入微。教育社团的视野一般较学校和政府行政机构更高更深,尤其是在该社团所专注研究的领域更是如此。教育社团可能存在对具体的教育教学细节关注不足的问题,在某个具体问题上某个行政机构或学校看得比某个教育社团更深更高远,但总体上教育社团的视野相对于行政机构和具体的学校是较高较深的。

教育社团的视野事实上是教育社团中发挥关键作用的前卫成员视野的群体体现,在一个内部能够充分沟通表达、运行机制健全的社团里,将会汇聚社员中最有远见、最有深度的看法,使该社团的视野更加开阔、高远、深刻。而在实际当中,一些社团位高权重的人不能充分尊重社团内有不同见解的人,使得教育社团的视野受到限制。

分析中国现代教育社团的视野除了从高低、远近、深浅、宽窄等方面考察外,还有一个更能反映教育社团特征、更为重要的视角,就是从教育社团具备的是人文视野还是工具视野的角度进行分析。

1.人文视野

人文视野指以人的健全发展为出发点组建教育社团,并以此为出发点分析、研究、解决教育问题。

人们通常会认为,以人文领域为研究对象的社团就会自然具有人文视野,历史事实显示并非如此,不少以人文领域为工作内容的社团依然只存在工具视野,反倒是一些从事某一专业领域研究的社团由于以人的权益维护为出发点而具有人文视野。

通常人文主义者认为:个体是社会的根本,社会组织的存在和建立是为了保护个人权利与保障个人权利,使个人的积极性和聪明才智得到更好的发挥,使个人的基本尊严得到更好的保障,以更好地实现他的使命。人文视野的社团以个体的自由、平等、社会契约精神、民主法治的理念为社团行为的准则,使人文主义在教育社团中得到传播、遵循,社团由此走向成熟。

1920年梁启超等人组建讲学社采取的就是典型的人文视野,其简短章程中明确"使国民思想发扬健实",凸显出明显的人文视野。

一、本社因欲将现代高尚精粹之学说随时介绍于国中,使国民思想发扬健实。拟递年延聘各国最著名之专门学者巡回讲演。

二、每年聘请一人,若基金充裕时再图扩充。

三、所聘请者先注重于当代大思想家,其各分科之专门学者,俟扩充后以次续聘。

四、本社设董事若干人,计画事业之进行,其每年所聘之人由董事议定。

五、本社设管理基金员若干人,专司募集基金且保管之。

六、关于讲演事务,随时与国中各学校、各团体接洽。

这个简章大体写于1920年9月5日之前。1920年3月4日,梁启超从欧洲归抵上海当天即向商务印书馆负责人张元济提出"拟集同志数人,译辑新书,铸造全国青年之思想",说明他关注青年人思想的人文视野此前已形成。为了实现此理想,梁启超先决定发起成立共学社。共学社于1920年4月成立于北京,共学社比讲学社基础要广泛,提出的目标是"培养新人才,宣传新文化,开拓新政治",核心人物还是梁启超、蒋百里、张君劢和张东荪,但蔡元培、张謇、张元济、熊希龄、范源濂、张伯苓、严修、林长民、张公权、丁文江、王敬芳、蒋梦麟、蓝公武、胡汝麟、张嘉璈、梁善济等人都列名发起,进入董事会;徐新六、舒新城、梁维新、吴统续、叶景莘等为评议会的评议员,都是视野比较开阔的各界精英。1920年9月5日,梁启超曾经写信给张东荪称:"讲学社董事暂举定以下诸人,伯唐、子民、亮俦、秉三、仲仁、任公、静生、梦麟、搏沙、陈小庄(高师校长)、金仲蕃(清华校长)、张伯苓(南开校长),尚拟邀范孙、季直、菊生,尚未得本人同意,想必乐就也。"①从这些人也可以看出他们试图建立一个小而非凡的团体,参与的人大都具有"为天地立心,为生民立命"的士人精神。它的活动是将现代高尚精粹之学说随时介绍于中国,将外国智者请到中国,将先进的思想引入国内,让中国的教育、科学、政治、文学在短时间内得到革新,在中国文化的发展史上留下较长时期值得回味的印记。后来因存续时间不长,活动不多,但还是对中外文化交流贡献显著,也显示讲学社视野的高远宽广。

判断一个社团是否有人文视野首先当然是看它的宗旨和目标,例如中华平民教育促进会在它的宗旨中明确"除文盲,作新民",生活教育社的宗旨是"探讨最合理、最有效之新教育原理与方法,促进自觉性之启发,创造力之培养,教育之普及,及生活之提高"②,显然都是具有人文视野的体现。但是有些在章程的宗旨中虽无人的成长发展和人的权益方面的表述,却实质上在维护人的权利和尊严,也属于有人文视野的教育社团,例如中华教育改进社的宗旨就没直接提到人,只讲到"教育"和"教育改进",但是它所倡导的教育改进是以人文主义的新教育和进步教育作为理论指导的,无疑也是具有人文视野的教育社团。

此外,除了参考教育社团的宗旨和目标是否瞄准人的尊严、权利、成长和发展外,还可以看它的内部成员关系是否强调平等与尊重,在处理团体与个人关系时在多大程度上尊重个人的权利,在开展组织性活动时对有不同看法的少数人的意见包容的程度。也就是在社团运行过程中充满人文性也是该社团人文视野的体现。

还有极少数教育社团尽管在宗旨中提到人,或者调门较高,但在实际行为

---

① 丁文江、赵丰田编《梁启超年谱长编》,上海人民出版社,2009,第591页。
②《陶行知全集　第四卷》,四川教育出版社,1991,第306页。

中不尊重人的尊严和权利,也不能算作具有人文视野的教育社团。

以上述标准考察中国现代教育社团不难发现,真正具有人文视野的教育社团是相对少数,其数量不到整体教育社团总数的十分之一。组成具有人文视野教育社团的成员大多数是包括自然理工学科在内的各门学科的顶尖人才,他们深刻领悟到科学、专业与人的成长发展、人的尊严与权利之间的关系,他们组建或以他们为主干成员的教育社团自然就具有了人文视野。

2.工具视野

工具视野的教育社团以怎样把教育本身的事办得更好为出发点组建社团,并以此为出发点分析、研究、解决教育问题,常常以教育之事为聚焦对象来展开社团的视野,并有可能在办事的过程中忽视人的尊严,轻视甚至伤害人的权利,有意无意地把社团活动对象甚至社团自身当作实现其他目的的工具。

从教育社团的宗旨上看,工具视野的教育社团在表述自己宗旨的时候常常表达为实现某个学科的发展、某个专业目标的达成或某个外在于人的目标的实现,从宗旨上做判断无疑是确定一个社团是否具有工具视野最为初始的一步。

由于教育社团所从事的工作多少与人有一定的关联性,仅看宗旨的文字表述还不足以判断一个教育社团是否属于工具视野,还要看它们在实际行为中究竟是把人当作最终目的还是作为实现某个目标的工具,是否在活动过程中尊重和维护人的尊严与权利。只有那些有确实证据证明它是把人作为工具,在行为中重物轻人、重事轻人、将抽象的群体作为目的的同时以具体的个体为工具,或以少数人作为目的,以多数人作为工具的时候,才能判定它属于工具视野的教育社团。

工具视野的教育社团或有可能在某个领域取得显著的成效,而由传统教育转入现代教育确实有堆积如山的具体问题需要解决。不少教育社团的创办者也得意于此,坚信自己这种选择的正确,这种认知状况与当时中国大多数学人的认知水平相符合,这是当时中国具有工具视野的教育社团远远多于具有人文视野的教育社团的主要原因。

推动中国教育社团发展的并非完全是人文视野,相对而言,更多的社团理念源头还是来自中国古代的群体观念。它更注重群体目标的实现,而很少关注个体的责任、权利、能力发展,以及个体在社团中自由表达与发挥作用。因此常常将个体作为群体实现某个目标的工具而不以为有何过错,这些教育社团自然属于具有工具视野的教育社团。这种观念的广泛存在也使得中国教育社团中较多的社团还只具有工具视野,教育社团在开展活动过程中不时地被古代的群体观念所影响,个体常常成为群体或社团的工具。

造成中国教育社团具有工具视野的另一个理念性的原因是唯科学主义的流行。工业革命以后,现代科技大大推动了社会进步,也推动了教育进步。于是产生了一些相信科学而罔顾人文的学者,将教育置于科学的下位,将人置于科学的下位,他们所组建的教育社团自然只具有工具视野。

由于工具视野的教育社团在中国教育社团中是大多数,它们对中国教育现代化产生的影响是不可忽视的,尤其是在一些专业领域的影响是其他机构或社会组织无可替代的。工具视野的教育社团所做的工作总体上对社会和教育还是有益的或有用的,只是在特定的情境下才会对人产生伤害,但它们往往难以完全左右自己所做的工作产生的社会影响。比如以"研究测验理论,推行测验方法,培植测验专门人才"为宗旨的中国测验学会,在教育领域研制并推广测验工具发挥了重要的影响,但他们的工具既可能被专业且有人文视野的人使用,也可能被专业而没有人文视野的人使用,还可能被既不专业,也无人文视野的人使用。不同的人使用对使用对象产生的效果显然是不同的。智力测验过度商业化地使用在历史上对儿童成长造成的伤害已为业界所共知,中小学的各种测验过于频繁无疑会造成学生学业负担过重。

3.教育社团的内部交往

教育社团的内部交往情况,在很大程度上决定了教育社团的价值、时代特征、行为方式和能力。但是由于内部交往大都具有隐秘性,也不受社团成文规约的限制,能够找到的资料较少,只能从相关个人回忆中洞悉其交往特征,并据此对该教育社团的特征加以分析。

社团的内部交往是社团内部人际关系的重要表征,社团内部的人际关系又在很大程度上决定着社团的运行与发展状况,不少教育社团在发展中遇到的问题常常就是由成员间不健康的内部交往造成的,正常或良好的内部交往又可能是教育社团健康旺盛的重要润滑剂和添加剂;而突破某些底线的内部交往又有可能成为教育社团分崩离析的诱因和催化剂。内部交往的隐秘性特征,使它对教育社团的助益与伤害都不外显,但确实是客观存在的。

正常的社团内部交往常常表现为各成员间是全方位通畅的,没有人不心心相通;在不同人之间是平等的、均衡的,没有高低贵贱之别;在不同时间内是均匀的,而非涨落不定的,顺利时热乎,逆境时老死不相往来。

从相关文献分析看,教育社团内部交往常出现的问题有以下几点。

一是不通畅。常常由于不同成员间的个性、观念、行事风格、细枝末节的小事、个人恩怨等各种因素,部分社团成员间从不交往,形成隔阂。在社团发展过程中,成员间越来越熟悉,通常会形成不同的趣味相投的小群体,内部交往的不通畅有可能发生在不同的小群体间,如中国教育会的激烈派与温和派之间的交往就越来越成为问题。社团内部的交往不通畅又有阻塞程度和阻塞面大小的差异,浅层局部的阻塞可以通过公开理性沟通加以解决,深层大面积的不畅,尤其是双方发现属于价值上的不同而引发的交往问题则很难解决,有可能隔阂越来越深。

二是不均衡、不平等。社团成员间依然有身份、地位的不平等,有时可能是思想意识的不平等,它们同样会造成交往障碍,使一些人不乐意与另一些人交往,或者在交往中不对等,相互之间理解上存在歧义和障碍。

1903年6月,爱国学社与创建它的中国教育会分裂。从文献中可以看出,爱国学社内部与中国教育会之间内部交往的不平等在其中起了一定的作用。爱国学社成立后,学生大都加入中国教育会,双方在组织和财务上名义有别,实际上难分彼此。大家通力合作,使会社事业日新月异,呈现出生机勃勃的景象。然而,部分学生借口财务原因,"揭示戒诸生勿往来中国教育会治事室",并拒绝出席中国教育会例会。5月24日中国教育会月会上有人提到"教育会立爱国学社","学社即教育会之一部分",学生趁机发难写出《爱国学社之主人翁》一文,提出爱国学社与教育会是平等的二团体,挑起会社主体之争,还刊登广告,严分会社关系。会长黄宗仰从中多方调解,但章太炎与吴稚晖却因素有积怨而各执一端,吴表同情于社员,章则主张不与学社合作,并指责"学生踞学社,不务储能为国用,日夕相与议论结党援以与本会抗,学社之不复为本社有明甚"。提议:"以书警之,能幡然悟则善矣,不然并削诸学生籍。"①黄宗仰、蔡元培等调解无效,6月13日,中国教育会为此特别召开评议会。蔡元培鉴于戊戌梁启超与汪康年争夺《时务报》两败俱伤,徒授反对党以口实,主张听学社独立,黄宗仰表示

---

① 参见桑兵:《清末新知识界的社团与活动》,生活·读书·新知三联书店,1995,第228-229页。

赞同。后蔡元培辞职北上青岛，3天后，爱国学社发表《敬谢教育会》一文，宣告独立。黄宗仰公开致函《贺爱国学社之独立》，承认既成事实，而当时清政府正与租界当局相勾结，紧锣密鼓地策划对这两个社团进行镇压，分裂使得爱国学社和中国教育会两败俱伤，失去应变能力，终致学社瓦解，中国教育会风雨飘摇，教训极为惨痛。如果爱国学社与中国教育会之间各成员的沟通交往是充分、均衡、平等的，两者分离的情况几乎就可避免。

教育社团内部交往的不均衡、不平等常常与成员间交往的态度不同有关，其中有些人爱交往，有些人不爱交往；有些人愿意为了自己的利益低人一等，有些人则只愿意平等交往，还有一些人习惯于居高临下。上述不同人结合在一起，交往自然会出现不均衡、不平等。

三是不均匀。也就是内部交往的时冷时热、时断时续。尤其在遇到一些特殊情况时，正常的内部交往被有意无意阻断了。

在中华平民教育促进会内部，朱其慧、陶行知、晏阳初无疑是三位主将，正是他们掀起了全国范围内的平民教育运动，当他们为推进平民教育而热烈高频度交往的时候，有人向朱其慧和陶行知报告，晏阳初寄往国外的邮件中有"Russian"字样，这在1925年前后是个极为敏感的政治问题，引得朱其慧和陶行知来到中华平民教育促进会的会所，要求审阅全部工作文件，接着要求中华平民教育促进会与中华教育改进社分开办公，双方交往由此中断。

教育社团的内部交往最直接的决定因素是成员的个人修养。如果社员间能行君子之交，则社团内部交往中的大多数问题可以消除。只是任何社团都不能确保自己的成员都是君子，因而只能有意识地防止社团内部交往中的问题出现。

深入分析众多的中国现代教育社团不难发现，尽管有一批优秀的学人投身教育社团的建设，并借社团这个平台对中国教育现代化产生巨大作用，但由于参与人员的整体素养限制，各个社团的组建时间不长，社团内部交往文化未能形成并发挥效力，社会环境未能给教育社团足够的空间等多种原因，教育社团内部特质优良的不多。这种状况在一定程度上影响了教育社团更好地发挥作用。

第七章 教育社团与教育发展

第七章　教育社团与教育发展

教育社团与教育发展在特定条件下是互为因果、相互推动的关系。1900年后,兴学堂、派游学显然对此后一段时期中国教育社团的兴起准备了人才和发挥作用的空间。从中国教育会兴办爱国学社这些个案看,教育社团本身即在积极兴办教育,而这些个案还仅能表明教育社团对具体局部的教育发展的影响。

1911年召开的中央教育会是中国第一次官绅合作的全国性教育会议,第一次展示了教育社团这种方式对全国教育的影响,尽管不像人们所期待的那么圆满,成绩仍然不可轻视,它拓展了教育改进和完善的方式、方法、空间,所产生的社会影响更为深远。正如当时辞官赋闲的学部原右侍郎严修在1911年9月19日致袁世凯的信中所感言:"比年学部诸公勇于改革,又经中央教育会切实研究,朝士迂旧之谈顿觉失势。但时艰太巨,欲待后来毕业之人才挽今日垂危之世运,必无及矣。纵言及此,令人不欢,惟有且尽人事而已。"此言预料远水难解近渴,不能挽回清朝日渐衰亡的颓势,也道出了许多会员与会时明知"必无及矣",不过"且尽人事而已"的心境。而中央教育会会员在辛亥革命大动荡中纷纷拥护共和也许是教育会原初不期而得的成果。

教育社团在整体上影响全国教育则是在1915年全国教育会联合会成立之后的事。在1915—1926年间,中国教育社团对中国教育的发展发挥了革故鼎新的巨大影响。1927年后的作用有所沉潜,同时由于教育社团数量依然较多,作用的方式转向在各个专业领域润物无声地开展组织联络和专业改进,可从以下方面择其大要加以陈述。

一、教育新潮的引导与提倡

引入新思潮是中国现代教育社团发起和组建的重要缘起,从早年的译书汇编社的建立,到华法教育会、中华新教育共进社、共学社与讲学社的组建,出发点都是引进国外教育的新思潮。当年中国思想与经济贫弱的现实,让很多人感到无论是通过编译介绍国外的新思潮,还是请杜威、罗素等思想大家到中国讲学,简直就是绝大的意外。正因为如此,译书甚至请他们的讲演才强烈地吸引了人们的关注,并在此后近一个世纪反复被研究者提及和关注。

中国现代教育发展过程之所以能够向前迈进,思想的引领是原始的动力。一旦这种动力减小或消失,现代教育前进的步子就会放慢直至停步。自从严复将欧美思潮引进以后,与其他领域相似,中国教育试图将所有能够增强其竞争力的东西吸收到自身,以增强自身的能力。思想和理念最便于传播,因而不少试图改进中国教育的个人与社团以传播思想作为改进中国教育的着手处,这方面也成为留在历史上成就颇丰的领域。依据文献可列出主要教育社团发起教育思潮的基本情况,见表7-1。

表7-1 主要教育社团发起的教育思潮[①]

社团名称	发起的思潮	发起时间	影响
南学会	废八股,兴学校	1898	逐渐扩大影响,最终实行
译书汇编社	编译欧美法政名著	1900	中国青年思想进步巨大
军国民教育会	尚武、爱国,军国民教育	1903	一定程度上影响军国民教育的推进
上海私塾改良会	改良私塾	1905	推动1906年学部转发《私塾改良会章程》,推动各地改良私塾
寰球中国学生会	倡导、服务留学和归国	1905	促进了留学和归国服务

---

① 本表内容主要来源于本书前文所做的分析。

续表

社团名称	发起的思潮	发起时间	影响
中国教育研究会	研究问题以促教育发达	1908后	其成员成为此后数十年中国教育问题研究的骨干和大家
全国教育会联合会	修改学制	1915	完成1922年学制制定,该学制沿用百年
通俗教育研究会	通俗教育、社会教育	1915	有一定成效
留法勤工俭学会	倡导青年赴法勤工俭学	1915	大量青年前往,产生了重大社会影响
中国科学社	研究学术,图中国科学发达	1915	对中国科学事业发展影响巨大,培养了大批人才
华法教育会	传达法国新教育	1916	在局部范围内产生了影响
道德学社	儒道修身	1916	产生了较大的社会影响
中华学艺社	研究真理,昌明学艺,交换智识,促进文化	1916	对中国艺术和文化发展影响深远
中华职业教育社	谋个性发展,推行职业教育	1917	对中国职业教育发展产生了全面深刻的影响
中华新教育共进社	新教育	1918	引进世界新教育思潮,倡导"养成健全之个人,创造进化的社会与新文化运动互动",对中国教育产生广泛而深刻的影响
北京大学新潮社	介绍西洋近代思潮,提倡民主与科学	1918	在学术领域产生了一定影响
北京大学国故社	昌明中国固有学术	1919	在学术领域产生了一定影响
讲学社		1920	邀请国外著名学者讲学,对中外思想文化交流产生了巨大影响

续表

社团名称	发起的思潮	发起时间	影响
实际教育调查社	从事实上调查，做实地研究，以为实行改良的基础	1921	发起教育调查，用科学改变中国教育虚伪、不切实用的状况，对改进教育研究方法产生了重要影响
中华教育改进社	教育改进	1921	全面推动中国教育的调查、研究，广泛而深刻地推动教育改进实践
北京非宗教大同盟	依据科学精神抵制教育中的宗教活动	1922	引发教育中的非宗教运动
全国教育独立运动会	教育经费、制度独立	1922	因政局不稳定活动不久后无形取消
中华平民教育促进会	"除文盲、做新民"的平民教育	1923	在全国范围内产生了极为广泛的影响
国家教育协会	本国家主义精神以谋教育改进	1925	对中国当时的教育观念和实践产生了较强大的冲击
中国社会学社	研究社会实际问题，推动社会行动	1930	在学术领域及部分地区社会活动中产生了影响
中国测验学会	研究测验理论，推动测验方法	1931	在中小学学业测验方面发挥了重要的作用
中国社会教育社	研究社会教育学术，促进社会教育事业。	1931	在部分地区产生了社会影响
国难教育社	实施国难教育	1936	开展多种形式的国难教育活动，在部分地区产生了影响
中国民生教育学会	推行民生本位教育	1936	在以教育力量发展民众生计、改进民众生活上有一定的影响
生活教育社	推行生活教育	1938	在各个敌后抗日根据地产生了一定影响

表7-1所列并不完全，仅从表中已可看出当时倡导的教育思潮的多样性，

几乎覆盖了教育的各个方面和领域。也可看出,1938年后就再也没有倡导新思潮的教育社团产生,这既与中国进入全面抗战的大环境相关,也在一定程度上反映此后中国的教育改进不再主要依靠思潮的引进与发起,而是在一个确定的框架内深耕。

思潮发起是国民自动的显现,国民不能自动又被当时的人们认定为中国积弱的主因,"东西各强国国力发达之原因,盖强半由于国民之自动力,其陈迹班班可考。我国承数千年专制之后,人民之依赖官府已成一种天性,绝无自动力之可言"[①]。新教育思潮的发起之所以重要,就在于它在中国的社会与教育最弱方面有所突破。

在教育新潮的引进与传播过程中,中国教育社团一方面努力忠于并传承自己的传统,一方面又试图通过吸收新思潮激发活力。比如,新文化运动时期在儒学与杜威最初的相遇中,儒学被新文化运动的新知学人们斥为阻塞中国动脉的血栓,妨碍了构成中国进入现代世界必要条件的那些新观念的流通,杜威哲学则被当成了解毒药;事实上,杜威和罗素本人并非以反传统著称的人物,他们一来到中国都不约而同地跟中国传统产生了共鸣。他们一再劝中国人在向欧美学习的同时,不要抛弃了自己的传统。也就是说,不管来自哪个国度的真正思想家,也不管他们原本的倾向有何不同,只要他们与中国的传统和教育实际相遇,都会顺其自然找到自己在传统和现代轴上的合适定位。相形之下,不少思考能力不足的中国人显得自己"当局者迷",或一意孤行地要把自家的传统毁弃干净,或抱守自认为不易的传统而排拒任何外来的思潮。从这个意义上说,中国现代教育在内容和方法上的新旧、中外之争,实质上是思想的深浅、广狭和开放与否的不同表现。为数甚多仅限于对西学浅尝辄止的人与为数更多对新思潮未能理解就反感的人共同阻止、拒绝任何更为高阶的复杂知识,更为适合中国实际的教育方法与措施,这样的知识、方法、措施可能来自中国本土,也可能来自欧美,其结果是他们不适应跨文化的交流、融合,不善于用适合与不适合的标准去分析、选择、运用各种教育思潮,从而恰恰是这些人阻碍了教育的实际进步。

[①]《通俗教育研究会会长梁次长代表汤总长训词》,载朱有瓛、戚名琇、钱曼倩、霍益萍编《中国近代教育史资料汇编·教育行政机构及教育团体》,上海教育出版社,2007,第382页。

从表7-1可以看出,在教育思潮的发起和引进中发挥作用的基本都是民间教育社团。共学社就是个纯粹民间的学术社团,其发起人与评议员均与梁启超的文化影响相关,通过梁启超的社会关系,利用他们的社会名望和经济支援开展工作。对于社员的要求只有一条,即翻译5万字以上,评议员参与翻译事业,与商务印书馆协定出版译稿。张东荪与张元济等人选定译书及译者,翻译书籍限定于科学、历史、哲学、经济、社会等方面,出版了梁启超的《现代思潮之渊源》、蓝公武的《现代思想史》、蒋方震的《欧洲文艺复兴史》与《法国近代文艺思想史》、易家钺的《家庭问题》、杨志伊的《社会运动史》等书,均与思想启蒙运动及文艺复兴有关。它最大的成就是编译新书,1922年就出版了40多种,总计出版大约有100多种,引入了许多社会学、哲学方面的书籍,涵盖马克思主义、无政府主义、基尔特社会主义等各种不同的思潮。

讲学社则是为了弥补共学社的不足,改变译书这种单一的思潮引进方式,增强与国际的文化交流,由共学会决定于1920年9月成立的一个与之相配合的社团,目的是聘请国外著名学者来华讲学,计划每年请一位,用教育部的支援与一些募捐所得来完成。该会董事会包括许多社会名流,如梁启超、汪大燮、蔡元培、王宠惠、熊希龄、范源濂、王敬芳、张伯苓、严修、张謇、张元济、黄炎培、郭秉文、胡汝麟、林长民等共20余人。

与之相对比,行政部门下属的各种委员会基本未参与教育思潮的发起与引进,它们对这一过程的参与至多是其中某些工作成员对某一思潮的认同而在其工作中得到体现。各级教育会更多地参与了教育思潮的发起和引进,参与最广、最深的要算全国教育会联合会、江苏教育会。

由此可见,民间教育社团是教育社团中思想含量最高的部分,也是最为活跃的部分。教育思潮的发起和引进本身需要思想者,行政部门下属的各种教育社团、各级教育会都很难容纳他们,他们只能去创立民间教育社团,并通过民间教育社团实现思潮发起与传播的使命。从这个意义上讲,民间教育社团虽然存在各种缺陷,却是中国现代教育社团中的先锋与精华部分。

二、教育变革的组织与实施

中国现代教育社团中有很大一部分以教育活动的组织与实施为主要活动。留法俭学会、留法勤工俭学会、华法教育会、寰球中国学生会等在帮助中国学生出国留学方面做了大量的策划、组织和实施工作。

各个行政部门所属的委员会也主要从事具体教育政策的研究、制定与实施工作。各级教育会很大一部分工作是相关部门授权的教育活动的组织与实施工作，直隶等地教育会还参与教育经费的管理。不少民间教育社团也参与教育变革的发起与实施工作，所以参与教育变革实施的教育社团总量不少，在教育社团中所占的比例也很高，大约有90%的教育社团都参与过教育变革的发起与实施工作。

1914年，全国教育会联合会组建前发出的征集议案通告所列范围包括小学教育、师范教育、中学教育、实业教育、社会教育、教育机关等方面，每个方面也列出更细的具体问题，其中小学教育就包括学科增减、各学科教授方法应如何趋重实用、学年增减、村落小学设施方法、小学机关及职员、地方学款筹措等问题[①]，从这些内容看无论是各省教育会，还是后来建立的全国教育会联合会，都把工作重心放在教育政策研究和实施上，若要进行教育变革也是在这一基础上去进行。

收回教育权运动在中国教育史上影响巨大，中华教育改进社、全国教育会联合会、国家教育协会在其中发挥了关键作用，它们调查情况、搜集资料、提出议案、充分讨论，选择合适的方式解决问题，加之余日章、程湘帆、吴雷川、陈裕光、刘湛恩、刘廷芳等为代表的教会教育家也参与了中华教育改进社等教育团体的活动，收回教育权议案在这些社团的会议上讨论给了他们充分表达的机会，通过的议案文本吸纳了各方的意见，更加合理可行。一经通过就使这部分教育家倍感压力，又让他们不断觉醒，最终站到了维护中国教育主权的立场上来，促使教会学校向中国政府立案注册。

与上述定位不同的是，一些民间教育社团还开展对特定的教育理论的实验和实施工作，比如生活教育社、新安旅行团就曾对生活教育理论开展实验和实

[①]《征集议案之通告》，载朱有瓛、戚名琇、钱曼倩、霍益萍编《中国近代教育史资料汇编·教育行政机构及教育团体》，上海教育出版社，2007，第330页。

施活动。

　　新安旅行团实践陶行知的生活教育理论,在17年中跋涉五万余里,践行"社会即学校",在民众中进行各种各样的十分有益的生活教育工作,既锻炼了自己,也服务了大众。他们用"小先生制"一边旅行,一边放电影、演讲、唱歌和读书,他们认为:中国的教育不发达,是因为有百分之八十的人不识字。因为不识字,所以根本不会明白国家大事。叫他们来救国,这是很不容易的事,所以普及教育在中国是极需要的。电影是普及教育最好的工具,就是一个什么都不知道的人,他看了也可以懂,可以明白意思。觉得电影的力量伟大,于是就拿到乡间去放映。演讲是对放电影的弥补。所以只好推动当地的小学生及其他的人去实行,就用演讲和谈话的方式,提出几个问题或时事,和他们讨论,使他们能够明了。唱歌可以鼓舞人的情绪。读书则是由于内地的青年因为交通不发达不会读许多好的新书……所以带了一部分书到内地去,使他们也能得到新的知识,使他们的思想也能够进步起来,和全国青年站在同一战线上。①

　　陶行知的生活教育理论是新安旅行团诞生的基础,又是新安旅行团行动的指导,新安旅行团是生活教育理论实践的结晶,生活教育培养了新安旅行团成员的生活力,新安旅行团丰富和发展了生活教育理论和实践。

　　汪达之在《我自新旅来》中道:新安旅行团虽是一个儿童和少年工作的团体,但同时也是一个实验战时儿童和少年集体生活教育的工作团体。②新安旅行团运用生活教育指导日常行为,在复杂多变的社会生活中磨砺自己,进行个体生活和集体生活的磨砺。

　　他们遵循陶行知"创造力最能发挥的条件是民主"的教诲,实行民主管理、自我教育,每日召开生活会议,轮流当主席,集体会议是其权力来源,并制定了十四条公约:"(一)努力争取学习与宣传工作机会,并注意正确性与效率,以增进抗战建国的力量;(二)执行一切共同决议案;(三)完成要做的工作,创造工作的新纪录;(四)每天有适当运动的习惯;(五)每天睡觉八小时;(六)每天除应吃饮食外,不得随意吃零食;(七)每天注意喝水和大便;(八)每天看书看报,写日记;(九)每天开生活会议一次;(十)按期举行各种会议;(十一)热心做主席及团

---

①　张敬茂:《工作情形的报告》,《儿童日报》(上海),1937年2月5日。
②　汪达之:《我自新旅来》,《战时教育》第5卷7期,1939年12月10日。

务干事分配的临时工作;(十二)有事外出须通知主席或团务干事,并登记;(十三)凡违反团体纪律,应由大会给予警告、记过及取消团员资格等处分;(十四)对团体和抗战建国国策有特别贡献,应由大会给予最光荣的奖励。"①

类似的教育实验还包括中华职业教育社、中华平民教育促进会、中国社会教育社等教育社团开展的教育实验,它们在中国教育实证研究方面取得了开拓性的成就。

三、现代教育事业的筋骨与脉络

中国现代教育事业的发展是个渐进的漫长过程,也是一个功能不断发育的肌体成长过程,其中新学制和课程框架是它的筋骨,各层次间不断沟通与交流是它的血脉。在这两方面的发育成长和功能运行中,教育社团都发挥了不可替代的作用。

1. 建立现代学制与课程

一直沿用近百年的中国新学制从建立到实施、完善都是教育社团在其中发挥关键作用。1915年全国教育会联合会一成立,各省区代表就提出对壬子癸丑学制的修改意见,湖南省教育会的《改革学校系统案》比较全面地提出原学制的六条"弊害",被提交大会讨论,会后带回各省征求意见,1916年江西省教育会又提议案修改学制。几经反复,1919年全国教育会联合会在太原召开第五次年会才真正启动新学制改革,美国教育家杜威参加了这次年会,学制改革的目标从此前的德国学制转向美国学制。此后,各省区派人赴欧美考察,1921年在广州举办的全国教育会联合会第七次年会上以多数赞成的方式通过了《学制系统草案》。

在全国教育会联合会和中华教育改进社等教育社团主导的学制改革问题讨论得到较大范围的社会认可的时候,当时官方不能忍受的是,全国教育会联合会讨论通过《学制系统草案》的第七次年会由当时以孙中山为首的国民党掌

---

① 白辛:《新安旅行团访问记》,《少年先锋》(武汉)第10期,1938年7月5日。

权的广东省教育会主办,而广东政府与北京政府分庭抗礼,全国教育会联合会第七次年会的议决案没有送到教育部去,教育部对此十分恼火。但全国教育界对广州年会议决案表现出高度的热情,不但对其悉心讨论,甚至有些地方还开始试行。教育部为最高教育行政机关,自问不好意思,于是用取巧的方法在全国教育会联合会第八次年会开会之前的9月15日召集学制会议,草拟出《学校系统改革案》,学制会议又出现教育总长汤尔和为代表的北大派和时任代理教育次长的邓萃英为首的高师高专派两大势力的争论,通过的《学校系统改革案》很大程度上照顾了高师高专派的情绪,北大派则持不同意见。北大派的汤尔和提出"拟将议决案送往济南征求全国教育会同意,以昭特别郑重之意"。 经过一番争论,学制会议最终决定双方各派一人代表教育部出席全国教育会联合会第八次年会,并将学制会议议决案交给全国教育会联合会作为参考。

在济南召开的全国教育会联合会第八次年会上,教育部代表交给年会做参考的实际有两份议案。一份是学制会议议决案,另一份则是教育总长交议案。由于沟通不畅,完全不提广州年会议决案,这使得各省区代表大为不满。北京代表胡适与教育部的代表同车南来,知道其中内情。为了缓和气氛,胡适主张根据上年议决之学制,并以教育部议决之学制为参考,速修改通过,以定中华民国之新学制。几经调停,全国教育会联合会第八次年会才确定审查底案"精神上大部分用广州案,而词句上多采用学制会议案"[①],并推举在调停中发挥了重要作用的胡适拟订了一份《拟修正学制系统草案》,还组建了甲组审查会负责审查此案。

在济南年会上,甲组审查会推举袁希涛、胡适和许倬云为起草员,根据讨论结果起草了《学校系统草案》提交大会进行三读,经反复争论,各省区代表无异议通过,将此案定名为《学校系统案》(济南年会议决案)。全国教育会联合会第八次年会推举袁希涛为代表将详细经过情形报告教育部,大多数代表都希望全国教育会联合会与教育部能达成和解,因为双方都不可能独立承担学制系统改革的重任。因此全国教育会联合会给教育部的呈文巧妙地回避了第七次年会没有呈送教育部和双方在第八次年会上的纷争,大有在教育部的领导之下进行

---

① 璩鑫圭、唐良炎编《中国近代教育史资料汇编·学制演变》,上海教育出版社,2007,第1006页。

学制改革的味道。全国教育会联合会的呈文既如此客气,则教育部亦顺水推舟。1922年10月23日,教育总长汤尔和召集教育部科长以上人员开谈话会商谈学制改革问题。全国教育会联合会第八次年会的会员袁希涛、黄炎培和胡适以及学制会议的正副主席蔡元培和王家驹也应邀出席。这次会议确定对学制进行改革,并以全国教育会联合会提交的《学校系统案》为改革标准,只在文字上做了若干修改。11月11日,时任中华民国大总统黎元洪将全国教育会联合会第八次年会议决的《学校系统案》以《学校系统改革案》名义发表。《学校系统改革案》的颁布,标志着壬戌学制的确立,由全国教育会联合会掀起的新学制改革终于取得了成功。

全国教育会联合会在政治势力相互较量的情况下,经过前后四年的努力,在全国范围内反复讨论和修改,集中了当时教育界的智慧,这在中国现代教育史上是绝无仅有的。壬戌学制颁布以后,紧跟新学制的是制定新课程标准,各省区代表在《学校系统案》通过后即开议新学制课程标准问题,全国教育会联合会与中华职业教育社、中华教育改进社联手,两次组建课程标准起草委员会,选举袁希涛、金曾澄、黄炎培、经亨颐和胡适为新学制课程标准起草委员会委员。委员会先后制定了《新学制课程标准纲要》《新学制师范科课程标准纲要》和《新学制职业科课程标准》,为新学制的顺利施行提供课程开设条件。其中1925年8月出版《新学制职业科课程标准》弥补了《新学制课程标准纲要》中职业教育部分课程标准的缺失,标志着全国教育会联合会与各教育社团联手修订新学制课程标准工作的圆满结束。

新学制各科课程标准纲要是当时中国最为完善的一个课程标准,教育界试行一直到1927年国民政府公布《大学院组织法》,各级各类学校普遍以新学制各科课程标准纲要作为课程设置的指南,各地出版机构包括中华书局和商务印书馆等著名教科书出版商也都按照新学制各科课程标准纲要来编写教科书。

新学制及各科课程标准纲要并非完美无瑕,但它们架起了中国现代教育事业的骨架。这一工作当时的教育行政部门或任何一所学校都是没有能力承担的,而且百年来这个学制一直沿用下来,其间几经政治及各种力量的冲击,反复证明它是经得起时间检验的,显示出现代教育社团在中国教育现代化进程中发挥了不可替代的作用。

在学制和课程建设中,教育社团担当了当时包括教育行政部门在内的其他机构都无力承担的角色,这才是教育社团对中国现代教育发展的独特价值。而且近一百年对这一学制使用的历史表明,它们较高质量地完成了这一使命,经得起专业和时间的检验。

2.发挥沟通与交流作用

建立内容、方式、途径多样的沟通与交流系统是教育社团在现代教育发展过程中发挥的关键作用。其中包括建立起不同区域、不同行业的横向沟通与交流系统,自下而上的沟通与交流系统,行政体系内外的沟通与交流系统,充当了教育革新运动运行的脉络。

不少教育社团就将自己的功能定位为联络,1912年北京教育会成立时就称:"创设北京教育会,联络学务人员合力同心,共谋进步,期于地方学务稍有裨益。"①不少教育社团的章程中都将联络作为自身的重要职能,事实上能够发挥沟通与交流功能的不只是教育社团,教育社团在沟通和交流上所发挥的独特作用在于:

一是教育社团进行的沟通促使城乡对教育有思考的人结合起来,使基层的教育变革者有了组织感。尽管一些官办的教育社团对其成员有比较高的门槛要求,即便通俗教育研究会里面也充满了教育部、学务局、直辖学校、劝学所、警察厅职员,只留给京师教育会、京师通俗教育会各2人,"其他对于本会研究事项有专长者若干人,由本会延聘"②的狭小空间,民间教育社团还是给城乡教育内容、方法、观念的交流开放了空间。中华职业教育社就提出《试验农村改进计划》,选择昆山徐公桥作为试验区,聚拢了一批乡村教育的研究和实验者。中华教育改进社于1924年成立了乡村教育委员会,在1925年的第四届年会上乡村教育成为重点议题,赵叔愚拟定了改进乡村教育和乡村生活计划,其中包括改进全国乡村教育草案、筹设试验乡村师范学校、特约试验乡村小学等,开启了创

---

① 《本会成立呈请核准立案文》,载朱有瓛、戚名琇、钱曼倩、霍益萍编《中国近代教育史资料汇编·教育行政机构及教育团体》,上海教育出版社,2007,第331页。

② 《通俗教育研究会章程》,载朱有瓛、戚名琇、钱曼倩、霍益萍编《中国近代教育史资料汇编·教育行政机构及教育团体》,上海教育出版社,2007,第377页。

办晓庄试验乡村师范学校的序幕,更为重要的是联络起了潘一尘等一批直接从事乡村教育的有经验、有思想的乡村教育当事人。中华平民教育促进会等其他教育社团也在这方面发挥过重要作用。

通常教育社团到乡村进行教育变革是受到村民欢迎的,尤其受到乡村青年人的欢迎,地方当权者却往往担忧自己的权势受影响而以各种借口从中作梗,实质上这种冲突是新知学人与旧式士绅的分离对立,双方间或成为同路人,又可能矛盾迅速激化,开明士人和乡村青年与由士绅支撑的正统秩序始终无法调和,从而促成了城乡对教育变革有所追求的人之间更为亲和,以求实现他们所认同的理想教育目标。

二是打破了教育上官方与民间的恒定关系。通俗教育研究会本是教育部所成立的社团,主干人员为教育部任命,经费由教育部支给,却认定"就改良社会而言,则学校教育不如社会教育,高等社会教育又不如通俗教育……惟通俗教育常与一般中下级社会相接触,上至农工商贾,下至贩夫走卒以及妇人孺子,皆能直接受其感化,故其范围最广,效力最宏……社会上之事业,如教育实业等事之类甚多,社会上均须有人去做,万不可完全依赖官府"[①]。这一段话代表了当时官方对教育社团发挥官民合作作用的期盼。既然官办的通俗教育研究会尚且如此期待,其他官办教育社团自然要与民间接触合作,而民间教育社团也倾向于与官方合作,教育社团在官民联络、沟通上的作用一直发挥得比较显著。

三是在思想、理念的沟通与交流中发挥着其他机构难以发挥的作用。教育社团除了成员间的直接接触可以进行思想理念的沟通与交流外,还主要通过报刊、会议、参观访问等各种形式把新的教育思想传播到教育第一线。1933年当时已经有不少教育社团,教育学者们还想尽各种办法延续自1927年就开始努力的建立中国教育学会的夙愿,其重要的动力就是期望借此进行相对专业的教育思想和学理交流。

教育社团在思想、理念上的沟通与交流常常伴随着深层的碰撞,文明、先进的思潮通过推动教育变革的开明士人与青年学生多渠道传播开来,他们常奉行民主、自由、平等的社会原则,与传统社会中服从、统一、控制、等级森严相冲突;

[①] 《通俗教育研究会会长梁次长代表汤总长训词》,载朱有瓛、戚名琇、钱曼倩、霍益萍编《中国近代教育史资料汇编·教育行政机构及教育团体》,上海教育出版社,2007,第382页。

他们试图寻求经济均衡、个人自由、社会平等，也博得一些民众的拥护，民众较易接受新教育理念倡导的理想化的教育变革，官僚阶层则由于担心切身利益受到侵害而具有强烈抵拒心理，尽力阻止思想的流通，相对于中国久存的传统社会结构体系，教育社团只能起到社会启蒙作用。按照理想化模式建立起来的教育社团，代表了民主化的追求与趋向，常引发矛盾、冲突，但不少教育社团很难承受激烈对抗所产生的政治及心理重压，于是选择比较安全的调和折中，从而使其社会影响受到限制。

四是教育社团在不同国别教育间发挥沟通与交流作用。早期的留学生教育社团就已经开启中国与不同国家的教育交流，华法教育会、寰球中国学生会、讲学社更是以这种交流为主要职能。江苏等省教育会还组织俞子夷、陈容、郭秉文等人出国考察学习。这种交流的高峰则为与世界各国的教育交流，尤其是与欧美教育的交流，其中最为重要的又是与欧洲新教育运动以及美国进步主义教育运动的交流。1921年后中华教育改进社积极推动中国教育界参与世界教育大会，1923年首次年会发动中国数十名教育前沿专家编撰了17本材料参与会议交流，中华教育改进社董事郭秉文作为首席代表参会并当选为世界教育会副会长兼亚洲分会会长，在首次年会上表决并通过了关于中华教育改进社加入世界教育联合会的提案，此后又连续参加两次年会。这种交流目的明确，态度积极，措施多样，包括选派代表参加国际会议，在社团活动中开展与国际交流相关的活动，搜集相关资料，向大会提交议案，做好国际活动的媒体传播工作等。中华教育改进社还先后邀请推士、麦柯尔来华指导科学教育的开展、教育心理测验题目的编制；邀请道尔顿制创始人帕克赫司特女士、设计教学法发明者克伯屈来华讲学。中国教育学会1937年也试图积极参与第七届世界教育会联合会，后因日本暗中支持日伪政权的教育代表出席，中国教育会发出抗议并拒绝参会。

在不同国别间进行教育交流的还有中国科学社、中国物理学会、中国测验学会、华美协进社等一些教育专业社团。它们在某个专业领域或某个教育议题上保持了与世界各国同行之间不间断的沟通与交流，拓宽了中国教育专业人员的视野。

由于政府的相对封闭性，教育社团成员与国际同行的沟通与交流在整个社会的教育发展中具有独特的价值,如同陶行知批评政府"不早些从事准备,那世界真要以为中国没有教育了",主张一方面要有人办教育,一方面还要有人分门别类地观察、调查、研究各种教育之消长和真相,报告国人,使彼此有所参考。①

教育社团的活动不仅促动了教育的发展,它们的存在本身也丰满了仅仅由政府和学校组成的教育结构,使教育机体更加灵活而具有弹性,能够更好地适应现代社会对教育的更为复杂的需求,应对教育自身所发生的各种问题。

四、无效的教育抗争与探索

在考察教育社团与教育发展的时候,可以看出教育社团所做的努力十之七八并未留下直接的教育结果,仅有十之二三留下了类似学制改革之类传播久远的教育结果。这也是教育社团随着时间的推移知道的人越来越少的重要原因。但作为历史研究,又不能忽略它们也进行过一些从长期历史看来属于无效或无直接结果的教育抗争与探索。但无效不等于无必要,这种必要一方面是对教育自身和教育社团而言,另一方面也是对社会而言。教育与社会进步的过程就如同幼童前行,不能保证每一步都是有效的前行,但每一步对其机体技能的发展而言都是必要的。

各种学会自1895年兴起就受到社会顽固势力的阻挠和打压,教育会合法化后,旧的社会势力依然仇视教育会之类提倡变革的社团。它们或者倚仗权势,或者煽动愚民以各种手段干扰或破坏教育社团的活动。有的干脆利用权力,强行封闭会场,禁止教育社团借书院、庙宇进行活动。所以,各教育社团的建立、发展、开展活动都带有一定的抗争色彩,民间教育社团的抗争色彩更浓。类似的抗争并未留下直接的教育遗产,但它维持了当时新旧教育及各种诉求间的平衡,在一定程度上教育社团的活动在当时是有效的,也会为后来的教育发展留下了程序性的后效。

最为典型的例证便是教育会及多个教育社团自1914年起延续多年推动的教育独立运动。1914年,直隶教育会向各省教育会发函以期联合呈请教育独

---

① 《陶行知全集　第一卷》,四川教育出版社,1991,第461页。

立,提出"教育为救国之根本,非有独立之官厅,以执行事务,则教育之一切计划,难期进行"①。注意这里要求的是教育行政机构独立。

1922年2月,全国教育独立运动会建立,当时因北洋政府财政窘困,教育经费无着,于是教师组成该会。提出三点要求:(1)教育经费应急谋独立;(2)教育基金应急谋指定;(3)教育制度应急谋独立。因政局不定,不久后活动无形取消。

上述教育社团的活动目标并未实现,但这些活动确实为当时欠拖未解的教育经费问题缓解、教育行政体制的完善发挥了特殊的作用。

在一些专业领域,教育社团也进行过不少久攻未克的工作,比如:中国教育在学习日本和欧美的过程中,教育专业名词的使用五花八门,缺少规范,1918年中华新教育共进社一建立就关注这个问题,计划做"中英法德日对照教育名词汇",这项任务尚未完成,中华新教育共进社就合并组建中华教育改进社,中华教育改进社也继续这项工作,1923年称已完成三分之二,却未见到有据可查的稿子,1927年大学院成立译名统一委员会,依然是未完成工作机构就改名。1933年中国教育学会成立,会上通过"拟请本会组织教育名词审定委员会"议案,其间几次更换人员,一直到1937年全面抗战爆发也未拿出像样的成果出来。即便如此,这些教育社团在这一领域的研究仍然为后来人们的继续研究打下了一定的基础,为后来的研究积累了经验和教训,对这些社团成员们所做的工作不能一概抹杀,而应给予符合历史实际的认可。

对于中国现代教育社团所做的占它们工作量大约十之七八的工作,当然可以从它们的当事人的见识、专业的角度加以解读,也可以说它们的工作效率不高,还可以认为是中国教育现代化过程中必不可少的代价,它们本身是教育现代化过程中不可缺少的组成部分。后人对它们所做的那些工作不应忽视、轻视、藐视,而应怀着真诚敬意。

简言之,在中国传统教育向现代教育转化、嬗变的过程中,众多的中国现代教育社团或积极主动,或接受政府的分派安排,或做开路先锋,或紧跟政府及其他社会机构,总是在不断地寻找机遇,选择时机,发起教育新潮,参与教育变革,从事自己有一定见识而又乐于从事的工作,曾发挥过重要的、甚至是无可替代

---

① 《提倡教育独立之通函》,载朱有瓛、戚名琇、钱曼倩、霍益萍编《中国近代教育史资料汇编·教育行政机构及教育团体》,上海教育出版社,2007,第328页。

的作用。在早期中国教育现代化的历史进程中,到处都留下了教育社团的深深印记,它们的影响有的在百余年后还在发挥着潜移默化的作用。教育社团与中国教育现代化是一体多面、相互推动的共同存在,也是有着丰富内涵的历史过程。教育社团的存在对于教育事业发展的价值一方面在于它们所做的工作,另一方面在于它们的存在丰满了教育肌体,提升了教育肌体的功能,使教育生态更加趋于良性,使教育自身更加专业、多元、平衡。

第八章 现代教育社团的评价

中国现代社团是中国现代化孕育的社会组织,在促进中国社会现代化进程更加完善中发挥了不可替代的重要作用。有识之士"逐渐以社团的形式组织起来,研究问题,寻找出路,形成了追求真理,追求解放的热潮"[①]。

中国现代教育社团则是立足于教育求解中国现代化问题的人群组合,在中国教育现代化乃至整个社会发展过程中曾发挥不可替代的巨大作用,是古代教育与现代教育的重要转换器。现行学制、课程、教育教学理念都与当时众多的教育社团直接或间接相关。

现代教育社团是1895年后中国学人在教育事业上组织性特征的人格体现,展现出那段时期学人群体整体上活跃的一面,对中国现代社会的发展、现代教育的兴办、现代人格的建立发挥着不可替代的特殊作用。长期以来受社会偏见和误区的影响,对现代教育社团在中国教育现代化、中国社会变迁、中国人格现代化中的作用存在明显的轻视、忽视。本章将依据史实对此给予客观评价,还原其史学和现实价值。

一、现代教育社团的现代性与传统性

从整体形态上看,现代教育社团走进了现代型的区域范围,但仍走在向现代发展的途中。几乎可以说当时所有的教育社团无一例外地是现代性与传统

[①] 张允侯、殷叙彝、洪清祥、王云开编《五四时期的社团(一)》,生活·读书·新知三联书店,1979,前言第1页。

性的合体,不同的是各个教育社团现代性与传统性的多少、比例不等,存在于其躯体的位置不同,表现的方式不同。这种合体常常表现为在一件事上具有现代性,在另一件事上则表现出传统性;表面上显示出现代性,本质上却依然是传统的;此时表现为现代性,彼时表现为传统性;喊的是现代的口号,行动却是传统的;从章程和文本上看是现代的,开展的活动却是传统的。

从早期学会建立起,各个社团就在传统与现代并存的状态下开展活动。以1897年建立的质学会为例,它既有"务崇质实""矫弊",分门"随质所近,各占一科"学习研究的现代性一面,又坚守"崇儒"①的传统。同年建立的苏学会,在提倡"采西益中"的同时,又强调"为学之道千条万绪,不能出圣教范围"②。由此可见,在中国现代教育社团的起始端就预设了一个传统与现代并存的模式供后来建立的教育社团遵循。

1902年建立的中国教育会凭借上海是中国与欧美交流最为便捷的城市,地处中外交汇的中心点的得天独厚条件生存、发展起来。但中国教育会成员背景各异,思想驳杂,性情多样,在清末专制统治秩序调整松动的情况下,植入每个人内心的传统活力仍不时发挥作用,于是传统与现代相互摩擦也在中国教育会不断发生,几起几伏,迭遭顿挫,弊病丛生,从内部滋生瓦解的因素。

成立于1915年的全国教育会联合会,其宗旨显示出明确的现代性:"体察国内教育状况,并应世界趋势,讨论全国教育事宜,共同进行。"③全国教育会联合会在中国教育现代化进程中发挥了重要作用,1926年主要因为党化教育势力的压迫而不得不终止,又显示出其不可能逃出传统的宿命。

华法教育会本身更是传统与现代合体的典型。1916年3月29日在巴黎自由教育会会所召开发起会时即称"至其方针,即取世界社之事项而损益之"④。

---

①《武昌质学会章程》,载汤志钧、陈祖恩、汤仁泽编《中国近代教育史资料汇编·戊戌时期教育》,上海教育出版社,2007,第182页。

②《苏学会简明章程》,载汤志钧、陈祖恩、汤仁泽编《中国近代教育史资料汇编·戊戌时期教育》,上海教育出版社,2007,第185页。

③《民国第一次全国教育会联合会报告·全国教育会联合会会章》,全国教育会联合会,1915,第1页。

④《旅欧华法教育会一览》,载陈学恂、田正平编《中国近代教育史资料汇编·留学教育》,上海教育出版社,2007,第459页。

在发起会上蔡元培的讲话既讲到孔孟,又强调"纯粹人道主义","自由、平等、博爱三大主义,以为道德教育之中心点",并表示"此诚中国所深欲以法国教育为师资,而又多得法国教育家之助力,以促成其进化者也……此后之灌输法国学术于中国教育界,而为开一新纪元者,实将有赖于斯会"。①

1916年6月22日在华法教育会成立会上,作为史学家出任该会会长的欧乐在发言中一面称"中国孔子与诸子,本为法国革命之先觉",一面又称"凡欲以教育进其群于自由、平等、博爱之组织者,皆以革命之义而爱法国也"。②这种表态既有个人的因素,也标示着当时华法教育会这个教育社团传统与现代、中国与法国文化合体的整体认知状况。

在蔡元培等人公开发表的华法教育会公启中的四条计划包括"扩张国民教育……主张我国人宜多留学于欧洲者,亦欲我国民教育之进行无后于世界也";"输入世界文明……编译世界学粹以绍介于国人,俾洞悉近世学术思想变迁之大势";"阐扬儒先哲理";"发达国民经济"。③值得注意的是在"阐扬儒先哲理"中将中国周、秦、宋、明的理论与法国伦理学家自由、平等、博爱的思想,春秋三世与社会进化,礼运大同说与人道主义说成是一体相连的,如非认识不深刻,就是有意为之,显现出当事者处于传统与现代的混沌状态中。

1933年建立的中国教育学会的主干成员是在欧美大学教育学专业获得相应学位的学人,组织者之一陈选善直言:"我们对于该会唯一的希望就是该会能名副其实地成为一个真正的学会,换言之,为一个真正的研究团体,不是一个社交团体,更不是一个政治团体,不怕别人骂我们模仿美国性太深,我们希望该会能成为如美国全国教育研究会(National Society for the Study of Education)一类的组织。"④郑晓沧、孟宪承等其他成员对这一期望是有高度认同的,他们每年认定一题,分头研究,汇总报告,出版年刊。这些诉求体现了中国教育学会追求现

---

① 《旅欧华法教育会一览》,载陈学恂、田正平编《中国近代教育史资料汇编·留学教育》,上海教育出版社,2007,第461页。
② 《旅欧华法教育会一览》,载陈学恂、田正平编《中国近代教育史资料汇编·留学教育》,上海教育出版社,2007,第464-465页。
③ 《蔡元培等人公启》,载陈学恂、田正平编《中国近代教育史资料汇编·留学教育》,上海教育出版社,2007,第470-471页。
④ 青士:《全国教育学会成立》,《教育与职业》第143期,1933年3月。

代性的一面,而现实的结果是他们这些想法遇到了经济、社会等多种制约,强度大为衰减,不得不向中国社会中传统的一面低头。

公开成立相对较晚的生活教育社,其章程的文本以及理事会、监事会的设计无疑显示出现代性,而理事会和监事会的会议并未能照章程要求正常召开,遇事决策的主要方式还是相关的人员与理事长陶行知约谈,这种方式又将生活教育社拉回到传统中。

上述教育社团的例证都说明,中国现代教育社团已经在一定程度上吸纳了欧美的理念和价值,但在现代性上还不成熟,理念成分不足,激情过浓,尤其是在组织结构上面还受到中国官本位的体制制约。整体上,中国现代教育社团还正在走向现代化的路上,受到当时社会、经济、政治及中国传统文化的影响而难以进一步前行。在一定程度上,传统是它们的出发地,现代性是它们试图追求的目标,没有一个教育社团真正完全离开了传统进入现代,也没有一个教育社团能够说是在传统境界尚未向现代出发,这也是将这套丛书所撰的各社团统称为"中国现代教育社团"的原因。

中国现代教育社团是传统性与现代性的合体,之所以出现这样的整体状态,有着深刻而又影响广泛的原因。

首因当然还在观念。中国教育社团建立的理念起点是"归于群",早年的蒙学公会在其立会本旨的首条就提出"连天下心志,使归于群"[①],后来的中国教育学会、生活教育社并未在理念上对此有新的超越,并未有哪一个教育社团将其理念调整到维护具体个人的教育权利,以个人的尊严、天性、自主发展、成长发展需求满足作为社团的目标和宗旨,也很少有社团成员能真正从公民权利角度理解自己参与教育社团的活动。这成为最终没有一个中国教育社团完整地实现自身现代性的关键制约因素。

第二个原因在于近现代中国社会的法治进程进展缓慢,传统的人情关系、人身依附关系、政学关系使得人与人之间很难依法行使责任和权利。教育社团的章程文本和治理结构很难有充分的法律支撑,独立的法人缺乏社会法律基础,教育社团自身对其"非政府"性的理解不够彻底、深刻,教育社团难以成为实

[①]《蒙学公会公启》,载汤志钧、陈祖恩、汤仁泽编《中国近代教育史资料汇编·戊戌时期教育》,上海教育出版社,2007,第189页。

质上的独立法人,也就难以担当法人责任,行使法人权利,于是在组织结构上阻碍了教育社团现代性的充分达成。

这些为此后教育社团的发展提供了十分有价值的借鉴。

二、现代教育社团的开创与守成

中国现代教育社团在1895到1949年间的出现并开展大量前人未曾开展过的活动,是中国教育史上前所未有的现象,是一系列开创的组合,其开创性是确定无疑的。

在对中国现代教育社团开创性做出肯定的同时,又需要看到中国现代教育社团中的各个具体社团在各自存续期内,客观上存在着守成的一面。不少教育社团在某一件事上显现出较强的开创特征,在另一件事上显现出守成甚至与时代潮流相逆。不同的社团在开创性与守成性强弱上也存在一定差异。

整体看,中国现代教育社团对中国社会建设和教育发展的开创作用主要表现为以下几方面。

一是荟萃了关注中国教育的各方精英推进中国教育现代化。参与中国现代教育社团的既有教育行业内的人士,也有教育行业以外的社会各方面、各行业对教育关注的政商人士,还有包括华法教育会会长欧乐、中华教育改进社名誉董事孟禄与杜威、参与中国教育研究会的哥伦比亚大学的众多学者这样文化背景多样的人。教育社团有效地将这些人联络组合起来,为促进中国教育现代化发挥了实质性推动作用。

二是开创了专业组织参与教育的政策制定、管理、评价的形式,并拓展了相应的空间。此前办教育要么是具体的某一学校的工作范围,要么由政府发出特定的指令,不存在其他组织对教育的事务展开系统性影响的情况。古代的单体学校自身就形成一个教育决策与执行的闭合体系,不需要外界参与。现代学校与社会教育在一定程度上需要政府参与管理与协调,并逐渐形成学校及其他教育机构与政府间关系相对稳定的体系。教育社团的兴起与发展客观上形成了影响教育的另一个主体,它们本身可能受到学校、教育机构以及行政机构的影响,同时又成为影响教育各方面的相对独立的主体,使影响教育的主体数量与种类增加。影响教育的主体种类增加是教育由简单朴素到复杂专业的发展过程中会自然出现的现象,教育社团在发展的过程中必然不断拓展自己的活动空间,发挥自己的功能影响,作为专业团体积极推进教育的专业化与现代化。

三是极大推动了中国教育的专业研究。在专业研究领域,教育社团的出现大大增强了相关专业领域研究的自主性、专业性,研究的方法更加丰富多样,研究的内容领域较此前显著扩大,深度也明显加深。

分析中国现代教育社团的守成特征不难发现,它们守成的主要原因是受行政体系的牵引和固有思想的束缚。除了少数民间教育社团,多数教育社团的目标、任务、责任都在很大程度上受制于政府和教育行政部门。虽然在某些教育现代化政策措施提出与实施的过程中,教育社团与行政部门之间会有互动,但除了像新学制、课程标准等少数重大议题上教育社团起主导作用外,多数情况下仍是政府或行政部门起主导作用。

在思想上,当时有前卫教育思想的人基本都加入了某个教育社团,促动整个社会教育思潮的涌动。同时,也应该看到,参与教育社团的整个群体相对于当时社会的普通民众思想观念或许比较前卫,但在教育理念和思想上依然是守成的人居多。他们中确实有一些具有强烈使命感的人,但也有不少人将参与教育社团活动或仅当作自己身份、地位的象征,或作为满足自己交往或其他需求的一个组成部分。他们并没有明显或强烈的通过教育社团推动中国教育思想、方法、内容现代化的意识。从各个教育社团留下的活动产品看,其中确有一些精品,但尚不够丰富。

不少教育社团成员本身就在政府、教育行政部门、学校的某个岗位上工作,受中国几千年传统思想中"思不出其位"的束缚,即便像国家主义者组建的国家教育协会,它的成员中不少人也因受职业与生计的影响而不能坚持他们曾经提出的思想观点,或根本就难以提出相对超然独立的思想和教育观点。

从历史的视角看,不好责怪前人的开创与守成少了或多了。客观评价,与当时的教育行政机构或学校相比,教育社团的开创成分更多一些,守成的成分更少一些;或许由于它们大都是新建不久,根本就没有资本或资格守成,这反倒激励教育社团成为整个教育系统乃至整个社会系统中积极活跃、勇于开创的部分。

三、现代教育社团的历史启示

中国教育现代化进程中产生的社团是教育良性生态的重要主体和维护者，是教育良性生态不可或缺的重要组成部分，它们的兴衰是一面镜子，尤其是对中国建立满足更高品质的教育需求的教育公共服务体系而言，对建立现代教育智库而言，它们所能给予的启示很多。

1. 组织聚合增加教育能量

教育社团将一群念念不忘国家民族百年大计，时时心系中国教育变革与发展，有着"研究学理，介绍新知，发展教育，开通民智"共同理想和愿景的人聚合在一起，从而聚集起巨大的教育能量，对不适宜的旧教育加以洗刷。

清末新政中教育成效最为显著，其中少不了像张謇、袁希涛、沈恩孚、黄炎培等人组建的教育社团所发挥的影响。以1911年召开的中央教育会为例，在当时山雨欲来风满楼的朝野纷争情况下，选派代表、拟定收集并提出议案、报告或说明议案内容、研究讨论、质询和答疑、逐项表决等，无不依程序进行，与会代表无论官绅均有参加讨论权和一票表决权。这种沟通中央与地方、行政与教育、官府与民间的新颖形式较之此前的仅仅由官府少数人决策，大大增加了民意成分。据1911年7月22日至8月20日《申报》《大公报》《盛京时报》等报刊的报道和《中央教育会速记录》（中国第一历史档案馆学部档案）统计，为期一个月的会议期间与会者发言达286人次，有的会员发言次数达15次之多，相当踊跃，会场常常出现代表们"纷纷发言，争述己意"，致使"秩序大乱"的情形。会中代表们有充分意见交流和观念交锋。教育行政官员与中小学堂堂长监督共聚一堂，议论辩驳，有的意见和建议当面被否决或取消，表明与会代表态度认真，没有因为会议缺少决定施行权而敷衍了事。例如，其中讨论军国民教育案时，学部代表罗振玉、王季烈、范源濂、戴展诚对如何实行主张不一，发言中各抒己见。第九次大会上因学部代表一再阻挠通过军国民教育案，江谦质问道："此案是否学部大臣所交？"罗振玉答称："不能以学部大臣即不论是非利害。"媒体评论"就议决各案观之,成绩卓然。第一次开会已能如是,实可喜之现象。"①

中央教育会的例子表明,发展教育涉及许多方面和部门,不仅仅是教育界或教育行政机构所能闭门确定,需要将先进的教育思想与具体目标和政策结合起来,还需要社会各界的参与督促。

在1895至1949年间,参与教育社团的人数以万计,他们对教育所发挥的影响远远大于相同数量的单个教育人。可以比较的是,当时教育从业者远远多于教育社团参与者,而他们对教育的影响远没有教育社团产生的影响那么大和那么久远。同时对教育变革影响较大的人均参与教育社团的活动,且有些人参与多个教育社团,成为教育社团的创办人或主干成员。

教育社团活动的历史事实表明,它们之所以能聚集起巨大的教育能量,是因为各个教育社团代表当时整个社会中有责任感、积极、活跃、专业、理性的成分,它们更接近教育的规律,依据教育的规律确定教育的理念、目标、方法和措施。接近教育规律是教育社团力量巨大的重要原因。

2. 多样性教育社团形成良性教育生态

在20世纪前半叶中国由传统教育向现代教育推进的波澜壮阔进程中,仅仅由原有的不相联系的私塾、学堂实现不了这种转换,镶嵌于行政体系内部的教育行政机构也无法推动并实现这种转变,必须在社会与教育体系中生成一种新的更为自主灵活的组织形态才有可能推动教育的现代转型,这种新的形态就是教育社团。

由此可见,无论是清末,还是北洋政府和国民政府时期,教育社团是有活力的良性教育生态形成的必要组成部分。教育社团的成员既不是清王朝的封疆大吏、朝廷重臣,也不是民国政府的议长部长、军政要员,而是对人类和国家有极强责任感,对教育发展有深刻洞见的传统士人或新知学人。他们所组建的教育社团改变了教育体系的组成框架(如图8-1)。

---

① 关晓红:《清末中央教育会述论》,《近代史研究》,2000年第4期。

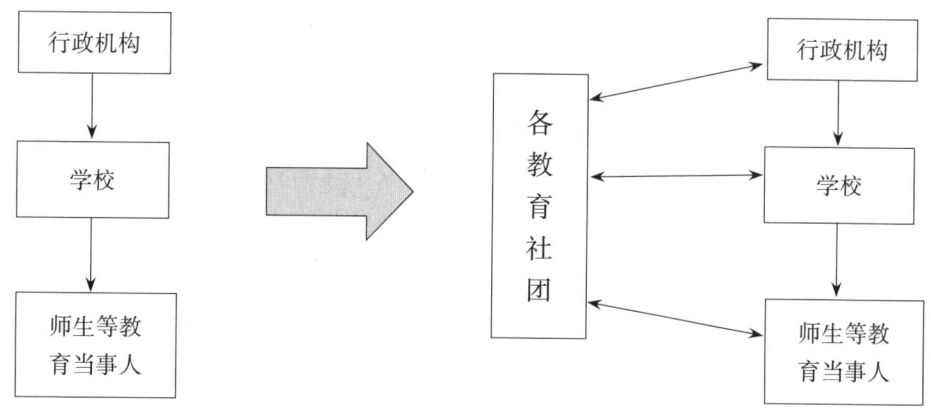

图 8-1　教育社团构成良性教育生态示意图

由图 8-1 可以看出,没有教育社团的教育结构体系是一条从政府的行政机构到学校再到教育当事人的单向链式结构,有了各种教育社团就新增了众多与行政机构、学校、教育当事人相对平等交往的主体。这些遍布全国各地的教育社团在各教育主体间沟通交流、互通信息、传播思想,满足多样性需求,活化了整个教育体系,增强了教育体系的应变机能,增强了教育的专业性和多样性,它们持续不断地努力,从不同的层面,以不同的方式,冲刷着旧教育的根基,孕育和滋养着现代教育的因素,不断更新和改良教育生态。

中国教育未来的发展正需要建立更为良性的教育生态,建立更加具有多样性、包容性、专业性的教育体系,以支撑更有品质的教育运行。教育是中华民族振兴的根基和依托,中国教育的改革和发展,中国教育努力赶上世界先进水平,既是中央政府和各级政府义不容辞的职责,也必须依靠所有教育工作者的自觉参与和担当,还需要各种不同教育当事人的参与。中国现代教育社团的历史价值不仅在于它们的存在和所开展的活动,还在于它们开启的良性教育生态模式给中国教育均衡发展与质量提升的丰富启示。

3.现代教育社团中呈现出中国学人的弱点

立体分析现代教育社团,不难看出它们所遇到的一些问题是与中国学人身上的一些弱点直接相关的。

国家教育协会的发起人余家菊、陈启天、范寿康、舒新城、左舜生、罗廷光、古楳、周邦道、章伯钧、田培林、杨亮功、吴定良、汤茂如、邰爽秋等 39 人几乎每人都有专长,有独当一面的能力。其成立启事中强调:"救国之道多端,而其根本则在教育,此考诸历史而可信,质之理性而无疑者也。惟是教育之途径甚多,教育之议论亦杂,吾人果欲以教育之力,救国家之危,则吾人于教育之措施应决然以国家为前提,殆无犹移之余地,于是则国家主义的教育尚矣。所谓国家主义的教育者,乃以拥护国权,发扬国光,陶铸国魂,燮和国民为宗旨之教育也。信仰此主义而服膺此宗旨者,现已遍于国中,且各就其力之所能及而宣传并实行之,实为中国前途之一线生机。"①在其不足两年时间的存续期内确实发生过较大的影响,在1924—1927年的收回教育权运动中发挥了组织、宣传等特殊作用,而它终止活动虽与党派之争直接相关,主要原因却是会务委员间存在意见分歧,并放弃责任分赴各地就职。

个人与宗派主义严重成为众多中国教育社团弊端滋生的重要原因。不少学人仅能从概念上凭感觉理解自由和民主,很难用自己的行为依据民主程序去切实履行,分不清民主、自由、权利的边界。中国教育社团中一些激进的人,受无政府主义影响较深,他们鼓吹:"自由者何?凡吾心所欲为之事,吾皆得而为之,而人断不能禁止吾压制吾也。"②他们的确在反对专制上有积极意义,但非理性的个人主义的恶性膨胀对教育社团本身产生了严重的消极作用。

不少受过专业教育的人依然难以分清现代社团与帮派,即使在上海这样的国际化大都市中,中国式乡土气息十分浓重地弥漫于人际关系之中,教育社团中来自比较发达地区的江浙人士也难以消除地缘关系在教育社团的各项事务中的影响,中国教育会的创始人之一王慕陶愤然脱会就与不同省籍人士之间的纷争有一定关联。

自然、社会、教育的存在原本就是多样的,教育社团原本依据其多样性显示出包容性,而一些教育社团的成员却有意无意倾向于整齐划一,甚至一些人要以自己为中心整齐划一,以己是为是,以己非为非,限制了教育社团健康发展。

从不少中国教育社团的产生、发展和衰落中,可以看出学人内心世界及其政治倾向变化发展中的局限或缺陷。

综上所述,现代教育社团是在中国现代化进程中的组织生成,又是中国教

---

① 《国家教育协会缘起及简章》,《中华教育界》第15卷第2期,1925年8月。
② 钱瑞香:《论自由》,《童子世界》第10号,1903年4月15日。

育乃至社会现代化的积极促进者,它们大都同时带有现代性与传统性,在开创的同时难以摆脱守成,在聚积教育能量,促成良性教育生态形成的同时又显现出自身的弱点。在当时的社会条件下,每个教育社团都是十分有价值的独特存在,发挥着各不相同的独特作用。

附录

学部：奏定各省教育会章程折[①]

（1906年7月28日）

谨奏：为酌拟教育会章程，折具陈仰祈圣鉴事。窃维教育之道，普及为先。中国疆域广远，人民繁庶，仅恃地方官吏董率督催，以谋教育普及，戛戛乎其难之也。势必上下相维，官绅相通，藉绅之力以辅官之不足，地方学务乃能发达。现在学堂教育方见萌芽，深明教育理法之人殆不数觏，是非互相切劘、互相研究，不足尽劝导之责，备顾问之选。自科举停止以来，各省地方绅士，热心教育，开会研究者，不乏其人，章程不一，窒碍实多，有完善周密毫无流弊者，亦有权限义务尚欠分明者。臣部职司所寄，亟须明定章程，整齐而画一之。权限既明，义务自尽，似于振兴教育，不无裨益。臣等公同商酌，谨拟教育会章程十五条，缮具清单，恭呈御览。俟奉旨后，即由臣部通行各省，一体遵照办理。其已经开办者，应令改照臣部章程，以归画一。所有酌拟教育会章程缘由，谨缮折具陈，伏乞皇太后、皇上圣鉴。谨奏。

光绪三十二年六月初八日具奏。奉旨：依议。钦此。

[①] 录自（清）学部总务司编《学部奏咨辑要》（宣统元年春刊），文海出版社，1986，影印出版，第95-104页。本文包括后面的附录内容，原文中用字与现在不同的，照录原字，未做修改（明显为排版错误的除外）。原文为竖排的，"列左""如左"等改为"列下""如下"。原文无标点的，依据句意添加了标点。原文标点与现代使用习惯明显不符的，依据现行标准进行了调整。

第一节　宗旨

第一条　教育会设立之宗旨,期于补助教育行政,图教育之普及,应与学务公所及劝学所联络一气。

第二节　设立及名称

第二条　教育会之设立,在省会,则议绅、省视学、各学堂监督、堂长及学界素有声誉者,均有发起总会之责;在府州县,则学务总董、县视学、劝学员、各学堂监督、堂长及学界素有声誉者,均有发起分会之责。

第三条　各地方绅民发起教育会者,应化除私见,集合同志,遵守本章程之宗旨,斟酌该地情形,拟定详细会规,禀经该省提学司批准后,并陈明地方官立案,方为成立。

第四条　教育会为全省所公立,而设在学务公所所在之地者,称某省教育总会;为府厅州县所公设,而设在本处地方者(府有专辖之境地,如贵阳安顺之类,得于州县教育会之外,另立府教育会。其无专辖之境地者,不必复设),称某府、厅、州、县教育会。

凡一处地方,只许设教育会一所。但如省会之地,既设总会,复设同域某府或某县之会者,不在此例。

第五条　总会许用钤记,须呈明提学司,并由提学司详报督抚,咨学部存案。府县教育会许用图章,须报明地方官,详提学司存案。

第三节　总会与各会之关系

第六条　各省教育总会,为统筹全省教育而设。各地方教育会,为筹一地方教育而设。其范围之广狭虽异,而宗旨则无不同,各地方教育会自应互相维系。凡分会之于总会,不为隶属,惟须联络统合,以图扩充整理。至如何联络统合之处,应由总会与分会商定详细办法,呈请提学司核准。

第四节　会员

第七条　会员之名目。

一、会长一员,二、副会长一员,三、会员(无定员),四、书记与会计(无定员),五、名誉会员(无定员)。

第八条 会员之资格。

一、会长、副会长须品学兼优,声誉素著,或于本地教育有功者,由会中公举,禀请提学司审察,确能胜任,方可允准选充。各以三年为一期,期满复被推举,经提学司审察,成绩优者,准其接充。如期未满而自请告退者听,但须将事由报明提学司。

二、书记与会计,即由会长、副会长于会员中择人委派,视事之繁简,酌定人数。

三、会员须品行端正,有志教育者,呈具入会愿书,由确实之介绍人加保证书,请会长审察允许。若会员属本会发起人,则无庸另具愿书及保证书。会员因有事故,自行请退,应将事由报明会长,而后出会。

四、名誉会员,以品学素优,或以财力资助该会,而誉望素无亏损者充之。

五、外籍旅居该地之绅民,依本条第三项办法,得为会员。

六、现为学堂之学生者,不得为会员。

七、凡学堂曾经黜退之学生,及游学外国因事开除之学生,均不得为会员,尤不得自与发起之列。

第九条 会员之职务。

一、会长采决众议,综理会务之权。

一、副会长襄助会长办理会务,会长不能到会之时,则为之代。

一、书记司理文件,会计经营账目,须常川在会,分执各事。

一、会员应听会长及副会长之指挥,同心协力,图本会之发达。

一、名誉会员虽不能常川到会,亦应随时留心教育,共助该会之发达。

第十条 会员应岁出六元以上之会金。

第五节 会务

第十一条 会中应举之事务列下。

一、立教育研究会,以求增进学识。

选聘讲师,定期讲演(教育史、教育原理、教授法、管理法、教育制度及他种学科),会员一律听讲。

二、立师范传习所。

选聘讲师，至短以一年为期，传授师范学科。以地方举贡生员之年在三十五以上，四十五以下，不能入各学堂肄业者充。传习生卒业时，应禀请提学司派员检定，就其所学，出题考试，合格者即予以凭照，得任小学堂副教员。设立时，先须将教员姓名及课程表，呈请提学司查核。若所聘教员及一切课程不合，须饬令更定，方准设立。

三、研究会、传习所讲毕之后，应否接续办理，届时由会长体察地方情形酌定。

四、调查境内官立私立各种学堂后开事项：

一、管理教授之实况；

一、教科用之图书、器具，其种类、程度是否完备、合式；

一、校地之卫生之合否；

一、学生之行检如何。

地方各学堂管理教授一切课程，如有不合之处，于私立学堂，应直接规劝，助其改正；于官立学堂则条陈于本管官吏，或本省提学司，听候酌办。

五、作境内教育统计报告，当详记后开事项：

一、地方户口与学龄儿童之数（此条应与劝学所会商办理）；

一、官私立小学若干所，及建立年月；

一、各种学堂若干所，及建立年月；

一、各学堂管理员、教员之籍里姓名；

一、各学堂学生人数；

一、各学堂学科及教授时间；

一、各学堂经费数目及所自出。

每年于四月十月编成表册，呈报提学司，以备稽查。

六、参考他处兴学之法，详察本地风土所宜，得随时条陈于提学司，并时应提学司及地方官之谘询。但止宜听候采择，不得有要求之事。

七、择地开宣讲所，宣讲《圣谕广训》，并明定教育宗旨之上谕及原奏，以正人心而厚风俗。他如破迷信、重卫生、改正猥鄙之细曲歌谣等事，均应随时注意，设法劝戒。并可采用影灯、油画之法，以资观感。

八、筹设图书馆、教育品陈列馆及教育品制造所,并搜集教育标本,刊行有关教育之书报等,以益学界。

第六节　簿册文件

第十二条　会中应备后开各项之簿册文件。

一、会籍　列记会员之姓名、籍贯、年龄、职业及现在住所,到会年月。

二、入会愿书及保证书。

三、记录　凡会员全体或一人,关于会务有所设施建议,皆详纪之。又会中日行事件,须有日记。

四、讲稿　凡讲义宣讲等类,皆须存稿,并录呈提学司。

五、函牍　凡内外往来私函公牍,均应依次检存。

六、账簿　详记各项收支账目,并现存财产目录,每年呈报提学司及地方官。每四个月,将账目登报,并榜示一次。

第七节　解散及奖励

第十三条　各学会应由提学司稽查。若有犯后开各条者,即令解散。

一、徒袭用教育会之名,并不设研究所以求学问。

二、干涉教育范围以外之事(如关于政治之演说等)。

三、勒索捐款,取图私利。

四、会员时起争端,不能融和。

五、挟私聚众,阻碍行政机关。

第十四条　各学会每届三年,由提学司考核一次,成绩优良者,得详请督抚,酌给奖励。其会员中品学修明、任事笃实者,则选任本省学务议绅,并择其相宜之事,酌予委任。

第八节　附则

第十五条　此项章程,凡以后各省及各地方设立教育会时,一切遵行。其章程未颁行以前所立之教育会,亦当一律遵用,不得歧异。

学部奏设立中央教育会拟具章程折并章程[①]

（1911年）

窃以教育之兴废，为国家强弱所由系，教育之良否，为人民知昧所由分。东西各国，莫不注重教育，合力通筹，以立强国智民之本。惟是教育理法，极为博深，教育业务，又益繁重，决非一二执行教育之人所能尽其义蕴。日本曾订有高等教育会议章程，汇集教育名家，开议教育事项。上自大学，下至初等小学，均可列作议案，公同讨论。文部省颇收集思广益之效，意美法良，足资采取。伏念先朝叠颁明诏，预备立宪，海内人士莫不冀教育发达，以觇人民程度。自创兴学堂以来，分科大学及专门高等各学，中外办学衙门，虽皆竭力筹设，然以中学毕业学生尚少，并困于教育经费，一切规画均未能骤期完备。揆诸近日情势，尚可徐为筹议，惟中学以下，普及教育与宪政尤为息息相关。上年十月，钦奉明谕，开设议院，缩短期限，是普及教育，在今日实有迫不及待之势。中国幅员辽廓，民生艰窘，其间土俗人情，又各自为风气，措办学务，每多扞格。其普及教育之推广维持、教授管理，在在均须广集教育经验，有得人员，周谘博访，始足以利推行而免阻碍。臣筹思至再，惟有酌采日本高等教育会议章程，变通办理，订定中央教育会章程十四条，招集各项学务人员，在京师设立会所，由臣部监督，会议中学以下各事宜。其中难解之疑问、滞塞之情形，均可藉以沟通，取便措注，以为臣部教育行政辅助之机关，似于学务前途不无裨益。如蒙俞允，即由臣等遵

[①] 录自《教育杂志》第三年第六期，宣统三年（1911年）六月初十日，第67—69页。

章施行。

宣统三年五月初四日。奉旨:依议。钦此。

中央教育会章程

第一条 学部为关于全国教育征集意见奏请设立中央教育会。

第二条 中央教育会设立于京师,由学务大臣监督之。

第三条 中央教育会应议事项。

一、关于中小学堂教育之主旨及关于学科程度、设备管理事项;

一、关于两级师范、中等以下各学堂督察事项;

一、关于教科用图书事项;

一、关于两级师范,中等以下各学堂职员资格事项;

一、学龄儿童就学义务及小学学费事项;

一、国语调查事项;

一、推广义务教育事项;

一、担任维持学务经费事项;

一、国家及地方补助学堂计画事项;

一、学堂卫生事项;

一、此外,学务大臣认为必要之事,得临时提议。

第四条 会员资格及人数。

一、学部丞参及各司司长、参事官、各局局长;

二、学部曾派充视学人员;

三、学部直辖各学堂监督;

四、民政部内外厅丞及民治司司长;

五、陆海军部军学司司长;

六、京师督学局二人;

七、各省学务公所议长或议绅,及教育总会会长、副会长,由提学使推举一人或二人;

八、各省学务公所科长及省视学,由提学使遴派一人;

九、各省两级师范及中学堂之监督教员及两等小学堂长,由提学使遴派二人;

十、著有学识或富于教育经验者,由学部酌派三十人。

第五条　学务大臣认为有必要事项,于前条会员外,得临时派员到会与议,惟不得加入可否之数。

第六条　中央教育会应由学务大臣于会员中选派会长、副会长,奏明办理。

第七条　会长有事故时,副会长代理职务;会长、副会长共有事故时,学部于会员中指定一人代理职务。

第八条　会员任期以三年为满,但于其职务上当为会员者,不在此列,其因补阙而为会员者,任期以接续前任所余期间为断。

第九条　中央教育会规则,由学部详细订定,一律遵守。

第十条　会长依会议规则整理议场秩序,及报告议决事项于学部大臣。

第十一条　中央教育会议决事项,由学务大臣酌核采择,分别施行。其有关于各行政衙门者,由学部咨商办理。

第十二条　中央教育会每年于暑假日开会,其会期以三十日为断。

第十三条　中央教育会办事官及书记各员,由学部酌派本部人员兼充,办事官听会长指挥,整理庶务,书记秉承办事官办理一切事宜。

第十四条　此项章程如有应行推广增改之处,仍即随时奏明办理。

教育部：公布教育会规程[①]

（部令第8号，1912年9月6日）

第一章 总则

第一条 教育会以研究教育事项，力图教育发达为目的。

第二条 教育会分为三种如下：

甲、省教育会；

乙、县教育会；

丙、城镇乡教育会。

以上各教育会得互为联络，不相统辖。

第二章 会务

第三条 教育会研究事项如下：

甲、关于学校教育事项；

乙、关于社会教育事项；

丙、关于家庭教育事项。

[①] 录自朱有瓛、戚名琇、钱曼倩、霍益萍编《中国近代教育史资料汇编·教育行政机构及教育团体》，上海教育出版社，2007，第260-262页。

第四条　教育会得以研究所得建议于教育官厅。

第五条　教育会得以处理教育官厅委任事务。

第六条　教育会为讲求各项学术及开通地方风气,得分设各项研究会,或讲演讲习等会。

第七条　教育会不得干涉教育行政及教育以外之事。

第三章　会员

第八条　教育会会员资格如下：

甲、现任教育职务者；

乙、于教育上富有经验者；

丙、有专门学识者。

第九条　教育会得设会长、副会长及其他职员。

第四章　经费

第十条　教育会会员应纳入会费及会金。

除前项外,遇必要时,得募集特别捐。

第十一条　教育会不得拨用地方公款,但经地方议会议决,由行政官厅给予之补助金,不在此限。

第五章　附则

第十二条　组织教育会,应按照本规程拟具会章,在省教育会呈由省行政长官核准立案,并由省行政长官转报教育部备查。在县及城镇乡教育会呈由县行政长官核准立案,并由县行政长官转报省行政长官备查。

第十三条　本规程自公布日施行。

通俗教育研究会章程[1]

（1915年7月18日）

第一章　总则

第一条　本会以研究通俗教育事项,改良社会普及教育为宗旨。

第二条　本会由教育部设立,受教育总长之监督。

第二章　职务

第三条　本会研究事项分下之三股:

一、小说;

二、戏曲;

三、讲演。

第四条　小说股所掌事项如下:

一、关于新旧小说之调查事项;

二、关于新旧小说之编辑改良事项;

三、关于新旧小说之审核事项;

四、关于研究小说书籍之撰译事项。

第五条　戏曲股所掌事项如下:

---

[1] 录自《教育公报》第二年第四期(1915年),法规部分第14-17页。

一、关于新旧戏曲之调查及排演之改良事项；

二、关于市售词曲唱本之调查及搜集事项；

三、关于戏曲及评书等之审核事项；

四、关于研究戏曲书籍之撰译事项；

五、关于活动影片、幻灯影片、留声机片之调查事项。

第六条 讲演股所掌事项如下：

一、关于讲演材料之搜集审核事项；

二、关于讲稿之选择及编辑事项；

三、关于书画报、白话报、俚俗图画等之调查及改良事项；

四、其他不属于各股事项。

第三章 会员

第七条 本会以下列会员组织之：

一、教育部职员若干人，由教育总长指定；

二、学务局职员二人，由学务局选派，详请教育总长认定；

三、直辖学校职员各一人，由各校选派，详请教育总长认定；

四、京师劝学所职员二人，由学务局选派，详请教育总长认定；

五、京师警察厅职员四人，由教育部函商警察总监选派；

六、京师教育会会员二人，由教育部饬知该会会长选派；

七、京师通俗教育会会员二人，由教育部饬知该会会长选派；

八、其他对于本会研究事项有专长者若干人，由本会延聘。

第四章 职员

第八条 本会设会长一人，综理本会事务。

第九条 本会设干事若干人，承会长之指挥，分任各股调查、编译、审查事宜及本会庶务会计事宜。

第七条、第八条之延聘员专任编辑译述事宜。

第十条 本会各股设主任一人，承会长之指挥，办理各该股内事务，仍兼干事之职务。

第十一条　会长及各股主任由教育总长指定,干事由会长于会员中推选,详请教育总长核定。

第十二条　本会得雇用书记,掌文件之缮写、保存、收发事项。

第五章　会议

第十三条　本会会议分二种:

一、定期会议;

二、临时会议。

第十四条　定期会议每股每星期至少一次,临时会议于有特别事故时由会长另集之。

第六章　经费

第十五条　本会经费由教育部支给之。

第十六条　本会会员为名誉职。

第十七条　本会职员除延聘员及雇员外,均不支薪。

第十八条　本章程如有未尽事宜或应行增改之处,由本会随时修正,详请教育总长核定。

学务委员会规程[①]

（1915年）

第一条 学务委员会依《地方学事通则》第三条之规定，以自治区内之学务委员组织之。

第二条 学务委员于自治区内依照学区之分画。每学区各设一人，但经区董认为必要时，得增设一人。

第三条 学务委员依照《地方自治试行条例》第十一条第二项推选自治员之规定选任之。

第四条 学务委员辅佐区董办理本学区内教育事务。

第五条 学务委员会依区董之谘询及学务委员之提议，会议自治区及各学区之教育事务。

前项会议遇必要时，自治职员亦得列席。

第六条 学务委员会应由学务委员中推选主任一人，综理本会事务。

第七条 学务委员会之会所，应设于自治区办公处之所在地。

第八条 学务委员为名誉职，但依地方情形得酌给公费。

第九条 学务委员会之经费，由自治区经费支给之。

第十条 关于学务委员之奖惩事项，适用《地方自治试行条例》第三十六第

[①] 录自教育杂志社编《教育法令选　上》，商务印书馆，1925，第122-124页；并参照《武进教育汇编》第十期，1918年2月，规程部分第1-3页进行了修正。

三十七条之规定。

第十一条 本规程之施行细则,由教育总长定之。

附则

自治区内之学务委员,因员数过少,不适于委员会之组织者,其应会议事项,由区董及学务委员协议之。

自治区未成立地方之学务委员,由劝学所陈请县知事委任之。

学务委员会之经费,在自治区未成立地方,由县知事于地方公款内支给之。

本规程自公布日施行。

教育部订定国语统一筹备会规程[①]

（1918年12月28日）

第一条 国语统一筹备会以筹备国语统一事项及推行方法为宗旨。

第二条 国语统一筹备会设立于教育部，受教育总长之监督。

第三条 国语统一筹备会，其筹备事项分下之四类：一、音韵，二、辞典，三、语法，四、各种语体书报。

第四条 关于音韵类之事项如下：

一、国音字典之校核、订正，二、各种注音书报之审核，三、方音之调查。

第五条 关于辞典类之事项：

一、国语辞典材料之搜辑、调查，二、国语辞典之编辑及审核。

第六条 关于语法类之事项：

一、语法材料之搜辑、调查，二、语法之编辑及审核。

第七条 关于语体书报之事项：

一、各种语体书报之调查及审核，二、各种语体书报之编辑。

第八条 国语统一筹备会以下列会员组织之。

一、教育部职员若干人，由教育总长指定。二、教育部直辖学校教员若干人，由各该校推选。三、其他于第三条所列事项确有专长者若干人，由该会延聘。

第九条 国语统一筹备会设会长一人、副会长二人，综理该会事务。

[①] 录自《教育杂志》第十一卷第二号，法令部分第1—2页。

前项会长副会长,由教育总长指定之。

第十条 国语统一筹备会设常驻会员若干人,承会长之指挥,分任调查、编辑、审核事宜。

前项常驻会员由会长陈请教育总长指派之。

第十一条 国语统一筹备会得酌用书记,掌理缮写、收发、保管文件及其他庶务。

第十二条 国语统一筹备会遇有应行会议事项,由会长定期招集之。

第十三条 国语统一筹备会会员为名誉职,除书记外,概不支薪。

第十四条 本规程如有未尽事宜或应行增改之处,得由该会随时修正,呈请教育总长核定施行。

教育部订定教育调查会规程[①]

（1918年12月30日）

第一条 教育调查会隶属于教育总长，以调查审议教育上之重要事项为目的。

第二条 教育调查会对于教育总长之谘询，应陈述意见。

第三条 教育调查会关于教育上之重要事项，得建议于教育总长。

第四条 教育调查会设会长一人，副会长一人，会员三十人以内。

遇有特别调查事项，得设临时会员。

第五条 教育调查会会员，由教育总长就具有下列各款资格之一者延聘或指派之。

一、曾任或现任高级教育行政职务，具有教育上之经验者。二、有专门学识、并于教育夙有研究者。

临时会员由教育总长酌派。

第六条 会长及副会长由会员中公推四人，陈请教育总长指定之。

第七条 会长总理会务，并将议决事项报告教育总长。

会长有事故时，由副会长代行其职务。

第八条 会长及副会长于会议时得加入可否之数。

第九条 教育调查会议事规则由会长定之，但须陈报教育总长。

第十条 教育调查会会员为名誉职。

[①] 录自《教育杂志》第十一卷第二号，法令部分第2—3页。

第十一条 教育调查会设干事五人以内,由教育总长委派教育部荐任官充之。

干事承会长之命整理庶务。

第十二条 教育调查会设书记若干人,缮写文件及掌管其他庶务。

第十三条 学制调查会规程自本规程公布后即行废止。

第十四条 本规程自公布日施行。

修正教育会规程[①]

（1919年12月20日）

第一章 通则

第一条 教育会以研究教育事项，发展地方教育为目的。

第二条 教育会之名称，各以其设立区域定之。

甲、省教育会，乙、特别区域教育会，丙、县教育会，丁、区教育会。

第三条 各教育会不相统辖，但遇必要时，得互相联络，组织联合会议。

第四条 教育会为讲求学术，促进文化，得设各项研究会及讲演、讲习等会。

第五条 教育会得以会员决议事项，建议于教育官厅。

第六条 教育会得处理教育官厅委任事务。

第七条 教育会不得干涉教育行政及教育以外之事。

第二章 会员

第八条 教育会会员资格如下：

甲、现任学校教职员；

乙、曾任学校教职员二年以上者；

丙、现任教育行政人员；

---

① 录自《教育公报》第六年第十二期，法规部分第3—5页。

丁、曾任教育行政人员三年以上者；

戊、专门以上学校毕业，担任教育职务一年以上者。

第九条 凡研究教育学术、著有声望及协助教育经费者，得由教育会公推为名誉会员。

第十条 教育会会员应纳入会金及会金，但名誉会员不在此限。

第三章 职员

第十一条 教育会得设会长、副会长及其他职员。

第十二条 职员由会员互选，其任期为一年或二年。

第十三条 教育会于每届选举前两个月，应组织会员资格审查会。

前项审查会在省，由省教育会通知中等以上学校校长及省视学组织之。在县区，由县区教育会通知高等小学以上学校校长及县视学组织之。

第十四条 审查会应将会员履历名册，于选举一个月前审查完毕，并正式宣布之。

第十五条 互选职员时，其投标人应以列入上条所载名册者为限。

第十六条 互选细则由教育会定之。

第四章 经费

第十七条 教育会经费以下列各项充之：

甲、入会金；

乙、常年会金；

丙、特别捐助会金；

丁、官厅补助费。

第五章 附则

第十八条 组织教育会，应按照本规程拟具会章。在省及特别区域教育会，呈请该管教育行政长官核准立案，转报教育部。在县及区教育会，呈请县行政长官核准立案，转报该管教育行政官厅。

第十九条 本规程自公布日施行。

教育会规程[①]

（1927年8月15日公布）

第一章　通则

第一条　教育会以研究教育事项，发展地方教育为宗旨。

第二条　教育会分二级：

甲、省区教育会，

乙、县市教育会。

第三条　县教育会，得依地方情形，设分会若干处。

前项分会章程，应由该县教育会拟定，呈请该省区教育行政机关核准。

第四条　教育会为讲求学术促进文化起见，得设各项研究会或演讲会。

第五条　教育会得以决议事项，建议于地方教育行政机关。

第六条　教育会得处理教育行政机关委任事务。

第二章　会员

第七条　教育会会员资格如下：

甲、现任学校教职员为当然会员。

乙、（一）现任教育行政人员，（二）曾在教育机关服务五年以上者，（三）专门

[①] 录自《大学院公报》第一年第一期，第36-39页。

以上学校毕业曾在教育机关服务一年以上者。

以上三项人员,得自由入会。

第八条 教育会会员,应纳入会费及常年会费。

第三章　省区教育会

第九条 省区教育会,由该省区各县市教育会联合组织之。

第十条 省区教育会,每年举行大会一次,由县市教育会会员互选代表二人组织之;遇必要时,得开临时大会;前项大会,非有该省区过半数之县市代表出席,不得开会。

第十一条 省区教育会,设执行委员二十人,任期一年,由大会选出之。

第十二条 省区教育会执行委员,互选常务委员七人至九人,任期一年。

第四章　县市教育会

第十三条 县市教育会会员,互选执行委员八人至十六人,任期二年,每年改选二分之一。

第十四条 县市教育会执行委员,互选常务委员三人至七人,任期一年。

第十五条 县市教育会,于每届选举前两个月,应组织会员资格审查会。

第十六条 审查会应将会员履历名册,于选举前一个月,审查完毕,并正式宣布之。

第十七条 县市教育会会员,依审查会公布之名册,在县市大会,互选县市教育会执行委员,及省区大会出席代表。

第五章　经费

第十八条 教育会经费,以下列各款充之:(甲)入会费,(乙)常年会费,(丙)特别捐款,(丁)政府补助费。

第六章　附则

第十九条 教育会之组织或改组,应按照本规程,拟具详章,呈请该省区教育行政机关,核准立案。

第二十条 （甲）县市教育会,每年应将会员名册,及会务概况,呈报该管省区,及县市教育行政机关,及省区教育会。

（乙）省区教育会,每年应将代表名册,及会务概况,呈报该省区教育行政机关,及中央教育行政机关。

第二十一条 本规程自公布日施行。

教育会条例[①]

（1928年2月14日大学院公布）

第一章　总纲

第一条　教育会以研究教育事项，发展地方教育为宗旨。

第二条　教育会分二级：

甲、省区教育会；

乙、市县教育会。

第三条　县教育会得依地方情形，分区设立分会若干处；其详细章程，应由该县教育会拟定，呈请省区教育行政机关核准。

第四条　教育会为讲求学术促进文化起见，得设各项研究会或演讲会。

第五条　教育会得以决议事项建议于教育行政机关。

第六条　教育会得处理教育行政机关委任事务。

第二章　会员

第七条　教育会会员资格如下：

甲、当然会员：现任学校教职员为当然会员；但会计庶务事务员、书记等不在此例。

[①] 录自《大学院公报》第一年第三期，第3-8页。

乙、特别会员:有下列三项资格之一者,得为特别会员:

一、现任教育行政人员;

二、曾在教育行政机关服务五年以上者;

三、专门以上学校毕业曾在教育机关服务一年以上者。

凡特别会员无选举权及被选举权。

第八条　教育会会员,应纳入会费及常年会费。

第三章　省区教育会

第九条　省区教育会由该省区各市县教育会联合组织之。

第十条　省区教育会,每年举行大会一次,由市县教育会会员互选代表二人组织之;遇必要时,得开临时大会。

前项大会非有该省区过半数之市县代表出席,不得开会。

开大会时,由各市县代表先开预备会,推定主席团五人至七人;主席团之职务至大会终了时止。

第十一条　省区教育会设执行委员会,由大会选出委员十一人至十五人组织之;任期一年;其职务为执行议决案,及指挥秘书长以下各职员办理会务。

第十二条　执行委员会每三个月开常会一次;遇必要时,得开临时会。

前项会议非有过半数委员出席,不得开会。

第十三条　执行委员会设秘书长一人,由大会选出聘任之,任期一年。

秘书长之职务为征集及编制议案;汇集各市县教育会会务报告,并整理之,调查及统计各市县教育状况,为各市县教育会通讯研究之总汇。

第十四条　省区教育会得酌设秘书、事务员、书记各若干人佐理会务,由秘书长聘任之。

第十五条　省区教育会每年应将代表名册及会务概况,呈报省区教育行政机关暨中华民国大学院。

第四章　市县教育会

第十六条　市县教育会会员互选执行委员八人至十六人,任期二年,每年改选二分之一。

第十七条　市县教育会执行委员互选常务委员三人至七人,任期一年。

第十八条　市县教育会于每届选举前两个月,应组织会员资格审查会。

前项审查会,应由市县教育会执行委员会,就该市县现任视学及各学校校长中聘请九人至十三人组织之。

第十九条　审查会应将会员履历、名册,于选举前一个月内审查完毕,并正式宣布之。

第二十条　市县教育会会员依审查会公布之名册,在市县大会互选市县教育会执行委员,及省区大会出席代表。

第二十一条　市县教育会每年应将会员名册及会务概况,呈报省区及市县教育行政机关暨省区教育会。

第五章　经费

第二十二条　教育会经费,以下列各款充之:

一、入会费;二、常年会费;三、特别捐款;四、息金;五、政府补助费。

第六章　附则

第二十三条　教育会之组织或改组,应按照本条例拟具详细章程,呈请省区教育行政机关立案。

第二十四条　本条例自公布日施行。

教育部农业教育委员会章程[①]

（1937年）

第一条 本部为促进全国农业教育起见,依修正教育部组织法第五条之规定,设农业教育委员会(以下简称"本委员会")。

第二条 本委员会承部长之命,执行下列任务:

一、规划各级农业教育方案。

二、拟定各级农业学校课程及设备标准。

三、筹议地方教建合作及农业推广事业。

四、建议农业教育兴革事项。

五、议复部长交议事项。

六、其他关于农业教育设计事项。

第三条 本委员会由委员九人至十三人组织之,其人选如下:

一、本部令派二人。

二、实业部指定代表二人,由本部加聘。

三、本部聘农业专门人员五人至九人。

第四条 本委员会于必要时,得设各项专组,其规则另定之。

第五条 本委员会委员任期二年,但得连任。

第六条 本委员会设常务委员三人至五人,处理会务,由部长于委员中指派之。

[①] 录自《教育部公报》,第七、八期,第18-19页。

第七条 本委员会设秘书一人,处理会中日常事务,由部长于常务委员中指派之。

第八条 本委员会视会务之繁简,得设干事、书记,办理技术、文书及缮写等事务,由本会呈请部长调用或委派之。

第九条 本委员会每年举行大会二次,每月举行常务委员会议一次,均由常务委员会召集,并互推一人为主席,必要时得开临时会。

第十条 本委员会开会,遇必要时得请专家列席讨论。

第十一条 本委员会议决事项,呈报部长核夺施行。

第十二条 本委员会委员及邀请参加会议之专家均为名誉职;但不住本京者,到会时得酌支旅费。

第十三条 本章程如有未尽事宜,得由常务委员会议议决,呈请部长核准修正之。

第十四条 本章程自公布日施行。

全国义务教育委员会组织规程[①]

（1935年7月26日）

第一条 依照《实施义务教育暂行办法大纲施行细则》第二十七条之规定，由教育部组织全国义务教育委员会（以下简称"本委员会"）协助办理全国义务教育。

第二条 本委员会之主要任务如下：

甲、建议及审议推行义务教育之计划。

乙、审议关于义务教育之一切章则办法。

丙、考核各省市办理义务教育之成绩。

第三条 本委员会委员分下列二种。

甲、当然委员。

一、教育部部长。

二、教育部次长。

三、教育部参事一人。

四、教育部普通教育司司长及第二科科长。

五、教育部督学一人。

乙、聘任委员三人至七人，由教育部部长聘任之。

第四条 本委员会推定常务委员三人，处理日常事务。

[①] 录自《教育部公报》第七卷第三十一、三十二期，第5-6页。

第五条 本委员会全体委员会议,每三个月开会一次,以教育部部长为主席。遇必要时,得召集临时会议。常务会议集会时期,由常务委员定之。

第六条 本委员会遇必要时,得召集各省市义务教育委员会代表,讨论全国推行义务教育事宜。

第七条 本委员会关于义务教育之建议,经教育部核定施行。

第八条 本委员会得酌设办事人员,由教育部长派部员兼充之。

第九条 本委员会委员,概为名誉职,但聘任委员因到会办公,得酌支川旅费。

第十条 本规程由教育部公布施行。

教育部工业教育委员会章程[①]

（1938年6月1日教育部公布）

第一条 本部为促进全国工业教育起见，依《修正教育部组织法》第五条之规定设工业教育委员会（以下简称"本委员会"）。

第二条 本委员会之任务如下：

一、规划各级工业教育方案；

二、拟订各大学或独立工学院工业专门学校及职业学校课程及设备标准；

三、筹议地方教建合作及工业推进事业；

四、建议工业教育兴革事项；

五、议复部长交议事项；

六、其他关于工业教育设计事项。

第三条 本委员会委员人选如下：

一、本部主管司司长；

二、经济部及交通部主管司长及研究试验所长、军政部兵工署署长，由本部聘任；

三、国立大学或独立工学院院长，及国立工业专科学校校长；

四、本部聘工业专门人员十三人至十九人。

第四条 本委员会于必要时得设专组，并得由本部聘请中外工业专家为顾问。

---

① 录自《教育法令汇编》第四辑，正中书局，1939，第4-5页。

第五条　本委员会委员任期一年,但得连任。

第六条　本委员会设常务委员三人至五人,处理会务,由部长于委员中指派之。

第七条　本委员会设秘书一人,处理会中日常事务,由部长于委员中指派之。

第八条　本委员会视会务之繁简,得设干事、书记,办理技术、文书及缮写等事务,由本部委派或由本部指定职员兼任之。

第九条　本委员会每半年举行大会一次,每两月举行常务委员会议一次,均由常务委员召集,并互推一人为主席,必要时得开临时会。

第十条　本委员会开会,遇必要时,得请专家列席讨论。

第十一条　本委员会议决事项,呈请部长核夺施行。

第十二条　本委员会委员、顾问及邀请参加会议之专家均为名誉职,但到会时得由部酌送旅费。

第十三条　本章程自公布日施行。

教育部训育研究委员会规程[①]

（1938年3月10日行政院核定）

第一条 教育部为研究推进各级学校及社会教育训育实际问题起见，依照《教育部组织法》第五条之规定，设立教育部训育研究委员会（以下简称"本会"）。

第二条 本会之任务如下：

一、研究关于专科以上学校之训育实际问题；

二、研究关于中等学校之训育实际问题；

三、研究关于小学之训育实际问题；

四、研究关于社会教育之训育实际问题。

第三条 本会设委员七人至十一人，由本部聘任之，任期一年。

第四条 本部简任秘书各司长为当然委员。

第五条 本会设专任委员一人至三人，由部长于委员中指定充任之，须常川驻会办公。

第六条 本会设干事一人，由部员兼任之。

第七条 本会每月开会一次，由部长主席，遇必要时得开临时会。

第八条 本会研究结果及所拟计划等，由部长采择施行。

第九条 本会委员除专任委员外均为无给职，开会时得由本部酌送公费及旅费。

---

① 录自《教育法令汇编》第四辑，正中书局，1939，第1-2页。

第十条 本会办事细则另定之。

第十一条 本规程自呈准之日施行。

中央建教合作委员会组织规程①

（1938年6月17日行政院核定）

第一条 教育部为促进教育与建设事业之联络沟通，供求需要，增加教育功能起见，组织建教合作委员会（以下简称"本会"）。

第二条 本会委员由教育部、内政部、军政部、财政部、经济部、交通部及航空委员会各派主管人员一人至三人充任之。

第三条 本会设主任委员一人，由教育部就其所派委员中指定之。

第四条 本会之任务如下：

一、各方需要技术人员种类及数量之调查登记；

二、依据上项调查结果，为各大学专科学校及职业学校设科设系之筹划；

三、训练方法之筹议；

四、与国防及生产建设机关之联络；

五、毕业生服务之分配；

六、技术人员之调查与登记。

第五条 本会每月开会一次，必要时，得开临时会，均由主任委员召集之。本会开会时，得邀请专家列席讨论。

第六条 本会委员及列席人员，均无俸给，惟因公出勤及远道人员到会时，得酌支旅费。

---

①录自《教育法令汇编》第四辑，正中书局，1939，第6—7页。

第七条 本会议决事项,由教育部商同各关系部会施行。

第八条 本会设秘书一人,秉承主任委员处理一切会务,并得设干事一人或二人,由教育部调用之。

第九条 本会办公费,由教育部办公费内支给之。

第十条 本规程由行政院核准施行。

教育部教科用书编辑委员会章程[①]

(1938年8月10日)

第一条 教育部为计划及实施中小学及民众学校教科用书之编辑起见,设立教科用书编辑委员会(以下简称"本委员会")。

第二条 本委员会设委员十一人至十五人,由部长聘任或指派之,任期一年。

第三条 本委员会设主任委员一人,常务委员三人至五人,由部长于委员中指定充任之。

第四条 本委员会之任务如下:

一、拟订及审核教科用书及有关读物之编辑方针;

二、计划中小学及民众学校教科用书之编辑事项;

三、计划青年读物及民众通俗读物之编辑事项;

四、拟订本委员会各项章则事项;

五、其他部长交议事项。

第五条 本委员会设编辑若干人,编辑下列各项教科用书,由部长聘任或派充之。

一、编辑小学初级国语常识等,及小学高级国语史地等教科用书;

二、编辑初级中学及高级中学公民国文史地等教科用书;

---

① 录自《教育法令汇编》第四辑,正中书局,1939,第3-4页。

三、编辑民众学校各种课本及民众通俗读物；

四、编辑中小学补充读物及其他青年读物。

第六条 本委员会为适应抗战时期需要,得将已审定之中小学及民众学校教科用书,重复检定之。

第七条 本委员会为便利编辑起见,于必要时得次第成立下列各组,每组各设正副主任一人,由部长于委员或编辑中指定充任之。

一、中学教科用书编辑组；

二、小学教科用书编辑组；

三、民众读物编辑组；

四、青年读物编辑组。

第八条 本委员会全体会议及常务委员会议由主任委员召集之,于必要时,各级主任并得列席会议。

第九条 本委员会因缮写文件,得酌用书记。

第十条 本委员会委员均为无给职,但外埠委员到会开会时,得酌支旅费。

第十一条 本委员会议决事项,呈经部长采择施行。

第十二条 本委员会处理事务,依照教育部各委员会办事通则办理之。

第十三条 本章程由教育部公布施行。

修正教育部音乐教育委员会章程①

（1938年9月10日）

第一条 教育部为研究改进并推广音乐教育起见，设立音乐教育委员会（以下简称"本会"）。

第二条 本会之任务如下：

一、音乐教育之设计；

二、音乐教材之整理审查与创制；

三、音乐教育之推广与实验。

第三条 本会设委员九人至十五人，由教育部部长就音乐专家、教育专家及教育部部员中聘任或指派之。

第四条 本会委员任期一年。

第五条 本会委员不能继续任事时，由教育部部长聘派相当人员补充之。

第六条 本会全体委员会议每月举行一次，由部长召集之。

第七条 本会委员为名誉职，但外埠委员到会开会时，得酌支旅费。

第八条 本会设秘书一人，干事一人至二人，由教育部部长指派部员兼任之。

第九条 本会议决事项，呈请部长采择施行。

第十条 本会处理事务，依照教育部各委员会办事通则办理之。

第十一条 本章程由教育部公布施行。

---

① 录自《教育法令汇编》第四辑，正中书局，1939，第5-6页。

教育部边疆教育委员会章程①

（1940年5月8日教育部修正公布）

第一条 教育部为谋推进边疆教育，调整各机关对于边教之设施起见，依《修正教育部组织法》第五条之规定，组织边疆教育委员会（以下简称"本会"）。

第二条 本会委员，由教育部、蒙藏委员会各派主管人员二人，经济部、内政部、中央组织部、中央政治学校、中英庚款董事会各派代表一人，并由教育部聘请其他熟悉边疆教育情形之专家十二人至十六人充任之。

聘任委员任期一年，续聘得连任之。

第三条 本会设主任委员一人，由教育部就委员中指定之。

第四条 本会之任务如下：

一、研究边疆教育之办理原则及各项实际问题；

二、筹拟并审议推进边疆教育各种方案；

三、建议调整各边疆教育事业机关；

四、建议调整各机关边教经费；

五、指导边疆青年升学及就业。

第五条 本会应事实上需要得分组研究。

第六条 本会每年于七月及十二月各开常会一次，遇必要时，得开临时会，

---

① 中央教育科学研究所教育史研究室编，宋恩荣、章咸主编《中华民国教育法规选编1912—1949》，江苏教育出版社，1990，第88-89页。

均由主任委员召集。

第七条 本会委员均为无给职,但居住外埠者,到会开会时,得由教育部酌送川旅费。

第八条 本会议决事项由教育部商同各关系机关施行。

第九条 本会设秘书一人,秉承主任委员处理会中日常事务,并得设干事一人至二人、书记一人,均由教育部派充或指定职员兼任之。

第十条 本章程如有未尽事宜,得随时由本会呈请教育部修改之。

第十一条 本章程自公布日施行。

教育会法[①]

（1944年10月国民政府修正公布）

第一章 总则

第一条 教育会以研究教育事业，发展地方教育，并协助政府推行教育政令为宗旨。

第二条 教育会为法人。

第三条 教育会之主管官署在中央为社会部，在地方为省市县社会行政主管机关，教育部或各省市县教育行政主管机关为其目的事业主管官署。

第四条 教育会之任务如下：

一、关于地方教育之研究设计及建议改进事项；

二、关于增进人民生活上知识之指导事项；

三、关于地方教育之调查统计及编纂事项；

四、举办各种教育研究会议及学术讲演会；

五、举办各种教育事项，但须经主管教育行政机关之核准；

六、关于一般教育事项，得建议于教育行政机关；

七、处理各主管官署委办或咨询事项；

八、办理其他合于教育会宗旨之事项。

---
① 录自《教育法令》，上海中华书局，1947年5月发行，1947年7月再版，第135-137页。

第五条　教育会不得为营利事业。

第六条　教育会分乡镇教育会、市区教育会、县教育会、市教育会及省教育会。

下级教育会应受上级教育会之指导。

第七条　有下列情形之一时，教育部、社会部得会同召集全国省市教育会联合会议：

一、教育部或社会部认为必要时；

二、经七省市以上教育会之提议时。

前项联合会议之代表人数，由教育、社会两部会同定之。

第二章　设立

第八条　同一区域内每级教育会以一个为限。

第九条　各级教育会之区域依其现有之行政区域，但乡镇教育会或市区教育会遇有特别事由时，经当地主管官署会商目的事业主管官署核准，得不依现有之行政区域设立之。

教育会区域依其现有之行政区域者，冠以该区域之名称，其不依现有之区域者，得另冠名称，呈请当地主管官署核定之。

第一〇条　乡镇教育会或市区教育会之设立，应有该区域内具有会员资格者二十人以上之发起，县市以上教育会之设立，应有直接下级教育会过半数之成立。

第一一条　教育会之组织，应由发起人向当地主管官署申请许可，经许可后，该主管官署应即派员指导。

第一二条　教育会经许可组织后，应即推定筹备员组织筹备会，呈报当地主管官署备案，并分呈目的事业主管官署。

第一三条　教育会章程应载明下列事项：

一、名称；

二、宗旨；

三、区域；

四、会址；

五、任务或事业；

六、组织；

七、会员入会出会及除名；

八、会员之选任解任及其权利与义务；

九、职员名额权限任期及其选任解任；

十、会议；

十一、会费之数额；

十二、经费及会计；

十三、章程之修改。

第一四条 教育会于召开成立大会前,应将筹备经过连同章程草案呈报主管官署,并请派员监选。

第一五条 教育会组织完成时,应于十日内造具会员名册,职员略历册连同章程各一份,呈请当地主管官署立案,并应分呈目的事业主管官署备案。

第一六条 教育会经核准立案后,应由当地主管官署颁发立案证书及图记。

第三章 会员

第一七条 凡中华民国人民住居该区域内年满二十岁,具有下列资格之一者,得加入乡镇教育会或市区教育会为会员。

一、现任公立或已立案之学校教职员或社会教育机关职员,但职员以中等以上学校毕业者为限；

二、曾在公立或已立案之大学或独立学院教育科系或师范学院毕业者；

三、曾在师范专科学校或师范学校毕业者；

四、曾在公立或已立案之专科以上学校毕业,并从事教育事业一年以上者；

五、曾在公立或已立案之学校或社会教育机关服务三年以上者；

六、对于教育确有研究并有关于教育著作者。

第一八条 有下列情事之一者不得为教育会会员：

一、背叛中华民国者；

二、褫夺公权者；

三、禁治产者。

第一九条 上级教育会以其下级教育会为会员。

下级教育会于上级教育会大会时,各得派代表出席。

前项代表之名额,乡镇教育会或市区教育会二人,县教育会或市教育会一人,各由会员大会选举之,任期二年,期满应即依法改选,连选得连任。

第四章 职员

第二〇条 乡镇教育会或市区教育会设理事三人至五人,候补理事一人或二人,监事一人,候补监事一人,由会员大会就会员中选举之,理事得互选一人为常务理事。

第二一条 县市教育会设理事五人至九人,候补理事一人至三人,监事一人至三人,候补监事一人,由会员大会选举之,并得由理事互选一人至三人为常务理事。

前项常务理事为三人时,得互选一人为理事长,监事为三人时,得互选一人为常务监事。

第二二条 省教育会或院辖市教育会设理事九人至二十五人,候补理事三人至七人,监事三人至七人,候补监事一人或二人,由会员大会选举之。

前项理事互选三人至五人为常务理事,必要时常务理事得互选一人为理事长,监事得互选一人为常务监事。

第二三条 上级教育会职员之候选人,不限于下级教育会出席之代表。

第二四条 上下级教育会职员不得互相兼任。

第二五条 各级教育会职员之候选人,以其所属乡镇教育会或市区教育会会员为限。

第二六条 教育会选举之职员为无给职。

第二七条 教育会职员任期二年,期满应即依法改选,连选得连任。

第二八条 教育会职员改选完成后,应于十日内造具职员略历连同会员增减名册,呈报当地各主管官署备案,各该主管官署应将改选总报告表分别逐级转报社会部及教育部备案,其整理与改组时同。

第二九条 教育会选举之职员,因有不得已之事由,得经会员大会议决准其辞职;其因职务上违背法令,营私舞弊或有其他重大之不正当行为,得经会员大会议决令其退职,由主管官署将其解职。

第五章 会议

第三〇条 教育会会员大会分定期会议及临时会议两种,由常务理事或理事长召集之。

前项定期会议每年一次。

第三一条 教育会会员大会之决议,以会员过半数之出席,出席会员过半数之同意行之。

第三二条 下列各款事项之决议,以会员过半数之出席,出席会员三分之二以上之同意行之。

一、修改章程;

二、会员除名;

三、职员退职。

第三三条 教育会理事会议,县市以下教育会每月一次,省市教育会每两月一次,由常务理事或理事长召集之。必要时得开临时会议,监事会议县市教育会每两月一次,省市教育会每四月一次,由常务监事召集之,必要时得开临时会议。

第六章 经费

第三四条 教育会经费分下列两种:

一、会员入会费及常年费;

二、事业费。

前项事业费,经会员大会或代表大会议决,得依法募集之,必要时亦得由中央或地方政府补助之。

第三五条 各级教育会收支,应于每年度终了时呈报当地主管官署核销,并通告各会员。

第七章 解散及清算

第三六条 教育会违反法令,妨害公益,怠忽任务时,主管官署得分别施行下列之处分：

一、警告；

二、撤销其决议；

三、整理；

四、解散。

教育会经解散后，应即重新组织。

下级主管官署为第一项第三款或第四款之处分时，应经上级机关之核准。

第三七条　教育会解散时，其财产应由当地主管官署指派人员清算，其清算人有代表教育会执行清算一切事务之权。

第八章　附则

第三八条　本法自公布日施行。

教育部国民体育委员会组织条例[①]

（1945年6月9日）

第一条 教育部设国民体育委员会，其任务如下：

一、关于国民体育实施方案之计划推行事项；

二、关于国民体育之指导考核事项；

三、关于国民体育经费之审议事项；

四、关于国民体格之检查统计事项；

五、关于体育师资之训练检定事项；

六、关于体育学术之研究事项；

七、关于运动比赛之管理事项；

八、关于其他国民体育事项。

第二条 国民体育委员会置委员十三人至二十一人，其中一人至三人为常务委员，由部长就下列人员中分别聘请或指派充任之。

一、内政、军政、兵役、社会、军训各部及卫生署各一人；

二、对于体育有研究或贡献之人员五人至十三人，其中五人为专任；

三、教育部社会教育司司长及参事一人。

第三条 国民体育委员会委员任期一年，但得连任。

第四条 国民体育委员会全体委员会议每年举行一次，必要时得召集临时

---

① 录自《教育法令》，上海中华书局，1947年5月发行，1947年7月再版，第5页。

会议，开会时以教育部部长为主席，部长因事不能出席时，由常务委员互推一人为主席。

第五条 国民体育委员会置秘书一人，荐派或由部长指定委员兼充之，秉承常务委员处理日常事务。

第六条 国民体育委员会设下列各组：

一、学校体育组；

二、社会体育组；

三、研究实验组。

各组各设主任一人，荐派或由部长指定委员兼充，秉承常务委员办理各该组事务。

第七条 国民体育委员会设干事及助理干事各三人至五人，均委派，秉承主管人员之命，分任各组事务。

国民体育委员会得用雇员一人至三人。

第八条 国民体育委员会议决事项，送请教育部转呈行政院核准后施行之。

第九条 国民体育委员会委员除专任者外，均为无给职，但举行会议时，非专任之聘任委员，得由教育部酌送旅费。

第一〇条 本条例自公布之日施行。

教育部教育研究委员会组织条例①

（1945年4月14日国民政府公布，1945年10月修正）

第一条 教育部设教育研究委员会，其任务如下：

一、关于教育制度之研究计划事项；

二、关于学生训导之研究计划事项；

三、关于学校行政之研究计划事项；

四、其他有关教育之研究计划事项。

第二条 教育研究委员会设主任委员一人，由教育部部长兼任之。委员二十五人至四十人，其中七人至十一人专任，余兼任，由教育部部长聘请下列人员充任之：

一、对于教育有研究或经验之国内学者二十人至三十二人；

二、在华从事教育多年，著有成绩之外国学者五人至八人。

第三条 教育研究委员会开会时，教育部部长得指定参事、秘书、督学各一人及各司司长列席。

第四条 教育研究委员会开会时，由主任委员或其指定人员主席。

第五条 教育研究委员会设学制、课程、师资、行政四组，置组主任四人，秘书一人或二人，专员八人至十二人，均荐派；干事十二人至二十人，助理干事八人至十六人，均委派。

---

①录自《教育法令》，上海中华书局，1947年5月发行，1947年7月再版，第4—5页。

前项职员得由教育部部长就部内职员中指派兼任。

第六条　教育研究委员会必要时得酌用雇员。

第七条　教育研究委员会办事细则由教育部定之。

第八条　本办法自公布日施行。

教育部医学教育委员会组织条例[①]

（1945年10月16日国民政府公布）

第一条 教育部设医学教育委员会，其任务如下：

一、关于医学、药学、护士、助产及卫生教育等各项教育计划之拟订事项。

二、关于医学、药学、护士、助产等学校及各级学校卫生科之课程设备标准之审拟事项。

三、关于医学、药学、护士、助产等学校及卫生人员训练机构立案备案之审查事项。

四、建议与医学教育有关之一切兴革事项。

第二条 医学教育委员会置委员二十七人至三十七人，由教育部部长就下列人员分别聘请或指派充任之。

一、卫生署及军政部军医署代表各一人。

二、国立大学医学院或独立医学院院长、国立医药专科学校校长。

三、第一条所列各专家九人至十五人，其中七人为专任。

四、教育部高等教育司司长、中等教育司司长及参事一人。

第三条 医学教育委员会委员，任期一年，但得连任。

第四条 医学教育委员会置常务委员三人至五人，处理会务，由教育部部长就委员中指定之。

[①] 录自《教育法令》，上海中华书局，1947年5月发行，1947年7月再版，第6—7页。

第五条　医学教育委员会置秘书一人,荐派,或由教育部部长指定委员兼充之。

第六条　医学教育委员会设下列各组:

一、医学教育组;

二、药学教育组;

三、护士教育组;

四、助产教育组;

五、卫生教育组。

每组各置主任一人,荐派,或由教育部部长指定委员兼充之,办理各该组事务。

第七条　医学教育委员会置编辑三人至五人,荐派;干事一人或二人,委派。并得酌用雇员一人至三人。

第八条　医学教育委员会会议,每年举行一次,必要时得召集临时会议,开会时由教育部部长主席,部长因事不能出席时,由常务委员互推一人为主席。

第九条　医学教育委员会议决事项,送请教育部采择施行。

第一〇条　医学教育委员会得经教育部部长之核准,聘中外医学专家三人至五人为顾问,开会时得请其列席。

第一一条　医学教育委员会非专任之委员及顾问,均为无给职,开会时得酌送旅费。

第一二条　本条例自公布日施行。

教育部训育委员会组织条例[①]

（1945年10月16日国民政府公布）

第一条 教育部设训育委员会，其任务如下：

一、关于三民主义教导之研究事项。

二、关于训育计划之订定督导及考核事项。

三、关于训导人员之培养及指导事项。

四、关于军事教育、童子军教育之督导及考核事项。

五、关于学生自治团体之指导事项。

六、关于训育学术之研究事项。

第二条 训育委员会置委员七人至十三人，以一人为常务委员，由教育部部长就国立师范学院院长，师范学校校长，训育专家及教育部参事，司长中分别聘请或指派充任之。

前项聘请之教育专家以三人为专任委员。

第三条 训育委员会置秘书一人，由教育部部长指派部中职员兼任之。

第四条 训育委员会设下列三组：

第一组办理训育工作之指导及训导人员之培养指导事项。

第二组办理军事教育、童子军教育之督导及有关学生之服役事项。

第三组办理学生自治团体之指导及学生身心发展状况之调查。

---

① 录自《教育法令》，上海中华书局，1947年5月发行，1947年7月再版，第6页。

第五条 训育委员会置组主任三人,荐派,干事六人至九人,委派,并得酌用雇员一人至三人。

第六条 训育委员会会议,每半年举行一次,由常务委员召集,开会时并任主席。

第七条 训育委员会委员除专任者外,均为无给职,但开会时得酌送旅费。

第八条 本条例自公布日施行。

教育部国民教育辅导研究委员会组织条例[①]

（1945年10月17日国民政府公布）

第一条 国民教育辅导研究委员会之任务如下：

一、关于各级国民教育研究会之筹组与考核事项。

二、关于各级国民教育研究会研究题材之编拟解答与实验事项。

三、关于砥砺国民学校、中心国民学校教员进修通讯事项。

四、关于辅导国民学校、中心国民学校教员福利事业之筹划事项。

第二条 国民教育辅导研究委员会置委员十一人至二十一人，由部长聘任，或就部员中派充之，并指定一人至三人，为常务委员。

第三条 国民教育辅导研究委员会，置秘书一人，荐派，或由部长就委员中指定之，秉承常务委员处理会中日常事务。

第四条 国民教育辅导研究委员会设下列三组：

第一组 办理各级国民教育研究会之筹组通讯、督导、考核等事项。

第二组 办理各级国民教育研究会研究题材之编拟、解答、实验等事项。

第三组 办理辅导国民学校、中心国民学校教员福利事业之筹划及其他事项。

第五条 国民教育辅导研究委员会，置组主任三人，荐派；干事十六人，助理干事五人，均委派。并得酌用雇员二人。

[①] 录自《教育法令》，上海中华书局，1947年5月发行，1947年7月再版，第7页。

第六条 国民教育辅导研究委员会,每年举行全体委员会议一次,必要时得召集临时会议,均由常务委员召集并为主席。

第七条 国民教育辅导研究委员会委员,均为无给职。

第八条 本条例自公布日施行。

主要参考文献

图书

《道德学社访问记》,上海大成书社印行,1938。

《东北师范大学图书馆中文期刊目录1889-1979》,东北师范大学图书馆,1982。

《民国第一次全国教育会联合会报告·全国教育会联合会会章》,全国教育会联合会,1915。

《南京大学图书馆馆藏中文报刊目录》,南京大学图书馆,1989。

《师道全书》卷十四,道德学会总会印,1944。

《师道全书》卷一九,道德学会总会印,1944。

《师道全书》卷五三,道德学会总会印,1944。

《陶行知全集 第一卷》,四川教育出版社,1991。

《陶行知全集 第二卷》,四川教育出版社,1991。

《陶行知全集 第四卷》,四川教育出版社,1991。

《陶行知全集 第8卷》(第2版),四川教育出版社,2005。

蔡鸿源、徐友春主编《民国会社党派大辞典》,黄山书社,2012。

高平叔编《蔡元培全集 第一卷》,中华书局,1984。

曹伯言整理《胡适日记全编3(1919-1922)》,安徽教育出版社,2001。

陈宝良:《中国的社与会》,浙江人民出版社,1996。

陈荷夫编《中国宪法类编》,中国社会科学出版社,1980。

陈俊民辑校《蓝田吕氏遗著辑校》,中华书局,1993。

陈学恂、田正平编《中国近代教育史资料汇编·留学教育》，上海教育出版社，2007。

戴国林编著《江苏地区期刊与方志综录》，江苏教育出版社，1990。

丁文江、赵丰田编《梁启超年谱长编》，上海人民出版社，2009。

董建辉：《明清乡约：理论演进与实践发展》，厦门大学出版社，2008。

冯自由：《革命逸史 上》，新星出版社，2016。

冯自由：《革命逸史（初集）》，中华书局，1981。

关晓红：《晚清学部研究》，广东教育出版社，2000。

郭秉文：《中国教育制度沿革史》，储朝晖译，商务印书馆，2014。

国务院法制办公室编《中华人民共和国法规汇编 1949-1952 第一卷》（第2版），中国法制出版社，2014。

胡金平：《学术与政治之间的角色困顿——大学教师的社会学研究》，南京师范大学出版社，2005。

黄炎培：《八十年来》，文史资料出版社，1982。

黎锦熙：《国语运动史纲》，商务印书馆，1934。

聂大朋：《新安旅行团的故事》，中国展望出版社，1986。

全国图书联合目录编辑组编《全国中文期刊联合目录 1833-1949》，北京图书馆，1961。

桑兵：《清末新知识界的社团与活动》，生活·读书·新知三联书店，1995。

上海通社：《上海研究资料续集》，中华书局，1939。

沈渭滨：《孙中山与辛亥革命（增订本）》，上海人民出版社，2011。

舒新城编《中国近代教育史资料（上册）》，人民教育出版社，1961。

汤世雄主编，俞启定执行主编《北京教育史》，学苑出版社，2011。

汤志钧、陈祖恩、汤仁泽编《中国近代教育史资料汇编·戊戌时期教育》，上海教育出版社，2007。

汤志钧：《戊戌时期的学会和报刊》，（台北）商务印书馆，1993。

王世刚主编《中国社团史》，安徽人民出版社，1994。

王栻主编《严复集》第1册，中华书局，1986。

王栻主编《严复集》第5册，中华书局，1986。

王守仁:《王阳明全集》卷十七,上海古籍出版社,1992。

谢国桢:《明清之际党社运动考》,商务印书馆,1935。

谢国桢:《明清之际党社运动考》,商务印书馆,1967。

叶铭汉、戴念祖、李艳平编《叶企孙文存》,首都师范大学出版社,2013。

云龙主编《上海通志馆期刊》,(台北)文海出版社,1977。

张謇研究中心、南通市图书馆编《张謇全集 第6卷 日记》,江苏古籍出版社,1994。

张静:《法团主义——及其与多元主义的主要分歧》,中国社会科学出版社,1998。

张伟平:《教育会社与中国教育近代化》,浙江大学出版社,2002。

张玉法:《民国初年的政党》,岳麓书社,2004。

张允侯、殷叔彝、洪清祥、王云开:《五四时期的社团(一)》,生活·读书·新知三联书店,1979。

张允侯、殷叔彝、洪清祥、王云开:《五四时期的社团(二)》,生活·读书·新知三联书店,1979。

张允侯、殷叔彝、洪清祥、王云开:《五四时期的社团(三)》,生活·读书·新知三联书店,1979。

张允侯、殷叔彝、洪清祥、王云开:《五四时期的社团(四)》,生活·读书·新知三联书店,1979。

中国革命博物馆编《民族的小号手——新安旅行团史料选》,春秋出版社,1989。

中国教育学会编《中国教育学会会章、会员录、成立会纪录》,1933。

中国近代经济史丛书编委会编《中国近代经济史研究资料(七)》,上海社会科学院出版社,1987。

中国人民政治协商会议全国委员会文史资料研究委员会编《文史资料选辑》第十五辑,中国文史出版社,1988。

中国社会科学院历史研究所、日本东方学会、武汉大学三至九世纪研究所编《第三届中日学者中国古代史论坛文集》,中国社会科学出版社,2012。

中国史学会主编《中国近代史资料丛刊·辛亥革命(一)》,上海人民出版社,

1957。

中国史学会主编《中国近代史资料丛刊·戊戌变法(四)》,上海人民出版社,1957。

中国史学会主编《中国近代史资料丛刊·辛亥革命(四)》,上海人民出版社,1957。

中央教育科学研究所教育史研究室编,宋恩荣、章咸主编《中华民国教育法规选编(1912-1949)》,江苏教育出版社,1990。

周葱秀、涂明:《中国近代文化期刊史》,山西教育出版社,1999。

周秋光、莫志斌主编《湖南教育史 第二卷(1840—1949)》,岳麓书社,2002。

朱强、戴龙基、蔡蓉华主编《中文核心期刊要目总览》,北京大学出版社,2008。

朱英:《辛亥革命时期新式商人社团研究》,中国人民大学出版社,1991。

朱有瓛、戚名琇、钱曼倩、霍益萍编《中国近代教育史资料汇编·教育行政机构及教育团体》,上海教育出版社,2007。

朱有瓛主编《中国近代学制史料》第二辑上册,华东师范大学出版社,1987。

报刊

刘笃才:《中国古代民间规约引论》,《法学研究》2006年第1期。

吴钩:《朱熹的NGO实验》,《东方早报》2012年12月12日,A30版。

祁晓庆:《儒学教化中的民间结社——以社条、乡约为中心的考察》,《社会科学家》2010年第4期。

《学术月刊》编辑部、《文汇读书周报》编辑部:《"2005年度中国十大学术热点"评选揭晓》,《学术月刊》2006年第1期。

刘骁军:《中国NGO研究图书出版概览》,《社团管理研究》2012年第3期。

张玉法:《戊戌时期的学会运动》,《历史研究》1998年第5期。

闵杰:《戊戌学会考》,《近代史研究》1995年第3期。

彭平一:《戊戌南学会集会讲论活动若干史实的补正》,《中南大学学报(社会科学版)》,2011年第4期。

李妍:《张元济 纵我活不到一百岁,及身已见太平来》,《新京报》,2017年10月28日,B02版。

《爱国学社之建设》,《选报》第35期,1902年11月20日。

《无锡俟实学堂冲突之忠告》,《苏报》1903年6月9日。

金顺明:《近代中国教育团体的发展历程》,《华东师范大学学报(教育科学版)》2002年第1期

《唐学使照会江苏学务总会文(为来沪调查学堂事)》,《申报》1906年4月8日。

关晓红:《清末中央教育会述论》,《近代史研究》2000年第4期。

沼胡:《教育私议》,《江苏》第5期,1903年。

张彬、秦玉清:《近代浙江的私塾改良》,《浙江大学学报(人文科学版)》2001年第3期。

马彦虎:《"留东清真教育会"三位四川籍会员事略》,《回族研究》1994年第1期。

赵晓阳:《北美基督教中国学生会及其与中共的关系》,《近代史研究》2011年第6期。

陆费逵:《论中央教育会》,《教育杂志》第3年第8期,1911年10月1日。

书廎:《教育会为民团之基础》,《江苏》第3期,1903年6月25日。

《江苏教育会无锡支部章程》,《警钟日报》1904年8月6日。

蔡元培:《(中华教育改进社)第一次年会日刊发刊词(一)》,《新教育》第5卷第3期,1922年10月。

桑兵:《20世纪初国内新知识界社团概论》,《近代史研究》1994年第5期。

曲广华:《五四时期社团的整体特征——从与戊戌学会之比较谈起》,《北方论丛》,2001年第3期。

孙广勇:《民国初期全国性教育团体群落论》,《韶关学院学报(社会科学版)》,2007年第8期。

李永强:《梁启超与讲学社》,《菏泽学院学报》,2006年第6期。

俞子夷：《一九二七年前几个教育团体——回忆简录》，《华东师范大学学报（教育科学版）》，1989年第2期。

《二十三年度学术团体概况》，《教育杂志》第26卷第8号，1936年8月10日。

常道直：《教育风气与教育团体》，《教育杂志》第33卷第1号，1948年1月。

《为谨举教育会条例疑点请解释示遵由（指令 第一〇八五号）》，《教育部公报》，第一年第五期(1929)。

徐鼎新：《旧中国商会溯源》，《中国社会经济史研究》，1983年第1期

《中国教育学会第一届年会昨闭幕》，《申报》1933年1月31日。

《国家教育协会分会总纲》，《醒狮》第64号，1925年12月26日。

靖秉铨：《哪里来的钱》，《儿童日报》（上海）1936年10月12日。

小牛（曾兆寿）：《为什么要汽车》，《新儿童报》（上海）1936年10月19日。

《中国教育学会会员名录》，《中华教育界》第21卷第7号，1934年1月

吴稚晖：《回忆蒋竹庄先生之回忆》，《东方杂志》第33卷第1号，1936年1月1日。

汪达之：《我自新旅来》，《战时教育》第5卷7期，1939年12月10日。

白辛：《新安旅行团访问记》，《少年先锋》（武汉）第10期，1938年7月5日。

青士：《全国教育学会成立》，《教育与职业》第143期，1933年3月

《国家教育协会缘起及简章》，《中华教育界》第15卷第2期，1925年8月。

钱瑞香：《论自由》，《童子世界》第10号，1903年4月15日。

蒋梅：《辛亥革命时期的江苏教育总会》，《民国档案》，2004年第2期。

《蔡民友演说绍兴教育会之关系》，《苏报》，1903年3月12日。

王树槐：《基督教教育会及其出版事业》，《近代史研究所集刊》（台北），1971年第2期。

王树槐：《清季的广学会》，《近代史研究所集刊》（台北），1973年第4期。

《中国教育会章程》，《选报》第21期，1902年7月5日。

《中国教育会第二年改良章程》，《苏报》1903年5月15日。

《追论中央教育会派员与会之弊》，《盛京时报》1911年9月1日。

《江苏教育会试办总章》，《警钟日报》1904年8月5日。

《中央教育会杂闻》，《申报》1911年7月26日。

抱一:《学制会议之经过》,《申报》1922年10月4日。
《中央教育会闭会》,《申报》1911年8月19日。
《中央教育会第九次大会纪》,《申报》1911年8月8日。
《中央教育会第十次大会纪》,《申报》1911年8月9日。
《中央教育会之会长》,《大公报》1911年6月4日。
《中国教育学会通讯》第3期,1934年8月31日。
《江苏教育总会致各省教育总会及学界书》,《时报》1910年3月26日。
《通俗教育发达之动机》,《教育杂志》第四年第六期,1912年。

学位论文

王文荣:《明清江南文人结社研究》,博士学位论文,苏州大学,2009。
付可尘:《清末民初军国民教育思潮研究》,硕士学位论文,贵州师范大学,2006,
刘登秀:《清末教育会研究》,硕士学位论文,四川大学,2004。
张君:《地方教育会嬗变的研究——以直隶地区为例(1906—1928年)》,硕士学位论文,河北师范大学,2011。

其他

《学部大臣致开会词》,中国第一历史档案馆藏学部档案全宗、职官类第140号《关于设立中央教育会拟派会长副会长以及开会闭会礼节等文件》。

跋

2012年完成自己主编的2012年度国家出版基金资助项目"20世纪中国教育家画传"后,就策划启动新的研究项目,于是决定为曾在中国教育现代化过程中发挥巨大作用而又少有人知的教育社团写史,并在2013年3月拿出第一个包含8本书的编撰方案。当初怎么也没想到这一工作一再积累后延,几乎占用了我8年的主要时间,列入写作的社团一个个增加,参加写作的专家团队、支持者和志愿者不断扩大,最终汇成30本书和由50多位专家组成的团队,并在西南师范大学出版社鼎力支持下如愿以偿地获得2019年度国家出版基金资助。

1895年中日甲午海战中国战败后,中国社会受到强烈震动,有识之士勇敢地站出来组建各种教育社团,发展现代教育。1895年到1949年,在中国传统教育向现代教育转化、嬗变的过程中,产生了数以百计的教育社团。中华教育改进社等众多的民间教育社团在中国教育现代化进程中都曾发挥过重要的、甚至是无可替代的作用,到处留下了这些社团组织的深深印记,它们有的至今还在发挥着潜移默化的作用,它们是中国教育智库的先声。

但随着时间的推移,知道这段历史的人越来越少。教育社团组织与中国教育早期现代化既是一个有丰富内涵的历史课题,更是一个极具现实意义的实践课题。挑选"中国现代教育社团史"这一极为重大的选题,联合国内这一领域有专深研究的专家进行研究,系统编撰教育社团史,既是为了更好地存史,也是为了有效地资政,为当今及此后教育专业社团的建立、发展和教育改进与发展提供借鉴,为教育智库发展提供独具价值的参考,为解决当下中国教育管理主体过于单一问题提供借鉴,从而间接促进当下教育质量的提升和《中国教育现代化2035》目标的实现。简言之,为中国现代教育社团修史是一项十分有意义的工作。

在存史方面,抢救并如实地为这些社团写史显得十分必要、紧迫。依据隔代修史的惯例,经过70多年的沉淀,人们已能依据事实较为客观地看待一些观点,为这些教育社团修史,恰逢其时;依据信息随时间衰减的规律,当下还有极少数人对70多年前的那段历史有较充分的知晓,错过这个时期,则知道的人越来越少,能准确保留的信息也会越来越少,为这些社团治史时不我待。因此,本套丛书担当着关键时段、恰当时机、以专业方式进行存史的重要责任。

在资政方面,为中国现代教育社团修史是一项十分有现实意义的工作。中国教育改革除了依靠政府,更需要更多的专业教育社团发展起来,建立良性的教育评价和管理体系,并在社会中发挥更大的作用。社团是一个社会中多种活力的凝结和显示,一个保存了多样性社团的社会才是组织性良好的社会,才是活力充足的社会。当时的各个教育社团定位于各自不同的职能,如专业咨询、管理、评价等,在社会和教育变革中以协同、博弈等方式发挥出巨大的作用。它们的建立和发展,既受到中国现代新式教育发展的制约,又影响了中国现代新式教育发展的进程。研究它们无疑会加深我们对那个时期中国新式教育发展过程中各种得失的宏观认识,有助于从宏观层面认识整个新式教育的得失,进而促进教育质量和品质的提升。现今的教育社团发展不是在一张白纸上画画,1900年后在中国产生的各种教育社团是它们的先声。为中国现代教育社团修史将会为当下及未来各个社团的建立发展和教育智库建设提供真实可信而又准确细致的历史镜鉴。

做好这项研究需要有独特的史识和对教育发展与改革实践的深刻洞察,本丛书充分运用主编及团队三十余年来从事历史、实地调查与教育改革实践研究的专业积累。在启动本研究之前,丛书主编就从事与教育社团相关的研究,又曾做过一定范围的资料查找,征集大陆(内地)和台湾、香港、澳门等地教育史专业工作者意见,依据当时各社团的重要性和历史影响,以及历史资料的可获取性,采用既选好合适的主题,又选好有较长时期专业研究的作者的"双选"程序,以保障研究的总体质量,使这套丛书不仅分量厚重,质量优秀,还有自己的特色。

本丛书的"现代"主要指社团具有的现代性,这样的界定与中国教育现代化进程相吻合。以历史和教育双重视角，对中华教育改进社等具有现代性的30余个教育社团的历史资料进行系统的查找、梳理和分析。对各社团发展的整体形态做全面的描述，在细节基础上构建完整面貌，对其中有歧义的观点依据史实客观论述，尽可能显示当时全国教育社团发展的原貌和全貌，也尽可能为当下教育社团与教育智库的建立和发展提供有益的历史镜鉴。

为此，我们明确了这套丛书的以下撰写要求：

全套丛书明确史是公器，是资料性著述的定位，严格遵循史的写作规范，以史料为依据，遵守求真、客观、公正、无偏见的原则，处理编撰中的各类问题。

力求实现四种境界：信，所写的内容是真实可靠的，保证资料来源的多样性；简，表述的方式是简明的，抓住关键和本质特征经过由博返约的多次反复，宁可少一字，不要多一字；实，记述的内容是有实际意义和价值的，主要体现为内容和文风两个方面，要求多写事实，少发议论，少写口号，少做判断，少用不恰当的形容词，让事实本身表达观点；雅，尽可能体现出艺术品位和教育特性，表现为所体现的精神、风骨之雅，也表现为结构的独具匠心，表达手法的多样和谐、图文并茂。

对内容选取的基本标准和具体要求如下：

（1）对社团的理念做准确、完整的表述，社团理念在其存续期有变化的要准确写出变化的节点，要通过史料说明该社团的活动是如何在其理念引导下开展的。

（2）完整地写出社团的产生、存续、发展过程，完整地陈述社团的组织结构、活动规模、活动方式、社会影响，准确完整地体现社团成员在社团中的作用、教育思想、教育实践，尽可能地做到"横不缺项，纵不断线"。

（3）以史料为依据，实事求是，还原历史，避免主观。客观评价所写社团对社会和教育的贡献，不有意拔高，也不压低同时期其他教育社团。关键性的评价及所有叙述要有多方面的史料支撑，用词尽可能准确无歧义。

（4）凸显各单册所写社团的独特性，注意铺垫该社团所在时代的社会与教育背景，避免出现违背历史事实的表述。

（5）根据隔代修史的原则，只记述中华人民共和国成立之前的历史。对类似中华职业教育社的后期延续，以大事记、附录的方式处理，不急于做结论式的历史判定。

(6)各书之间不越界,例如江苏教育会与全国教育会联合会之间,江苏教育会与中华教育改进社之间,详略避让,避免重复。

写法要求为:立意写史,但又不写成干巴、抽象、概念化的历史,而是在掌握大量资料的基础上,全面、深刻理解所写社团的历史细节和深度,写出人物的个性和业绩,写出事件的情节和奥秘,尽可能写出有血有肉、有精气神的历史,增强可读性。写法上具体要求如下:

(1)在全面了解所写社团基础上,按照史的体例,设计好篇目、取舍资料、安排内容、确定写法。在整体准确把握的基础上,直叙历史,不写成专题或论文,语言平和,逻辑清晰。

(2)把社团史写得有教育性。主要通过记叙社团发展过程中的人和事展示其具有的教育功能;通过社团具有的专业性对现实的教育实践发生正向影响,力求在不影响科学性、准确性的前提下尽量写得通俗。

(3)能够收集到的各社团的活动图片尽可能都收集起来,用好可用的图,以文带图,图文互补,疏密均匀。图片尽可能用原始的、清晰的,图片说明文字(图题)应尽量简短;如遇特殊情况,例如在正文中未能充分展开的重要事件,可在图题下加叙述性文字做进一步介绍,作为一个独立的知识点。

(4)关键的史实、引文必须加注出处。

据统计,清末至民国时期教育社团或具有教育属性的社团有一百多个,但很多社团因活动时间不长、影响不大,或因资料不足等,难以写成一本史书。本丛书对曾建立的教育社团进行比较全面的梳理,从中精心选择一批存续时间长、影响显著、组织相对健全、在某一专业领域或某一地区具有代表性、典型性的教育社团进行深入研究,在此基础上做出尽可能符合当时历史原貌和全貌的整体设计,整体上能够充分完整地呈现所在时代教育社团的整体性和多样性特征,依据在中国教育现代化进程中所发挥的作用大小选择确定总体和各部分的研究内容,依据史实客观论述,准确保留历史信息。本丛书的基本框架为一项总体研究和若干项社团历史个案研究。以总体研究统领各个案研究,为个案研究确定原则、方法、背景和思路;个案研究为总体研究提供史实和论证依据,各个案研究要有全面性、系统性、真实性、准确性、权威性、实用性,尽量写出历史的原貌和全貌，以及其背后盘根错节的关系。

入选丛书的选题几经增减，最终完稿的共30册：

《中国现代教育社团发展史论》《中华教育改进社史》《中华平民教育促进会史》《生活教育社史》《中华职业教育社史》《江苏教育会史》《全国教育会联合会史》《中国教育学会史》《无锡教育会史》《中国社会教育社史》《中国民生教育学会史》《中国教育电影协会史》《中国科学社史》《通俗教育研究会史》《国家教育协会史》《中华图书馆协会史》《少年中国学会史》《中华儿童教育社史》《新安旅行团史》《留美中国学生联合会史》《中华学艺社史》《道德学社史》《中华教育文化基金会史》《中华基督教教育会史》《华法教育会史》《中华自然科学社史》《寰球中国学生会史》《华美协进社史》《中国数学会史》《澳门中华教育会史》。

本丛书力求还原并留存中国各现代教育社团的历史原貌和全貌，对当时各教育社团的发展历程、重要事件、关键人物进行系统考察，厘清各社团真实的运作情况，从而解决各社团历史上一些有争议的问题，为教育学和历史学相关领域的发展提供一定的帮助，拓展出新的领域，从而传承、传播教育先驱的精神，为当今教育改革和发展提供历史借鉴和智慧资源，为今后教育智库的发展提供有中国实践基础的历史参考，在拓展教育发展的历史文化空间上发挥其他著述不可替代的作用。在写作过程中严格遵守史的写作规范，以史料为依据，遵守求真、客观、公正、无偏见的原则，处理编撰中的各类问题。

这是一项填补学术空白的研究。这个研究领域在过去70多年仅有零星个别社团的研究，在史学研究领域对社团的研究较多，但对教育社团的研究严重不足；长期以来，在教育史研究领域没有对教育社团系统的研究；对民国教育的研究多集中于一些教育人物、制度，对曾发挥不可替代作用的教育社团的研究长期处于不被重视状态。因此，中国没有教育社团史的系列图书出版，只有与新安旅行团、中华职业教育社相关的专著，其他教育社团则无专门图书出版，只是在个别教育人物的传记等文献中出现某个教育社团的部分史实，浮光掠影，难以窥其全貌。但是教育社团对当时教育的发展发挥了倡导、引领、组织、管理、评价等多重功能，确实影响深远，系统研究中国现代教育社团是此前学术界所未有过的。该研究可以为洞察民国教育提供新的视角，在今后一段时期内具有标志性意义，发挥其他著述不可替代的作用。

这是一项高难度的创新研究。它需要从70多年历史沉淀中钩沉,需要在教育学和史学领域跨越,在教育历史与现实中穿梭,难度系数很高、角度比较独特,20多年前就有人因其难度高攻而未克。研究过程中我们将比较厚实的历史积累和对当下教育问题比较深入的洞见相结合,以史为据,以长期未能引起足够重视的教育社团为研究对象,梳理出每个社团的产生、发展、作用、地位。

这是一项促进教育品质提升的研究。中国当下众多教育问题都与管理和评价体制相关。因此,我们决定研究中国现代教育社团史,对中国教育现代化进程中发挥过重要作用的诸多教育社团的历史进行抢救性记述、研究,对中国教育体系形成的脉络进行详尽的梳理,记录百年中国教育现代化进程中教育社团所起的重大作用,体现教育现代化过程中的"中国智慧",为构建中国教育科学话语体系铺垫史料、理论基础,探明1898到1949年间教育社团在中国教育现代化发展中的作用,为改善中国教育提供组织性资源。

这是一项未能引起足够重视的公益性研究。本研究旨在还原并留存各教育社团的历史原貌和全貌,传承、传播教育先驱的精神,为当今教育改革和发展提供历史借鉴和智慧资源,拓展教育发展的历史文化空间,需要比较厚实的历史积累和对当下教育问题比较深入的洞见。本研究长期处于不被重视状态,但是其对教育的发展确实影响深远,需要研究的参与者具有对历史和现实的使命感。

这个研究项目在设计、论证和实施过程中得到业内专家的大力支持、高度关注和评价。中国教育学会教育史分会原会长田正平先生热心为丛书写了推荐信,又拨冗写了总序,认为:"说到底,这是当代中国教育改革的需要和呼唤。教育是中华民族振兴的根基和依托,改革和发展中国教育,让中国教育努力赶上世界先进水平,既是中央政府和各级政府义不容辞的职责,也必须依靠广大教育工作者的自觉参与和担当。从这个意义上讲,中国近代教育会社团体与中国教育早期现代化研究,既是一个有丰富内涵的历史课题,更是一个极具现实意义的重大问题。"中国现代教育社团史的课题,"从近代以来数十上百个教育社团中精心选择一批有代表性、典型性、产生过重大影响的教育社团,列为专题,分头进行了深入的研究。我相信,读者诸君在阅读这些成果后所收获的不仅仅是对教育社团的深入理解和崇高敬意,也可能从中引发出一些关于当代中国教育改革的更深层次的思考"。

跋

北京师范大学教育学部原部长、清华大学教育学院院长石中英教授在推荐中道:"对那些历史上有重要影响的教育社团进行研究,既具有非常重要的学术价值,也具有非常强烈的现实意义。""当前,我国改革开放正在逐步地深入和扩大,激发社会组织活力,在整个社会治理体系建设中具有重要作用。现代教育治理体系的建设,也迫切需要发挥专业的教育社团的积极作用。在这个大背景下,依据可靠的历史资料,回溯和评价历史上著名教育社团的产生、发展、组织方式和活动方式等,具有现实意义和社会价值。""总的来说,这个项目设计视角独特,基础良好,具有较高的学术价值、实践价值和出版价值。"

1990年代,中央教育科学研究所张兰馨等多位前辈学者就意识到这一选题的重要性,曾试图做这一研究并组织编撰工作,终因撰写团队难以组建、资料难以查找搜集等各种条件限制而未完成。当我们拜访80多岁的张兰馨先生时,他很高兴地拿出了当年复印收藏的一些资料,还答应将当年他请周谷城先生题写的书名给我们使用,既显示这一研究实现了学者们近30年未竟的愿望,也使这套书更具历史文化内涵。

西南师范大学出版社是全国百佳图书出版单位、国家一级出版社、全国先进出版单位,承担了多项国家重大文化出版工程项目、国家出版基金资助项目、重庆市出版专项资金资助项目,具有丰富的国家、省市重点项目出版与管理经验。该社出版的多项国家级项目受到各级主管部门、学界、业内的一致好评。米加德社长调集素质高、业务精的专业编辑团队支持本书的编辑出版,尹清强先生、伯古娟女士做了大量联络和组织工作,各位责任编辑付出了大量辛勤劳动。西南大学的学术优势为本书的出版提供了学术支撑。

本项目30余位作者奉献太多。他们分别来自中国人民大学、北京师范大学、华东师范大学、中山大学、首都师范大学、浙江师范大学等多所高校和研究机构,他们长期从事相关领域的研究,具有极强的学术责任感,具备了较好的专业基础,研究成果丰硕,有丰富的写作经验。在没有启动经费的情况下,他们以社会效益为主,把这项研究既当成一项工作任务,又当成一项对精湛技术、高雅艺术和完美人生的追求,以高度的历史使命感和现实的使命感投入研究,确保研究过程和成果具有较高的严谨性。他们旨在记录中国教育现代化过程中教育社团所起的重大作用,体现教育现代化过程中的

"中国智慧"，写出理论观点正确、资料翔实准确、体例完备、文风朴实、语言流畅，具有资料性、科学性、思想性，经得起历史检验的，有灵魂、有生命、能传神的现代教育社团史。

　　这套丛书邀约的审读委员主要为该领域的专家，他们大多在主题确定环节就参与讨论，提供资料线索，审读环节严格把关，有效提高了丛书的品质。

　　本人为负起丛书主编职责，采用选题与作者"双选"机制确定了撰写社团和作者，实行严格的丛书主编定稿制，每本书都经过作者拟提纲—主编提修改意见—确定提纲—作者提交初稿—主编审阅，提出修改意见—作者修改—定稿的过程，有些书稿从初稿到定稿经过了七到八次的修改，这些措施有效地保障了这套丛书的编撰质量。尽管做了这些努力，仍难免有错，敬希各位不吝赐正。

　　十分感谢国家出版基金资助。本丛书有重大的出版价值，投入也巨大，但市场相对狭窄。前期在项目论证、项目启动、资料收集、组织编写书稿中投入了大量的人力、物力。多位教育专家和史学专家经过八年的努力，收集了大量的资料，研究的深度和广度都大大超出此前这一领域的研究。各位作者收集了大量的历史资料，走访了全国各大图书馆、资料室，完成了约一千万字、数百幅图片的巨著。前期的资料收集、研讨成本甚高，而使用该书的主要为教育研究者、教育社团和教育行政人员。即便丛书主编与作者是国内教育学、教育史学领域的权威专家，即便丛书经过精心整理、撰写而成，出版后全国各地图书馆、研究院所会有一定的购买，有一定的经济效益，但因发行总数量有限，很难通过少量的销售收入实现对大量经费投入的弥补，国家出版基金资助是保障该套丛书顺利出版的关键。

　　教育在实现中华民族伟大复兴中发挥着不可替代的作用。完整、准确、精细地回顾过去方能高瞻远瞩而又脚踏实地地展望未来，将优秀传统充分挖掘展现、利用方能有效创造未来，开创教育发展新时代。在中国教育现代化进程中众多现代教育社团是促进者。中国人坚定的自信是建立在5000多年文明传承基础上的文化自信。中国现代教育社团的发起者心怀中华，在中华民族处于危亡之际奔走呼号，立足弘扬中华优秀文化传统提倡革新。本丛书深层次反映了当时中国仁人志士组织起来，试图以教育救国的真实面貌，其中涉及几乎全部的教育界知名人物，对当年历史的还原有利于挖掘中华优秀传统文化的强大生命力和在民族危亡关头的强大凝聚力,弘扬中华优秀传统文化,为构建中华优秀传统文化传承发展体系添砖加瓦。研究这段历史,对于推动中华优秀传统文化创造性转化、创新性发展,对于促进教育智库建设,发展中国教育事业,发挥教育在促进中华民族伟大复兴中的作用具有重要意义。

愿我们所有人为此的努力在中国教育现代化进程中生根、发芽、开花、结果。

储朝晖

2020年6月